Sonhos

Dados Internacionais de Catalogação na Publicação (CIP)
(Câmara Brasileira do Livro, SP, Brasil)

Jung, C.G., 1875-1961
  Sonhos / C.G. Jung ; tradução Gentil Avelino Titton ;
com novo prefácio de Sonu Shamdasani. – 1. ed. –
Petrópolis, RJ : Vozes, 2021.

  Título original: Dreams
  Bibliografia.
  ISBN 978-65-5713-180-0

  1. Psicanálise 2. Sonhos 3. Sonhos – Aspectos psicológicos
4. Simbolismo I. Shamdasani, Sonu. II. Título.

21-56988   CDD-154.634

Índices para catálogo sistemático:
1. Sonhos : Análise : Psicologia   154.634

Maria ALice Ferreira – Bibliotecária – CRB-8/7964

C.G. Jung

Sonhos

Com novo prefácio de **Sonu Shamdasani**

Tradução de
Gentil Avelino Titton

EDITORA
VOZES

Petrópolis

© 1974 Princeton University Press.
© 2007 Foundation of the Works of C.G. Jung, Zürich.
Edição original publicada em 2018 com o apoio da Fundação Philemon.
Este livro pertence às Philemon Series da Fundação Philemon.

PHILEMON SERIES

Tradução realizada a partir do original em inglês intitulado *Dreams* (da Obra Completa de C.G. Jung, volumes 4, 8, 12 16).
Com prefácio de Sonu Shamdasani.

Direitos de publicação em língua portuguesa – Brasil:
2021, Editora Vozes Ltda.
Rua Frei Luís, 100
25689-900 Petrópolis, RJ
www.vozes.com.br
Brasil

Todos os direitos reservados. Nenhuma parte desta obra poderá ser reproduzida ou transmitida por qualquer forma e/ou quaisquer meios (eletrônico ou mecânico, incluindo fotocópia e gravação) ou arquivada em qualquer sistema ou banco de dados sem permissão escrita da editora.

CONSELHO EDITORIAL

Diretor
Gilberto Gonçalves Garcia

Editores
Aline dos Santos Carneiro
Edrian Josué Pasini
Marilac Loraine Oleniki
Welder Lancieri Marchini

Conselheiros
Francisco Morás
Ludovico Garmus
Teobaldo Heidemann
Volney J. Berkenbrock

Secretário executivo
João Batista Kreuch

Diagramação: Sheilandre Desenv. Gráfico
Revisão gráfica: Alessandra Karl
Capa: WM design
Ilustração de capa: Quadro 10, caderno iconográfico de *Os arquétipos e o inconsciente*. 11. ed. [OC 9/1]. Petrópolis: Vozes, 2014.

ISBN 978-65-5713-180-0 (Brasil)
ISBN 978-0-691-15048-2 (Estados Unidos)

Editado conforme o novo acordo ortográfico.

Este livro foi composto e impresso pela Editora Vozes Ltda.

Sumário

Prefácio à edição de 2010, 7

Nota de agradecimento, 13

Parte I: Sonhos e psicanálise, 15
1. A análise dos sonhos, 17
2. Sobre o significado dos sonhos com números, 29

Parte II: Sonhos e energia psíquica, 39
1. Aspectos gerais da psicologia do sonho, 41
2. Da essência dos sonhos, 104

Parte III: A aplicação prática da análise dos sonhos, 129
1. A aplicação prática da análise dos sonhos, 131

Parte IV: Simbolismo dos sonhos individuais em relação à alquimia, 161
1. Introdução, 163
   A. O material, 163
   B. O método, 165
2. Os sonhos iniciais, 170

3. O simbolismo do mandala, 217
    A. Sobre o mandala, 217
    B. Os mandalas nos sonhos, 224
    C. A visão do relógio do mundo, 331
    D. Os símbolos do si-mesmo, 343

Lista das ilustrações, 353

Bibliografia, 363

Índice, 377

Prefácio à edição de 2010

LER JUNG APÓS *O LIVRO VERMELHO*

Com a publicação do *Liber Novus* – *O Livro Vermelho* de Jung[1] – abre-se um novo capítulo na leitura das obras de Jung. Pela primeira vez, estamos em condições de entender a constituição da obra de Jung de 1914 em diante e reconstituir as íntimas conexões entre sua autoexperimentação e suas tentativas de determinar as características típicas deste processo ao longo de seu trabalho com seus pacientes e traduzir seus *insights* numa linguagem aceitável para um público médico de científico. Assim, ler o *Liber Novus* traz consigo a tarefa de reler as *Obras Completas* de Jung – grande parte das quais aparece numa luz totalmente nova.

No inverno de 1913, Jung embarcou num processo de autoexperimentação. Deliberadamente ele deu livre-curso ao seu pensamento fantasioso e anotou cuidadosamente o que resultava. Mais tarde ele chamou este processo de "imaginação ativa". Ele pôs por escrito estas fantasias nos *Livros Negros*. Estes não são diários pessoais, mas antes os registros de uma autoexperimentação. Os diálogos que formam estas imaginações ativas podem ser considerados um tipo de pensamento em forma dramática.

---

1. C.G. JUNG. *O Livro Vermelho*. Edição e introdução de Sonu Shamdasani. Petrópolis: Editora Vozes, 2010.

Quando estourou a Primeira Guerra Mundial, Jung considerou que muitas de suas fantasias eram precognições deste evento. Isto o levou a compor o primeiro esboço do *Liber Novus*, que consistia numa transcrição das principais fantasias dos *Livros Negros*, junto com uma camada de comentários interpretativos e elaboração lírica. Aqui Jung tentou deduzir das fantasias princípios psicológicos gerais, como também entender até que ponto os eventos retratados nas fantasias apresentavam, numa forma simbólica, desenvolvimentos que iriam ocorrer no mundo.

Jung recopiou o manuscrito numa escrita gótica floreada, formando um grande volume in-folio com capa de couro vermelho, que ele ilustrou com suas próprias pinturas. O tema geral do livro é: como Jung recupera sua alma e supera o mal-estar contemporâneo da alienação espiritual. Isto se alcança, em última instância, possibilitando o renascimento de uma nova imagem de Deus na própria alma e desenvolvendo uma nova cosmovisão na forma de uma cosmologia psicológica e teológica.

Entre 1916 e 1928, Jung publicou diversas obras, nas quais procurou traduzir alguns dos temas do *Liber Novus* em linguagem psicológica contemporânea. Em 1928, o sinólogo Richard Wilhelm enviou-lhe uma cópia do tratado alquímico taoísta *O segredo da Flor de Ouro*, convidando-o a escrever um comentário. Impressionado com o paralelismo entre as imagens do texto e alguns de seus próprios mandalas, Jung resolveu finalmente deixar de lado seu trabalho sobre o *Liber Novus* e não o publicou. Em troca, dedicou-se ao estudo intercultural do processo de individuação, focalizando a alquimia medieval em particular, usando paralelos com seu próprio material como um meio de apresentar o processo numa forma indireta e alegórica de individuação.

Até hoje, isto apresentou tremendos desafios aos leitores fora do círculo mais restrito de Jung.

SONHOS

> Nós também vivemos em nossos sonhos, não vivemos só de dia. Às vezes executamos nossos maiores feitos no sonho[2].

No século XX, Jung tem sido associado principalmente com o sonho[3]. Os dois primeiros ensaios do presente volume descrevem a primeira abordagem do sonho feita por Jung durante sua carreira de psiquiatra e psicanalista. Aqui ele se empenha em mostrar como uma nova hermenêutica racional pode explicar o simbolismo obscuro dos sonhos. Em 1912, Jung tivera alguns sonhos marcantes que ele não entendeu. No primeiro, ele se encontrava numa cidade do sul onde encontrou ao meio-dia um guarda de alfândega austríaco, que alguém descreveu como aquele que não podia morrer. Depois viu um cavaleiro do século XII com uma cruz maltesa que aparecia todos os dias na mesma hora. Freud foi incapaz de interpretar o sonho[4]. No segundo sonho, Jung sonhou que estava com seus filhos num saguão aberto cheio de colunas, em torno de uma mesa cujo tampo era uma pedra verde-escura. Uma gaivota ou uma pomba

---

2. *O Livro Vermelho*, p. 242.
3. Sobre a história da teoria dos sonhos de Jung, cf. segunda seção de minha obra *Jung and the Making of Modern Psychology: The Dream of a Science* (Cambridge: Cambridge University Press, 2003). Para uma apresentação mais extensa dos sonhos por parte de Jung, cf. Lorenz JUNG & Maria MEYER-GRASS (eds.). *Children's Dreams: Notes from the Seminar Given in 1936-1940*. Tradução de Ernst Falzeder e Tony Woolfson, Philemon Series (Princeton, N.J.: Princeton University Press, 2008).
4. *O Livro Vermelho*, p. 198.

voou para cima da mesa e de repente se transformou numa garota de oito anos, que brincou com seus filhos. Depois a garota se transformou novamente em pássaro e disse a Jung que ela só podia tornar-se humana na primeira hora da noite, quando a pomba-macho está ocupada com os doze mortos[5]. Estes sonhos levaram Jung a voltar aos seus sonhos da infância e prestar renovada atenção a seus sonhos e fantasias.

No ano seguinte Jung teve um sonho no qual ele matou o herói germânico Siegfried. Ao acordar, Jung pensou que precisaria matar-se a si mesmo se não conseguisse resolver o enigma do sonho, o que ele finalmente conseguiu fazer[6]. As investigações de Jung o levaram a um novo respeito pelo significado dos sonhos e pela ambiguidade de sua linguagem:

Devo aprender que a espuma de meu pensar são meus sonhos, a linguagem de minha alma. Preciso carregá-los em meu coração e movimentá-los de cá para lá em meus sentidos, como as palavras da pessoa mais cara. Os sonhos são as palavras-guia da alma[7].

Os sonhos preparam a vida e eles te determinam sem que entendas sua linguagem. Nós gostaríamos de aprender esta linguagem, mas quem é capaz de ensiná-la e aprendê-la?[8]

Nos três ensaios seguintes, Jung procurou retratar sua nova compreensão dos sonhos e como o estudo deles podia ser proveitoso para a terapêutica. Este volume termina com o estudo memorável de Jung sobre o ressurgimento dos motivos alquímicos nos sonhos do físico Wolfgang Pau-

---

5. Ibid.
6. Ibid., p. 241-242.
7. Ibid., p. 233.
8. Ibid.

li, ganhador do Prêmio Nobel, e sobre a maneira como os sonhos representaram o processo de individuação de Pauli, que tinha analogias com o processo de individuação do próprio Jung, como está descrito no *Liber Novus*[9].

---

9. Sobre a relação de Jung com Pauli, cf. C.A. MEIER (ed.). *Atom and Archetype: The Pauli/Jung Letters*. Tradução de David Roscoe, com prefácio de Beverley Zabriskie (Princeton, N.J.: Princeton University Press, 2001); e Suzanne GIESER. *The Innermost Kernel: Depth Psychology and Quantum Physics: Wolfgang Pauli's Dialogue with C. G. Jung* (Berlim: Springer Verlag, 2005).

Nota de agradecimento

As ilustrações são tomadas de:

1) Livros raros, MSS e outras obras da coleção do autor em Küsnacht, que foram reproduzidas com a bondosa permissão do Sr. Franz Jung e fotografadas sob a supervisão da Sra. Aniela Jaffé; indicadas pelas iniciais "C.G.J.".

2) Livros raros da antiga coleção do Sr. Paul Mellon, reproduzidas com a bondosa permissão dele e da Biblioteca da Universidade de Yale, onde a coleção foi depositada com o título "Mellon Collection of the Alchemical and Occult"; fotografadas pela Biblioteca da Universidade de Yale; indicada com as iniciais "M.C.A.O.".

3) Fotografias de coleções privadas, em particular a da Dra. Jolande Jacobi, em Zurique, e a do Instituto C.G. Jung, em Zurique (indicadas como "Inst.").

4) Livros, MSS e outras obras de vários museus, bibliotecas, arquivos etc., como está indicado; fotografadas pela instituição salvo indicação em contrário. As agências fotográficas comerciais recebem crédito.

5) Em alguns poucos casos, os clichês usados em edições anteriores e gentilmente postos à disposição por Rascher Verlag, de Zurique.

I

Sonhos e psicanálise

A análise dos sonhos[1]

No ano de 1900, Sigmund Freud publicou, em Viena, uma obra volumosa sobre a análise dos sonhos. Seguem-se aqui os resultados mais importantes de suas pesquisas.

O sonho não é, de modo algum, uma mistura confusa de associações casuais e desprovidas de sentido, como geralmente se admite; também não é simples decorrência de estímulos somáticos surgidos durante o sono, como muitos acreditam; mas é um produto autônomo e muito importante da atividade psíquica e, como todas as outras funções psíquicas, passível de uma análise sistemática. As sensações orgânicas durante o sono não são a causa do sonho. Desempenham papel secundário e fornecem apenas os elementos constitutivos (o material) da atividade psíquica. Segundo Freud, o sonho é, como qualquer produto psíquico complexo, uma criação, uma obra que tem seus motivos, suas cadeias prévias de associações. Ele é, como uma ação refletida, o resultado de um processo lógico da disputa entre diferentes tendências, das quais uma alcançará a vitória. Como tudo o que fazemos, também os sonhos possuem um significado.

Talvez alguém objete que a realidade de qualquer experiência contradiz esta teoria, pois os sonhos nos dão a nítida impressão de serem desconexos e obscuros. A esta se-

---

1. Originariamente escrito em francês e publicado com o título de "L'analyse des rêves". *Année psychologique*, XV, 1909, p. 160-170. Paris [Traduzido para o alemão por Klaus Thiele-Dohrmann].

17

quência de imagens confusas Freud dá o nome de *conteúdo manifesto do sonho*. É a fachada por trás da qual ele procura o essencial, isto é, a ideia do sonho ou o *conteúdo latente*. Poder-se-ia perguntar por que é que Freud acredita ser o sonho em si apenas a fachada de um vasto edifício e possuir, de fato, uma significação. A hipótese de Freud não se baseia em dogma, nem em ideia *a priori*, mas na experiência, isto é, na experiência geral de que nenhum fato psíquico (ou físico) é de natureza casual. Ele deve ter, portanto, sua cadeia de causalidade, uma vez que é sempre o produto de uma complicada conexão de fenômenos; qualquer elemento espiritual é o resultado de estados psíquicos anteriores e, consequentemente, pode ser analisado sob o ponto de vista teórico. Freud aplicou aos sonhos o mesmo princípio que empregamos, instintivamente, sempre que pesquisamos as causas das ações humanas.

[67] Ele se pergunta com toda simplicidade: Por que *esta* pessoa sonha exatamente *esta coisa?* Deve haver razões especiais para isto, pois, do contrário, teríamos um hiato na lei da causalidade. O sonho de uma criança é diferente do sonho de um adulto, o sonho de uma pessoa culta é diferente do sonho de uma pessoa inculta. O sonho encerra algo de individual: ele corresponde à disposição psíquica da pessoa. Em que consiste esta disposição? Ela é o resultado de nosso passado psíquico. Nosso estado de espírito no presente depende de nossa história. No passado de cada pessoa existem elementos de valores diversos, que determinam a "constelação" psíquica. Acontecimentos que não suscitam emoções fortes, quase não influenciam nossas ideias ou ações. Aqueles, no entanto, que provocam reações de sentimento fortes são de grande importância para nosso desenvolvimento psíquico posterior. Recordações desta natureza, dotadas de forte carga emocional, formam complexos

de associações, não somente duradouros, mas muito ativos e estreitamente ligados entre si. Um objeto a que atribuo pouca importância provoca poucas associações e logo desaparece de meu horizonte intelectual. Mas um objeto de grande interesse para mim suscitará numerosas associações e me ocupará por muito tempo. Cada emoção produz um complexo de associações mais ou menos extenso a que dei o nome de "complexo ideoafetivo". Quando observamos um caso individual, descobrimos sempre de novo que o complexo desenvolve a maior força "consteladora", donde se conclui que o encontraremos imediatamente em qualquer análise. Os complexos constituem os componentes fundamentais da disposição psicológica em toda estrutura psíquica. Assim, encontramos, por exemplo, no sonho os componentes emocionais, pois é lógico que todos os produtos da atividade psíquica dependem sobretudo das influências "consteladoras" mais fortes.

Não é preciso procurar muito para descobrir o complexo que faz Margarida cantar no *Fausto*: [68]

Havia um rei em Tule,
fidelíssimo até à morte,
e que, ao morrer, deu
um cálice de ouro à sua amante.

A ideia oculta é a dúvida de Margarida quanto à fidelidade de Fausto. O cântico que Margarida inconscientemente escolheu, é aquilo que denominamos *material do sonho*, e que corresponde à ideia oculta. Poderíamos aplicar este exemplo ao sonho e supor que Margarida não cantou esta canção, mas sonhou[2]. Neste caso, o cântico da história trágica do [69]

---

2. Alguém poderia objetar que semelhante hipótese é inaceitável, porque há uma grande diferença entre o cântico e o sonho. Mas graças às pesquisas de Freud sabemos agora que todos os produtos dos estados aparentados

amor de um rei de tempos idos é o "conteúdo manifesto" do sonho, a sua "fachada". Quem não conhece as preocupações íntimas de Margarida, não saberia por que ela sonha com este rei. Mas nós, que conhecemos a *ideia do sonho*, isto é, seu amor trágico por Fausto, podemos compreender por que o sonho se serve precisamente deste cântico: trata da "rara fidelidade" do rei. Fausto não é fiel, e Margarida gostaria que ele fosse tão fiel quanto o rei da história. Seu sonho, na realidade a canção, expressa de forma velada o *desejo ardente de sua alma*. Tocamos aqui na verdadeira natureza do complexo à tonalidade afetiva. Trata-se sempre de *desejo* e de *resistência*. Passamos a vida inteira lutando pela realização de nossos desejos: todos os nossos atos provêm do desejo de que aconteça ou não uma determinada coisa.

[70] É para isto que trabalhamos e é nisto que pensamos. Quando não podemos satisfazer um desejo na realidade, realizamo-lo pelo menos na fantasia. Os sistemas religiosos e filosóficos de todos os povos e em todas as épocas são a melhor prova disto. A ideia da imortalidade, também na forma filosófica, nada mais é do que um desejo do qual a filosofia é apenas a fachada, da mesma forma que o cântico de Margarida é apenas a forma exterior, um véu benfazejo, que encobre seu tormento. *O sonho representa o seu desejo como realizado.* Diz Freud que *todo sonho representa a realização de um desejo reprimido*.

[71] Prossigamos com o nosso exemplo e veremos que Fausto é substituído, no sonho, pelo rei. Houve uma transformação. Fausto tornou-se o rei dos tempos idos. A per-

---

com os sonhos possuem algo em comum. Em primeiro lugar, todos eles são variações do complexo, e, em segundo lugar, eles constituem apenas uma espécie de expressão simbólica do complexo. Por isto, acho que posso fazer esta suposição.

sonalidade de Fausto, que encerra forte carga afetiva, foi substituída por um personagem neutro e lendário. O rei é uma associação analógica, um *símbolo* de Fausto, como a "amante" o é de Margarida. Poderíamos perguntar: Qual a finalidade desta transformação? Por que Margarida sonha como que indiretamente com a sua ideia, razão pela qual não consegue apreendê-la de modo claro e inequívoco? É fácil responder: a tristeza de Margarida encerra uma representação, na qual não se quer demorar, porque seria por demais dolorosa. Sua dúvida a respeito da fidelidade de Fausto é reprimida e abafada. Ela reaparece sob a forma de uma história melancólica que, embora realize o desejo, não é acompanhada de sentimentos agradáveis. Freud afirma que os desejos que compõem a ideia onírica não são desejos que confessamos abertamente, mas desejos que foram reprimidos por causa de seu caráter doloroso. E como são excluídos pela reflexão consciente no estado de vigília, emergem indiretamente nos sonhos.

Esta demonstração nada contém de surpreendente se considerarmos a história dos santos. É fácil verificar a espécie de sentimentos que Santa Catarina de Sena reprimiu e que reapareceram indiretamente na visão de suas núpcias celestes; ou ainda os desejos que se manifestam de maneira mais ou menos simbólica nas visões e tentações dos santos. Como sabemos, a diferença que há entre o estado de consciência sonambúlico de um histérico e o sonho normal é tão pequena quanto aquela entre a vida intelectual do histérico e a do indivíduo normal. [72]

Se perguntarmos a alguém por que é que ele teve este ou aquele sonho e que ideias secretas nele se acham expressas, é muito natural que não consiga encontrar uma resposta. Talvez nos diga que comeu demais na véspera, dor- [73]

21

miu de costas, viu ou ouviu isto e aquilo no dia anterior; em resumo: tudo o que podemos ler nos numerosos livros científicos sobre os sonhos. Quanto à ideia do sonho, ele a desconhece e mesmo não pode conhecê-la, pois, segundo Freud, a ideia foi reprimida porque era por demais desagradável. Se alguém, portanto, assegura-nos solenemente que em seus sonhos jamais encontrou algo de que Freud fala, vai provocar o nosso riso, pois a pessoa em questão quis ver algo que é impossível ver diretamente. O sonho desfigura o complexo reprimido, para impedir que seja reconhecido. Ao transformar Fausto no rei de Tule, Margarida tornou a situação inofensiva. Freud chama de *censura* a este mecanismo que impede a ideia reprimida de se mostrar abertamente. A censura nada mais é do que a resistência que nos impede, mesmo durante o dia, de seguir determinada ideia até o fim. A censura só permite que uma ideia se manifeste quando está tão deformada que o sonhador não a consegue reconhecer. Se tentarmos que o sonhador trave conhecimento com a ideia que está por detrás do sonho, ele nos oporá sempre a mesma resistência que mostra em relação ao seu complexo reprimido.

[74] A esta altura, podemos colocar uma série de questões importantes e, em especial, esta: O que fazer para chegarmos ao que está por detrás da fachada, ao interior da casa, isto é, para irmos do conteúdo manifesto do sonho à ideia oculta e verdadeira que se acha por trás dele?

[75] Voltemos ao nosso exemplo e suponhamos que Margarida seja uma paciente histérica que gostaria de me consultar por causa de um sonho desagradável. Além disto, suponhamos que eu nada saiba a respeito dela. Neste caso, não perderia meu tempo interrogando-a diretamente, pois em geral estas preocupações secretas não são expostas abertamente

sem provocar a mais violenta resistência. Procuraria, antes, fazer aquilo que chamei de "experimento de associações"[3], que me desvendaria todo o seu caso amoroso (sua gravidez secreta etc.). Seria fácil tirar a conclusão, e poderia mostrar-lhe sem mais a ideia do sonho. Mas também se pode agir de maneira mais prudente.

Eu lhe perguntaria, por exemplo: Quem não é tão fiel como o rei de Tule, ou quem deveria sê-lo? Esta pergunta esclareceria rapidamente a situação. Em casos complicados como este, a interpretação ou análise de um sonho se limita a algumas perguntas, poucas e simples. [76]

Trago aqui um exemplo desses casos. Trata-se de um homem a respeito do qual sei apenas que vive nas Colônias e que, no momento, está passando suas férias na Europa. Numa de nossas conversas, contou-me um sonho que o impressionou profundamente. Dois anos atrás ele sonhara que *se achava num lugar abandonado e deserto e viu sobre uma rocha um homem trajado de preto que cobria o rosto com ambas as mãos. De repente ele se encaminhou em direção a um abismo. Nisto apareceu uma mulher, também vestida de preto, que procurava puxá-lo para trás. Ele se precipitou no abismo, arrastando junto a mulher.* O sonhador despertou com um grito de pavor. [77]

A pergunta "Quem era o homem que se expôs a uma situação perigosa e arrastou a mulher à ruína?" atingiu profundamente o sonhador, pois aquele homem era ele mesmo. Dois anos atrás, empreendera ele uma viagem de pesquisa através de uma região rochosa e despovoada. O grupo de sua expedição foi perseguido implacavelmente pelos habi- [78]

---

3. Cf. JUNG, C.G. (org.). *Diagnostische Assosiationsstudien* [Estudos sobre associação para fins de diagnóstico].

tantes selvagens daquelas paragens e atacado de noite, de sorte que alguns dos participantes perderam a vida. Havia empreendido esta viagem extremamente perigosa porque, na época, *a vida não tinha nenhum sentido para ele*. O sentimento que tinha ao entrar nesta aventura era o de estar *tentando o destino*. E a causa de seu desespero? Por vários anos vivera sozinho num país de clima muito áspero. Durante suas férias na Europa, há dois anos e meio, travou conhecimento com uma jovem. Os dois se enamoraram e a jovem queria casar com ele. Mas ele sabia que devia voltar ao clima mortífero dos trópicos e não queria levar nenhuma mulher consigo para não condená-la a uma morte quase certa. Após grande luta interna, que o lançou em profundo desespero, rompe o noivado. Foi neste estado de alma que realizou a perigosa viagem. A análise do sonho não termina com esta constatação, pois a realização do desejo ainda não é evidente. Mas como citei este sonho só para mostrar a descoberta do complexo subjacente, o prosseguimento da análise foge ao nosso interesse imediato.

[79] Neste exemplo, o sonhador era uma pessoa aberta e corajosa. Com um pouquinho menos de abertura ou um sentimento de perplexidade ou de desconfiança em relação a mim, ele não teria confessado o seu complexo. Existem mesmo pessoas que afirmam solenemente que o sonho não tem significado algum e que minha pergunta é inteiramente irrelevante. Nesses casos, a resistência é muito grande e o complexo não pode ser trazido das profundezas diretamente para o nível da consciência. Normalmente a resistência é tão forte que um interrogatório direto, quando não dirigido por um analista de grande experiência, resulta inútil. Com a descoberta do "método psicanalítico", Freud nos deu um valioso instrumento para a solução ou domínio das mais tenazes resistências.

Este método é praticado da seguinte maneira: Escolhe-se uma das partes mais impressionantes do sonho e em seguida pede-se à pessoa que enumere associações relativas ao caso. Incentiva-se a pessoa a dizer abertamente tudo o que lhe vem à mente, associado a essa parte do sonho, devendo-se eliminar, o quanto possível, toda espécie de observação crítica. A crítica nada mais é do que censura; é a resistência contra o complexo, e sua tendência é reprimir o mais importante. [80]

Por isso, o interessado deveria falar absolutamente tudo o que lhe vem à mente, sem se preocupar com o que está dizendo. Inicialmente isto é sempre difícil, sobretudo num interrogatório introspectivo onde é impossível reprimir a atenção a ponto de eliminar o efeito inibidor da censura. É contra nós mesmos que temos as maiores resistências. O caso a seguir mostra o desenrolar de uma análise com fortes resistências. [81]

Um homem, cuja vida íntima eu desconhecia, contou-me o seguinte sonho: *"Estava eu num pequeno quarto sentado à mesa ao lado do Papa Pio X, cujos traços fisionômicos eram mais bonitos do que na realidade, o que me surpreendeu. Ao lado, via uma grande sala com uma mesa fartamente posta e, em torno, muitas mulheres em trajes a rigor. Repentinamente senti necessidade de urinar, e saí. Ao retornar, repetiu-se a necessidade; saí de novo, e assim sucedeu por várias vezes. Por fim, despertei, sentindo a mesma necessidade".* [82]

O sonhador, pessoa muito inteligente e culta, entendeu o sonho como causado naturalmente pela pressão da bexiga. De fato, sonhos desse tipo são sempre explicados assim. [83]

Ele negava enfaticamente a existência de qualquer componente de grande importância individual neste sonho. É verdade que a fachada do sonho não era muito transparente, e eu não conseguia atinar com o que estava por detrás. Minha primeira dedução foi que o sonhador exerce forte [84] resistência porque era muito veemente ao afirmar que o sonho não tinha significação alguma.

[85] Diante disto, não me atrevia fazer a pergunta indiscreta: Por que o senhor se comparou com o papa? Perguntei-lhe apenas pelas suas associações com "papa". A análise se desenvolveu do seguinte modo:

Papa. "O papa vive magnificamente no mundo..." (uma conhecida canção estudantil). Convém saber que este homem tinha trinta e um anos e era solteiro.

Sentar-se ao lado do papa. "Exatamente como eu me sentava ao lado do xeque de uma seita muçulmana, de que fui hóspede na Arábia. O xeque é uma espécie de papa".

[86] O papa leva vida celibatária; o muçulmano é polígamo. A ideia do sonho parece clara: "Sou solteiro como o papa, mas gostaria de ter muitas mulheres, como o muçulmano". Eu não lhe disse nada sobre estas suposições.

O quarto e o salão com mesa posta. "São recintos da casa de um primo meu, onde, há 15 dias, participei de um grande banquete".

As mulheres em trajes a rigor. "Neste banquete havia também mulheres, as filhas de meu primo, moças em idade de casar".

[87] Aqui ele parou, dizendo que não tinha outras associações. A ocorrência deste fenômeno, conhecido como "fuga do pensamento", permite-nos sempre concluir que topamos com uma associação que desperta forte resistência. Perguntei:

E estas jovens? "Ah! Nada. Há pouco uma delas esteve em F. Ficou algum tempo conosco. No dia em que viajou, acompanhei-a, com minha irmã, até a estação ferroviária".

[88] Nova inibição; ajudei-o a prosseguir, perguntando:

Que foi que aconteceu então? "Ah! eu estava exatamente pensando (é óbvio que este pensamento foi reprimido pelo censor) que eu dissera alguma coisa à minha irmã, que nos fez rir, mas esqueci completamente o que era".

Apesar dos sérios esforços, não conseguia lembrar-se do que dissera à irmã. Temos aqui um caso bem normal de esquecimento causado por bloqueio. De repente ele se lembrou: "A caminho da estação, encontramos um senhor que nos cumprimentou e a quem eu julgava conhecer. Perguntei, depois, à minha irmã: 'Aquele senhor é o que se interessa pela nossa prima?'"

Ela agora está noiva daquele senhor. Devo acrescentar que a família do primo era abastada e que o sonhador também se interessava pela jovem, mas chegara tarde demais.

O banquete na casa do primo. "Proximamente devo ir ao casamento de dois amigos meus."

O rosto do papa. "O nariz do papa tinha contornos suaves e era um pouco afilado."

Quem possui um nariz como este? (Rindo): "Uma jovem pela qual estou muito interessado no momento".

Havia no rosto do papa ainda alguma coisa que chamasse a atenção? "Sim, sua boca. Era uma boca muito bem formada. (Rindo): Outra jovem que também me agrada muito tem boca semelhante".

Este material é suficiente para esclarecer grande parte do sonho. O papa é um bom exemplo daquilo que Freud chamaria de "condensação". Em primeiro lugar, simboliza o sonhador (vida celibatária) e, em segundo lugar, é uma transformação da figura do xeque polígamo. É também a pessoa que está sentada ao lado do sonhador, durante um banquete, isto é, uma ou, melhor, duas mulheres – as duas mulheres que interessam ao sonhador.

[89]

[90]

[91]

27

[92]   Mas como se explica a ligação deste material com a necessidade de urinar? Para encontrar uma resposta, formulei a situação do seguinte modo: "O Sr. foi a uma festa de casamento e se encontrava na presença de uma jovem quando sentiu necessidade de urinar?" "Sim, isto me aconteceu realmente certa ocasião. Foi muito desagradável. Eu fora convidado para o casamento de um parente, quando tinha cerca de 11 anos de idade. Na Igreja, sentei-me ao lado de uma menina, da mesma idade que eu. A cerimônia demorou bastante, e senti que precisava urinar. Reprimi a necessidade até que foi tarde demais. Acabei molhando as calças".

[93]   A associação do casamento com o desejo de urinar data daquele incidente. Não pretendo prosseguir com esta análise, que não termina aqui, para não estender em demasia este ensaio. Mas o que apresentei é suficiente para mostrar a técnica, o processo da análise. Evidentemente é impossível dar ao leitor uma visão global resumida destes novos pontos de vista. O método psicanalítico representa uma ajuda considerável não só para a compreensão dos sonhos, mas também para o entendimento da histeria e da maioria das doenças mentais mais importantes.

[94]   O método psicanalítico que está sendo usado em toda parte já pôde registrar um elenco considerável de literatura especializada em língua alemã. Estou convencido de que o estudo deste método é extremamente importante, não só para psiquiatras e neurologistas, mas também para psicólogos. Recomendamos a leitura das seguintes obras: Para a psicologia normal, Freud, *A interpretação dos sonhos* e *Chistes e sua relação com o inconsciente*. Para as neuroses, Breuer e Freud, *Estudos sobre a histeria*; Freud, *Um caso de histeria*. Para as psicoses, Jung, "Psicologia da dementia praecox" (cf. vol. 3). Os escritos de Maeder, em *Archives de psychologie*, também nos dão um excelente resumo das ideias de Freud[4.]

---

4. Cf. Bibliografia.

Sobre o significado dos sonhos com números[1]

O simbolismo dos números que pervadiu, com muita força, a filosofia fantasiosa dos séculos passados, voltou a ganhar novo interesse graças às pesquisas analíticas de Freud e de sua escola. E no material fornecido pelos sonhos numéricos, já não nos preocupamos com as elucubrações conscientes sobre as conexões simbólicas entre os números, mas com as raízes inconscientes do simbolismo dos números. É difícil apresentar novidades básicas neste campo depois das exposições de Freud, Adler e Stekel. Por isso, devemos nos contentar apenas em ampliar a experiência com casos paralelos. Pude observar alguns desses casos em minha práxis; apresento-os aqui, pois podem ser de interesse mais geral.

Os três primeiros exemplos provêm de um senhor casado, de meia-idade, cujo conflito atual é uma relação erótica extramatrimonial. O fragmento de sonho do qual extraí o número simbólico é o seguinte (bastante abreviado): *Ele viaja de trem e apresenta o passe ao condutor. Este reclama do número muito alto do cartão. O número é 2.477.*

A análise revela uma tendência um tanto indelicada e estranha à natureza generosa do sonhador de calcular *o que lhe custa esta relação*, e o inconsciente aproveita este fato

[129]

[130]

[131]

---

1. Publicado cono "Ein Beitrag zur Kenntnis des Zahlentraumes" em *Zentralblatt für Psychoanalyse*, 1/8, 1910/1911, p. 567-572. Wiesbaden.

29

como resistência contra a relação. A interpretação mais óbvia é de que esse número teria um significado e uma origem financeira. Um cálculo aproximado das despesas feitas até então com sua amante leva a um número que se aproxima realmente de 2.477 francos (suíços). Um cálculo mais acurado, porém, dá o resultado de 2.387 francos, número que só arbitrariamente pode ser transferido para 2.477. Confiei, portanto, o número às associações livres do paciente: lembrou-se de que, no sonho, o número se apresentava bipartido, ou seja, 24–77. Talvez se tratasse de um número de telefone. Esta hipótese estava errada. Em seguida, surgiu a associação de se tratar da *soma* de alguns números. Lembrei-me então de que o paciente me contara, certa vez, que ele celebrara os 100 anos do nascimento de sua mãe e do seu próprio, ou seja, quando sua mãe completou 65 anos ele fez 35 (ele e a mãe aniversariavam no mesmo dia). Por esta via, o paciente chegou à seguinte série de associações:

Ele nasceu	em 26. II[2]
Sua amante	em 28. VIII
Sua mulher	em 1. III
Sua mãe (seu pai havia morrido fazia muito tempo)	em 26. II
Seus 2 filhos	em 29. IV
	em 13. VII
O paciente nasceu	em II. 75[3]
Sua amante	em VIII. 85

Ele agora tem 36 anos e sua amante 25. Se escrevermos esta série de associações em números correntes e contínuos, temos o seguinte cálculo:

---

2. Dia e mês.
3. Mês e ano.

	262
	288
	13
	262
	294
	137
	275
	885
	36
	25
Total	2.477

Desta série, em que estão incluídos todos os membros da família, resulta o número 2.477. Esta montagem nos conduz a uma camada mais profunda do significado do sonho: o paciente está muito ligado à sua família, mas, por outro lado, está apaixonado por sua amante, o que lhe causa sérios conflitos. Os detalhes da aparência do condutor (que omito por razões de brevidade) indicam a figura do analista. Dele o paciente teme e ao mesmo tempo espera um controle severo e uma crítica contra a sua dependência e sua ligação.

O sonho que logo se seguiu foi este (de modo bastante abreviado): *O analista pergunta ao paciente o que ele faz quando está com a amante. O paciente responde que joga, e joga sempre um número muito alto, ou seja, 152. O analista adverte que o paciente está sendo miseravelmente enganado.*

A análise revela de novo uma tendência reprimida, a de calcular os custos da amante. A quantia desembolsada mensalmente se aproxima de 152, num montante de 148 a 158 francos. A advertência de que está sendo enganado alude ao início das dificuldades do paciente com sua amante. Ela afirma que ele a deflorou, mas ele está firmemente convencido de que ela já tinha sido deflorada e se deixara deflorar por outro homem numa época em que ele a cortejava e ela ainda lhe negava os favores. A palavra "número" conduz à associação "número da luva", "número do calibre". O próximo passo foi a lembrança de que no primeiro coito ele constatou uma abertura considerável da entrada vaginal, em vez da esperada resistência do hímen. Segundo ele, esta é a prova de que foi enganado. O inconsciente naturalmente aproveitou esta oportunidade como vigorosa resistência contra a amante. Inicialmente o número 152 mostrou-se refratário a outras tentativas de análise. Mais tarde, porém, este "número" provocou a única associação mais próxima: "número da casa". A partir daí, produziu-se a seguinte série de associações: Quando o paciente conheceu a amante, ela morava na Rua X, n. 17; depois morou na Rua Y, n. 129 e por último na Rua Z, n. 48.

[136] A estas alturas o paciente sabia já ter ultrapassado de longe o número 152, pois o resultado da adição era 194. Lembrou-se então de que ela mudara da Rua Z n. 48 por insistência dele, devido a certos motivos, e por isso o resultado deveria ser 194 − 48 = 146. Agora ela mora na Rua A, n. 6, resultando, assim, 146 + 6 = 152.

[137] Posteriormente, no decorrer da análise, ocorreu o seguinte sonho: *O paciente sonha que recebe uma conta do analista que lhe cobra 1 franco de juros sobre o montante de 315 francos, pelo atraso no pagamento do período de 3 a 29 de setembro.*

[138] Atribuindo ao analista esta mesquinhez e avareza, o paciente dissimula uma inveja inconsciente muito forte, conforme revelou a análise. Há muitas coisas na vida do analista que podem provocar a inveja do paciente. Existe, sobretudo, *um* acontecimento recente que lhe causou certa impressão. A família do médico fora enriquecida com mais um membro. Mas a relação conturbada com sua esposa infelizmente

não lhe permite a realização desta esperança na família. Há, pois, motivos para inveja e para diversas comparações.

A análise do n. 315 parte, como anteriormente, de uma separação em 3 1 5. O n. 3 lhe recorda que seu médico tinha três filhos e agora tem mais 1. Ele próprio teria atualmente 5 filhos se todos estivessem vivos, mas só tem 3 − 1 = 2 vivos, porque 3 nasceram mortos: Essa associação, porém, está longe de esgotar o simbolismo dos números do sonho. [139]

O paciente observa que o período entre 3 e 29 (de setembro) abrange 26 dias. A primeira ideia que lhe ocorre é somar este número e os restantes do sonho, como se segue: 26 + 315 + 1 = 342. Ele faz com 342 a mesma operação que já fez com 315, isto é, separa os algarismos 3 − 4 − 2. Se antes a operação indicava que seu médico tinha 3 filhos e ganhou mais 1, enquanto o paciente teria 5, agora significa que o médico tinha 3 filhos e agora tem 4, enquanto o paciente só tem 2. Observa, então, que este segundo número soa como retificação em face da realização do desejo. [140]

O paciente, que descobriu por si mesmo esta explicação, declarou-se satisfeito com ela. Mas seu médico não estava; baseado nas descobertas acima, parecia-lhe não estarem esgotadas as ricas possibilidades de determinação dos produtos do inconsciente. O paciente observou, por exemplo, no material relativo ao número 5 que, dos 3 filhos natimortos, 1 nasceu com 9 meses e 2 com 7 meses. Também ressaltou que sua mulher teve dois partos prematuros: um de 5 semanas e outro de 7. Somando estes números teremos o resultado 26, como abaixo: [141]

1 criança	de 7 meses
1 criança	de 7 meses
1 criança	de 9 meses
2 partos prematuros	

(5 + 7 semanas) 3 meses
----
26 meses

[142]   Parece que 26 foi determinado pelo número dos *meses de gestação perdidos*. No sonho, esse tempo (26 dias) significa um *atraso* pelo qual se cobra do paciente 1 franco de juros. De fato, o paciente sofreu um atraso com as gestações perdidas, porque seu médico o ultrapassou com um filho a mais, neste período em que se conheceram. Um franco significa provavelmente 1 filho. Vimos, acima, que a tendência do paciente é contar todos os filhos, vivos e mortos, para superar o rival. A ideia de que seu médico o superou com 1 filho a mais poderá ter influído ainda mais na determinação do número 1. Por isso gostaríamos de seguir mais um pouco esta tendência do paciente e levar avante o seu jogo de números adicionando ao número 26 também as duas gestações bem-sucedidas: 26 + 18 = 44.

[143]   Se obedecermos também à tendência da separação em algarismos isolados, teremos 2 + 6 e 4 + 4, dois grupos numéricos que só têm em comum o fato de, se somados, darem ambos o resultado 8. Convém notar que estes números são constituídos de meses de gravidez por parte do paciente. Se compararmos o acima com os grupos numéricos que contêm as informações sobre o desempenho genésico do médico, a saber 315 e 342, observamos que sua semelhança reside no fato de a soma dos algarismos dos dois números dar o resultado 9: 9 – 8 = 1. Parece que houve aqui também a preocupação de obter uma diferença de 1. Conforme o próprio paciente observou acima, o número 315 parecia-lhe ser a realização do desejo, ao passo que 342 exprimia uma retificação. Uma fantasia lúdica encontra aqui a seguinte diferença entre os dois números:

3 x 1 x 5 = 15   3 x 4 x 2 = 24   24 – 15 = 9

Voltamos a encontrar aqui o significativo número 9 que se enquadra perfeitamente nesta computação de gestações e partos. [144]

É obviamente difícil estabelecer o ponto onde começa o puramente lúdico, porque o produto inconsciente é criação da fantasia lúdica, aquela instância da qual se origina também o *Jogo*. Repugna ao espírito crítico se entregar a jogos e brincadeiras que se perdem na inconsistência total. Mas é preciso lembrar que, não faz muito tempo, o espírito humano se deliciou justamente com este jogo, ao longo de séculos e, por conseguinte, não seria de estranhar que essas tendências, vinculadas ao passado histórico, voltassem a se manifestar no sonho. O sonhador possui uma tendência de brincar com números também em estado de vigília, como nos mostra o fato da celebração dos 100 anos de nascimento, acima narrado. Que ela existe no sonhador, está fora de dúvida. Mas não temos *parâmetros exatos* para os caminhos que segue cada caso individual na determinação inconsciente; *só o conjunto das experiências pode fundamentar a certeza das várias descobertas*. Quando pesquisamos no campo da fantasia criadora livre, precisamos do empirismo mais do que em qualquer outro campo; e ele exige de nós alta dose de humildade com relação à certeza de cada conclusão em particular, embora não nos obrigue a dissimular os fatos e as vivências, por medo de que recaia sobre nós a maldição de não sermos científicos. Ninguém é forçado a partilhar da fobia de superstição do espírito moderno; também ela é um dos mecanismos que visa dissimular os segredos do inconsciente. [145]

É interessante observar também como os problemas do paciente se refletem no inconsciente de sua mulher. Ela teve o seguinte sonho, e todo o seu sonho foi apenas este: *"Lucas 137"*. A análise deste sonho revela o seguinte: O número 1 lhe trouxe a seguinte associação: O médico ganhara um [146] filho. Ele já tinha 3. Ela mesma teria 7 se todos estivessem vivos, mas só tem 3-1 = 2. Deseja, porém, 1 + 3 + 7 = 11, 1 e 1 quer dizer gêmeos, teria então alcançado o número de filhos do médico. Sua *mãe* teve certa vez *gêmeos*. A esperança de ter um filho de seu marido é muito precária, por isso aproximou do inconsciente a ideia de um segundo casamento.

[147]   Suas fantasias lhe dizem que aos 44 anos estará "acabada", ou seja, estará no climatério. Tem, agora, 33 anos; portanto, mais 11 anos e estará com 44. Este último aspecto é significativo porque seu pai morreu aos 44 anos. Sua fantasia dos 44 anos encerra a ideia da morte do pai. A ênfase colocada na morte do pai corresponde à fantasia reprimida da morte do marido que deveria ser eliminado por constituir empecilho a seus planos.

[148]   É agora que o material relativo a "Lucas 137" começa a se desvendar. A sonhadora – convém frisá-lo – não tem conhecimentos bíblicos. Nem se recorda da última vez em que leu a Bíblia, pois não tem religião. Recorrer aqui ao método das associações livres seria totalmente inútil. O desconhecimento da Bíblia era tão grande que ela nem sabia que a citação "Lucas 137" só poderia se referir ao *Evangelho de Lucas*. Quando ela abriu o Novo Testamento, encontrou os *Atos dos Apóstolos*, de Lucas. Como o capítulo 1º dos *Atos* só tem 26 versículos e não 37, tomou o versículo 7, onde se lê: "*A vós não compete saber os tempos nem os momentos que o Pai fixou em seu poder*". Mas passemos a *Lucas* 1,37, e ali encontraremos a *Anunciação a Maria* (v. 35: "O Espírito Santo virá sobre ti e a virtude do Altíssimo te cobrirá de sua sombra e é por isso que o Santo gerado será chamado Filho de Deus. 36: Eis que Isabel, tua parenta, também ela concebeu um filho em sua velhice e este é o sexto mês daquela que era considerada estéril, 37: *porque para Deus nada é impossível*").

A sequência lógica da análise de "Lucas 137" exige também que se consulte Lucas 13,7, onde se lê: (v. 6): "Um homem tinha uma figueira plantada em seu sítio, e veio em busca do fruto desta figueira, e não o achou. (v. 7): Disse então ao lavrador: 'Já lá vão três anos que venho em busca do fruto desta figueira e não o acho; corta-a! Para que ocupa ainda inutilmente a terra?'" [149]

A figueira que, desde tempos imemoriais, é símbolo do órgão genital masculino, deve ser *cortada* por causa de sua infertilidade. Ora, esta passagem combina sobretudo com numerosas fantasias sádicas da sonhadora que giram em torno da amputação do pênis ou de sua extirpação a dentadas. A relação com o membro estéril do marido é mais que evidente. Compreende-se que a sonhadora retraia sua libido frente ao marido, pois ele é *impotente* com relação a ela; compreende-se também que faça uma regressão ao pai ("que o Pai fixou em seu poder") e se identifique com a mãe, que teve gêmeos[4]. Com este avanço da sonhadora no terreno da idade, seu marido recai no papel de filho ou de criança em relação a ela, pois a impotência é característica desta idade. Mas também é fácil de se compreender o desejo de eliminar o marido, desejo este comprovado abundantemente na psicanálise anterior da paciente. É apenas uma confirmação do que dissemos acima o que se encontra em Lucas 7, versículo 13s.: "Ao aproximar-se da porta da cidade, saía o enterro de um jovem, *filho único de uma viúva...* Ao vê-la o Senhor se compadeceu e lhe disse: 'Não chores'. E, achegando-se, tocou o caixão – os que o carregavam, pararam – e disse: 'Moço, eu te ordeno, levanta-te'!" [150]

A referência à ressurreição de um morto, considerada à luz de toda a situação psicológica da sonhadora, adquire [151]

---

4. O marido sofre, sobretudo, de um forte complexo materno.

o belo sentido de cura da impotência do marido. Assim, estaria resolvido todo o problema. Não preciso me referir *expressis verbis* às numerosas realizações de desejos contidas neste material. O leitor as descobrirá espontaneamente.

[152] A maravilhosa combinação do símbolo "Lucas 137" só pode ser entendida como *criptomnésia*, uma vez que a sonhadora desconhece inteiramente a Bíblia. Flournoy[5] e eu[6] já chamamos a atenção para os efeitos espetaculares deste fenômeno. Dentro das possibilidades da certeza humana, podemos afirmar que no caso estudado não houve manipulações fraudulentas. O perito em psicanálise afastará de antemão esta suspeita quando observar a forma como todo o material foi apresentado.

[153] Estou consciente de que estas observações flutuam num mar de incertezas. Mas creio que seria errado calar estas observações, porque depois de nós poderão vir outros, mais felizes, que saberão colocar marcos seguros, o que nos é impossível com nossos conhecimentos atuais deficientes.

---

5. FLOURNOY, T. *Des Indes à la planète Mars* – Etude sur un cas de somnambulisme avec glossolalie. 3. ed. Paris/Genebra: [s.e.], 1900.
6. "Sobre a psicologia e patologia dos fenômenos chamados ocultos". Petrópolis: Vozes, 1966 [OC, 1].

II

Sonhos e energia psíquica

Aspectos gerais da psicologia do sonho[1]

O sonho é uma criação psíquica que, em contraste com os conteúdos habituais da consciência, situa-se, ao que parece, pela sua forma e seu significado, à margem da continuidade do desenvolvimento dos conteúdos conscientes. Em geral, não parece que o sonho seja uma parte integrante da vida consciente da alma, mas um fato mais de natureza exterior e aparentemente casual. A razão para a posição excepcional do sonho está na sua maneira especial de se originar: o sonho não é o resultado, como os outros conteúdos da consciência, de uma continuidade claramente discernível, lógica e emocional da experiência, mas o resíduo de uma atividade que se exerce durante o sono. Esta maneira de se originar é suficiente, em si mesma, para isolar o sonho dos demais conteúdos da consciência, e este isolamento é acrescido pelo conteúdo próprio do sonho, que contrasta marcantemente com o pensamento consciente.

Um observador atento, todavia, descobrirá sem dificuldade que os sonhos não se situam totalmente à margem da continuidade da consciência, porque em quase todos os sonhos se podem encontrar detalhes que provêm de impressões, pensamentos e estados de espírito do dia ou dos

[443]

[444]

---

1. Publicado pela primeira vez em Über *die Energetik der Seele* [*Tratados psicológicos*. Vol. II, 1928].

dias precedentes. Neste sentido, portanto, existe uma certa continuidade, embora à primeira vista pareça uma continuidade *para trás*, mas, quem quer que se interesse vivamente pelo problema dos sonhos, não deixará de notar que os sonhos possuem também – se me permitem a expressão – uma continuidade *para frente*, pois ocasionalmente os sonhos exercem efeitos notáveis sobre a vida mental consciente, mesmo de pessoas que não podem ser qualificadas de supersticiosas e particularmente anormais. Estas sequelas ocasionais consistem, a maior parte das vezes, em alterações mais ou menos nítidas de estados de alma.

[445] É provavelmente por causa desta conexão mais ou menos frouxa com os demais conteúdos de consciência que os sonhos são extremamente fugazes quando se trata de recordá-los. Muitos dos nossos sonhos escapam à tentativa de rememoração, logo ao acordarmos; outros só os conseguimos reproduzir com fidelidade muito duvidosa, e são relativamente poucos os que podemos considerar realmente como clara e distintamente reproduzíveis. Este comportamento singular quanto à reprodução se explica se considerarmos a qualidade das ligações das representações que emergem no sonho. Ao oposto da sequência lógica das ideias, que podemos considerar como uma característica especial dos processos mentais conscientes, a combinação das representações no sonho é essencialmente de natureza *fantástica*: uma forma de associação de ideias ligadas numa sequência que, em geral, é totalmente estranha ao nosso modo realista de pensar.

[446] É a esta característica que os sonhos devem o qualificativo vulgar de *absurdos*. Mas, antes de formular semelhante julgamento, é preciso ter presente que o sonho e seu contexto constituem algo de incompreensível *para nós*. Um tal julgamento nada mais seria, portanto, do que uma projeção de nossa incompreensão sobre o objeto. Mas isto não impede que o sonho possua um significado intrínseco próprio.

À parte os esforços feitos ao longo dos séculos no sentido de extrair um sentido profético dos sonhos, as descobertas de Freud constituem praticamente a primeira tentativa de penetrar o significado dos sonhos. Não se pode negar a essa tentativa o qualificativo de "científica", porque este pesquisador nos indicou uma técnica que, segundo ele, e também muitos outros pesquisadores, alcança o resultado pretendido, ou seja, a compreensão do sentido do sonho, sentido que não é idêntico aos significados fragmentários sugeridos pelo conteúdo manifesto do sonho. [447]

Não é aqui o lugar de submeter a psicologia do sonho concebida por Freud a uma discussão crítica. Tentarei, pelo contrário, descrever de maneira sumária aquilo que hoje podemos considerar como aquisições mais ou menos seguras da psicologia onírica. [448]

A primeira questão com que temos de nos ocupar é a de saber o que nos autoriza a atribuir ao sonho uma outra significação que se diferencia da significação fragmentária pouco satisfatória, sugerida pelo conteúdo manifesto do sonho. Um argumento de particular importância neste sentido é o fato de que Freud descobriu o sentido do sonho de *maneira empírica e não de maneira dedutiva*. A comparação das fantasias oníricas com as outras fantasias do estado de vigília em um mesmo indivíduo nos fornece um outro argumento em favor da possibilidade de um sentido oculto ou não manifesto do sonho. Não é difícil ver que estas fantasias do estado de vigília possuem, além de um sentido superficial e concreto, uma significação psicológica mais profunda. Por causa da brevidade que aqui devo me impor, não poderei citar o material aí colhido, mas gostaria de observar que um gênero muito antigo e muito difundido de narração imaginativa, representado de modo típico pelas fábulas de Esopo, oferece-nos uma boa ilustração para aquilo que [449] podemos dizer a respeito do significado das fantasias. Há, por exemplo, uma narração fantástica das façanhas do leão e do burro. O sentido superficial e concreto da narrativa é uma fantasmagoria objetiva irrealizável, mas o sentido moral oculto é evidente para quem quer que sobre ele reflita. É característica a maneira como as crianças se satisfazem com o sentido exotérico da fábula e nela encontram vivo prazer.

[450] A aplicação consciensiosa do processo técnico, para a análise do conteúdo manifesto do sonho nos fornece, de longe, o melhor argumento a favor de um sentido oculto do sonho. Isto nos leva ao segundo ponto capital, que é a questão do processo técnico. Também aqui não desejo criticar nem defender os pontos de vista e as descobertas de Freud, mas ficarei limitado ao que me parece definitivamente estabelecido. Se partirmos do fato de que o sonho é um produto psíquico, não temos, desde logo, absolutamente nenhum motivo para supor que sua natureza e sua destinação obedecem a leis e a fins totalmente diferentes daqueles que se aplicam a outros produtos psíquicos. Segundo a máxima de que "principia explicandi praeter necessitatem non sunt multiplicanda"[2], temos de tratar o sonho, analiticamente, como qualquer outro produto psíquico, enquanto nenhum outro fato contraditório não nos ensine um caminho melhor.

[451] Sabemos que todo produto psíquico, encarado do ponto de vista causal, é a resultante de conteúdos psíquicos que o precederam. Sabemos, além disso, que esse mesmo produto psíquico, considerado sob o ponto de vista de sua finalidade, tem um sentido e um alcance que lhe são próprios dentro do processo psíquico. Este critério deve ser aplicado também aos sonhos. Para explicar psicologicamente os sonhos, devemos, portanto, primeiramente investigar as expe-

---

2. Não se deve multiplicar, sem necessidade, os princípios explicativos.

riências precedentes, de que se compõem. Assim, no que diz respeito a cada uma das partes da imagem onírica, devemos remontar até os seus antecedentes. Vejamos um exemplo: Um indivíduo sonha que vai por uma rua. De repente, uma criança, que brinca e salta à sua frente, é atropelada por um automóvel.

Reduzamos as componentes da imagem deste sonho aos seus antecedentes, com a ajuda das recordações do sonhador: a rua, ele a reconhece como sendo uma certa rua que ele atravessou na véspera. Na criança ele identifica um filho do seu irmão que ele vira ao visitar este irmão no dia anterior. O acidente de carro lembra-lhe um acidente que se deu realmente alguns dias antes, mas de que só teve conhecimento através dos jornais. Como sabemos, o juízo corrente se contenta com uma redução deste gênero e se diz: "Ah, é por isso que tive este sonho". [452]

Evidentemente uma tal redução é totalmente insuficiente do ponto de vista científico. O sonhador percorreu muitas ruas na véspera, e por que motivo o seu sonho escolheu justamente esta rua? Leu notícias a respeito de numerosos acidentes, e por que motivo escolheu este, de preferência a outros? A descoberta de um único acidente não é ainda suficiente, porque só a influência de várias causas é capaz de dar uma determinação verossímil das imagens do sonho. A recolha de material adicional se processa de acordo com o nosso princípio da rememoração, também chamado de *método das associações livres*. Essa recolha, como é fácil de entender, fornece-nos um material muito variado e muito heterogêneo cujo único traço em comum parece ser sua evidente relação associativa com o conteúdo do sonho; do contrário, nunca poderia ser evocado por meio desse conteúdo. [453]

45

[454]   É também uma questão importante, do ponto de vista técnico, saber até que ponto pode se estender esta recolha dos materiais. Desde que todo o conteúdo da vida pode ser evocado na alma, teoricamente é possível também investigar, para cada sonho, toda a história passada do indivíduo. Entretanto, basta tão somente recolher o material absolutamente indispensável para compreender o sentido do sonho. A limitação do material é, evidentemente, um processo arbitrário, de acordo com o princípio de Kant segundo o qual compreender uma coisa nada mais é do que "reconhecê-la o quanto baste para as nossas intenções"[3]. Por exemplo, se procuramos saber quais foram as causas da Revolução Francesa, podemos incluir na recolha do material não só a história da Idade Média, como também a de Roma e da Grécia, mas isto, evidentemente, não é "necessário" para o nosso propósito, visto podermos igualmente compreender a gênese histórica da Revolução, baseada em material bem mais restrito. Na recolha do material para o estudo de um sonho, portanto, iremos até onde isto nos parecer necessário para extrair dele uma significação utilizável.

[455]   Exceção feita da referida limitação arbitrária, a reunião dos materiais escapa ao arbítrio do pesquisador, e o material reunido deve ser submetido a um processo de seleção e a uma elaboração cujo princípio é aplicado sempre na elaboração de material histórico ou de qualquer outro material empírico-científico. Trata-se, essencialmente, de um *método comparativo* cujo funcionamento, evidentemente, nada tem de automático, mas depende, em grande parte, da habilidade e dos objetivos do pesquisador.

[456]   Quando se trata de explicar um fato psicológico, é preciso não esquecer que todo fenômeno psicológico deve ser

---

3. Cf. introdução a *Die Logik*, p. 377.

abordado sob um duplo ponto de vista, ou seja, do ponto de vista da *causalidade* e do ponto de vista da *finalidade*. É de propósito que falo de finalidade, para evitar toda a confusão com o conceito de *teleologia*. Por finalidade pretendo simplesmente designar a tensão psicológica imanente dirigida a um objetivo futuro. Em vez de "tensão dirigida a um objetivo futuro" poderíamos empregar também a expressão "sentido de um objetivo a alcançar". Todos os fenômenos psicológicos comportam em si um sentido desta natureza, mesmo os fenômenos puramente reativos, como sejam, por exemplo, as reações emocionais. A cólera provocada por uma ofensa manifesta este sentido na vingança, e um luto ostensivo tem como finalidade despertar a compaixão dos outros.

Aplicando o ponto de vista causal ao material recolhido para o estudo do sonho, reduzimos o conteúdo manifesto do sonho a certas tendências ou ideias fundamentais descritas por este material. Estas tendências, como seria de esperar, são naturalmente muito gerais e elementares. Um jovem paciente, por exemplo, tem o seguinte sonho: "Encontro-me em um pomar alheio e olho uma maçã. Olho cautelosamente à minha volta para me certificar de que ninguém me viu". [457]

O material associativo nos oferece o seguinte quadro: recorda-se de ter roubado uma vez, quando jovem, algumas peras de um pomar alheio. O sentimento de ter uma consciência culposa, particularmente acentuado no sonho, recorda-lhe uma situação da véspera. Encontrou na rua uma jovem conhecida que o deixava indiferente, e trocou com ela algumas palavras. No mesmo momento passou por eles um de seus conhecidos e repentinamente foi invadido por um curioso sentimento de embaraço, como se tivesse praticado um ato ilícito. Ele associa a maçã à cena do Paraíso Terrestre e ao fato de nunca ter podido compreender realmente por [458] que o ato de comer do fruto proibido trouxera consequências tão graves para os nossos primeiros pais. Sempre se revoltara contra essa injustiça divina, uma vez que Deus tinha criado os homens com a sua forte curiosidade e seus apetites.

[459] Uma outra associação era a de que o pai o castigara muitas vezes de maneira incompreensível, por certas coisas, e com particular severidade uma vez em que fora surpreendido a observar, às escondidas, algumas jovens que estavam a se banhar. A tudo isso vem se acrescentar a confissão de que recentemente ele começara um caso amoroso com uma criada, caso este, porém, que não chegara ainda a seu fim natural. Na véspera do sonho tivera um encontro com a criada.

[460] Se considerarmos este material em seu conjunto, perceberemos que o sonho guarda uma relação muito clara com o acontecimento da véspera. O material associativo nos mostra que a cena da maçã, evidentemente, está a indicar uma cena erótica. Por estes e inúmeros outros motivos parece-nos também extremamente provável que o acontecimento da véspera repercutiu no sonho do jovem. Neste sonho ele colhe a maçã paradisíaca que, na realidade, ainda não colheu. O restante material associativo se ocupa também com um outro acontecimento da véspera, ou seja, o estranho sentimento de estar com a *consciência* culposa e que dele se apoderou quando falava com uma jovem que lhe era indiferente. Também se refere ao pecado original no Paraíso e, por último, a um pecadilho erótico de sua meninice, tão severamente punido pelo pai. Todas estas associações convergem na ideia de *culpabilidade*.

[461] Examinaremos este material primeiramente sob o ponto de vista causal desenvolvido por Freud, ou, em outras palavras, "interpretaremos" este sonho para usar uma expressão de Freud. Subsiste do dia anterior um desejo insatisfeito. No sonho esse desejo se realiza sob o *símbolo* da maçã.

Por que a realização desse desejo só se efetua de maneira velada, ou seja, sob uma imagem simbólica, e não em um pensamento sexual claro? Freud apontaria para o elemento de culpabilidade, indubitavelmente presente neste material, e diria que a moralidade imposta ao jovem desde a infância e que se empenha em reprimir os desejos dessa natureza, imprimiu em uma inspiração inteiramente natural como esta um sabor penoso e incompatível. Por tal motivo, a ideia possível e recalcada só pode exprimir-se de maneira *simbólica*. E visto que há uma incompatibilidade entre estes pensamentos e o conteúdo moral da consciência, a instância psíquica postulada por Freud, e a qual ele denomina *censura*, procura impedir que este desejo penetre abertamente na consciência.

O ponto de vista da finalidade que oponho à concepção de Freud não implica, como expressamente o sublinho, uma negação das causas do sonho, mas antes uma interpretação diferente dos seus materiais associativos. Os fatos em si, ou sejam, essas associações, permanecem inalteráveis, mas o critério com que são julgados é diferente. Podemos formular a questão da seguinte maneira: Para que serve este sonho? Que significado tem e o que deve operar? Estas questões não são arbitrárias, porquanto podem ser aplicadas a qualquer atividade psíquica. Em qualquer circunstância, é possível perguntar-se "por quê?" e "para quê?", pois toda estrutura orgânica é constituída de um complexo sistema de funções com finalidade bem definida e cada uma delas pode decompor-se numa série de fatos individuais, orientados para uma finalidade precisa. [462]

É claro que o sonho junta ao episódio erótico da véspera materiais que realçam em primeiro lugar o elemento de culpabilidade da ação erótica. A mesma associação já mostrara sua eficácia em um outro episódio da véspera, ou [463] seja, no encontro com a jovem que lhe era indiferente, durante o qual o sentimento da consciência culposa também se associou espontânea e inesperadamente, como se o jovem tivesse cometido uma ação pecaminosa. Este episódio também desempenha um papel dentro do sonho, sendo aí intensificado ainda pela associação de materiais correspondentes e o episódio erótico da véspera é representado mais ou menos sob a forma do pecado original tão severamente punido por Deus.

[464] Daqui deduzo que o autor deste sonho apresenta uma propensão ou tendência inconsciente a representar suas experiências eróticas como *faltas*. É característico como o sonho faz a associação com o pecado original cuja punição draconiana o jovem jamais compreendeu. Esta associação nos revela os motivos pelos quais o sonhador simplesmente não pensou: "O que estou fazendo não é correto". Evidentemente ele não sabe que poderia condenar sua ação erótica como moralmente pecaminosa. Mas é isto o que realmente acontece. Conscientemente, ele acredita que, do ponto de vista moral, sua conduta é totalmente indiferente, uma vez que todos os seus amigos procedem da mesma maneira, sendo ele, ainda, inteiramente incapaz, por outros motivos, de compreender por que se faz tanto estardalhaço em torno disto.

[465] Pergunta-se, agora, se o sonho em questão tem sentido ou é absurdo. A resposta depende de uma questão muito importante, qual seja a de saber se o ponto de vista imemorial da ética tradicional é absurdo ou portador de significado. Não quero me perder nos meandros de uma discussão filosófica a respeito desta questão, mas simplesmente notar que a humanidade, sem dúvida, teve sérios motivos para inventar esta moral, pois, do contrário, não poderíamos compreender por que ela tem sofrido uma das suas tendências mais fortes. Se apreciarmos todo este conjunto de

50

coisas segundo o seu justo valor, teremos de reconhecer que o sonho é cheio de significação, porque revela ao jovem a necessidade de considerar sua conduta erótica, alguma vez, sob o ponto de vista moral. Certas tribos primitivas têm, sob certos aspectos, leis extremamente severas a respeito da sexualidade. Isto nos prova que a moral sexual constitui, especialmente entre as funções psíquicas superiores, um fator não negligenciável e por isto merece ser plenamente levado em consideração. No caso em questão se poderia, portanto, dizer que o jovem, hipnotizado pelo exemplo de seus amigos, entrega-se impensadamente aos seus apetites eróticos esquecido de que o homem é um ser moralmente responsável, e submete-se, voluntária ou involuntariamente, à moral que ele próprio criou.

Neste sonho podemos ainda discernir uma função compensadora do inconsciente graças à qual os pensamentos, inclinações e tendências da personalidade humana que na vida consciente são muito valorizados, entram em ação, como que alusivamente, durante o sono, estado em que os processos conscientes são quase totalmente eliminados. [466]

Aqui possivelmente me perguntarão: Que vantagem obtém o sonhador de tudo isto se ele é capaz de compreender o sonho? [467]

A este respeito, tenho a observar que a compreensão não é um processo exclusivamente intelectual, porque, como nos mostra a experiência, imensas coisas, mesmo incompreendidas, intelectualmente falando, podem influenciar e até mesmo convencer um homem, de modo sumamente eficaz. Basta lembrar, neste sentido, a eficácia dos símbolos religiosos. [468]

O exemplo aqui citado pode facilmente nos induzir a pensar que a função dos sonhos constitui uma instância "moral". O exemplo mencionado parece-nos confirmar isto, mas, [469]

51

se nos recordarmos da fórmula segundo a qual os sonhos encerram os materiais subliminares de um determinado momento, já não podemos falar de função "moral" em sentido estrito. Com efeito, convém observar que os sonhos daquelas pessoas cujo comportamento é aparentemente irrepreensível do ponto de vista moral, trazem à tona materiais que devemos classificar de "imorais" em sentido corrente. Assim é sintomático que Santo Agostinho se regozijava de não ser responsável pelos seus sonhos diante de Deus. O inconsciente é aquilo que não se conhece em determinado momento, e por isto não é de surpreender que o sonho venha acrescentar à situação psicológica consciente do momento todos aqueles aspectos que são essenciais para um ponto de vista totalmente diferente. É óbvio que a função do sonho constitui um ajustamento psicológico, uma compensação absolutamente indispensável à atividade ordenada. No processo consciente de reflexão é necessário que, enquanto possível, tenhamos em mente todos os aspectos e consequências de um problema, de modo a encontrar a solução corrente. Este processo se prolonga automaticamente durante o estado mais ou menos inconsciente de sono, onde, como nos parece mostrar nossa experiência atual, apresentam-se ao sonhador – quando nada, apenas por alusão – todos aqueles pontos de vista que durante o dia foram insuficientemente considerados ou totalmente ignorados, isto é, que se mantiverem mais ou menos inconscientes.

[470] Com relação ao tão discutido *simbolismo* do sonho, sua apreciação varia conforme o consideremos do ponto de vista causal ou final. A concepção causal de Freud parte de um desejo, de uma *aspiração recalcada, expressa no sonho*. Esse desejo é sempre algo de relativamente simples e elementar, mas pode se dissimular sob múltiplos disfarces. Assim, o rapaz de nosso sonho teria podido igualmente sonhar que

devia abrir uma porta com uma chave, que voava de avião, que beijava a mãe etc. Por este caminho a escola freudiana chegou a ponto de interpretar – para citarmos um exemplo grosseiro – quase todos os objetos alongados vistos nos sonhos, como símbolos fálicos, e todos os objetos redondos e ocos, como símbolos femininos.

Do ponto de vista da finalidade as imagens oníricas possuem o seu valor próprio. Se, por exemplo, em vez da cena da maçã, o jovem tivesse sonhado que devia abrir a porta com uma chave, esta imagem modificada do sonho provavelmente teria fornecido material associativo essencialmente diferente, o qual, por sua vez, teria completado a situação consciente de maneira também diferente daquela do material associado à cena da maçã. Para este ponto de vista, a riqueza de sentidos reside na diversidade das expressões simbólicas, e não na sua *uniformidade de significação*. O ponto de vista causal tende, por sua própria natureza, para a uniformidade do sentido, isto é, para a fixação dos significados dos símbolos. O ponto de vista final, pelo contrário, vê nas variações das imagens oníricas a expressão de uma situação psicológica que se modificou. Não reconhece significados fixos dos símbolos, por isto considera as imagens oníricas importantes em si mesmas, tendo cada uma delas sua própria significação, em virtude da qual elas aparecem nos sonhos. Em nosso exemplo, o símbolo, considerado sob o ponto de vista final, possui mais propriamente o valor de uma parábola: não dissimula, ensina. A cena da maçã nos recorda vividamente o sentimento de culpa, ao mesmo tempo em que dissimula o que aconteceu com nossos primeiros pais. [471]

É evidente que chegaremos a concepções muito diversas do sentido do sonho, de acordo com o ponto de vista. Deseja-se saber, então, qual é a concepção melhor e mais correta. Para nós, terapeutas, de qualquer modo, termos uma con- [472]

cepção do sentido do sonho constitui acima de tudo uma necessidade prática e não meramente teórica. Se queremos tratar nossos pacientes, é preciso, por razões concretas, tentar nos assenhorear dos meios que, com eficácia, nos permitirão educá-los. Conforme o nosso exemplo claramente o demonstrou, a coleta do material associativo suscitou uma questão especialmente indicada para abrir os olhos do jovem para coisas que ele negligenciara sem dar por isto. Mas, negligenciando-as, era de si mesmo que ele descurava, pois possuía, como qualquer outra pessoa, uma consciência moral e necessidades de ordem moral. Procurando viver sem levar em conta este fato, sua existência tornou-se incompleta e exagerada ou, por assim dizer, desordenada, acarretando para a vida psíquica aquelas mesmas consequências que, para o corpo, resultam de um regime alimentar unilateral e incompleto. Para educar um indivíduo para a autonomia e para uma vida plena, é preciso levá-lo à assimilação de todas as funções que bem pouco ou mesmo nenhum desenvolvimento consciente alcançaram. Para isto, e por motivos terapêuticos, temos de levar em conta todos os aspectos das coisas que os materiais oníricos nos oferecem. Daqui se infere o quanto o ponto de vista final é capaz de concorrer para a educação prática da personalidade.

[473]   O ponto de vista causal está muito mais na linha do espírito científico atual, com seu modo de pensar rigorosamente causal. Por isto, quando se trata de dar uma explicação científica da psicologia onírica, a concepção causal de Freud parece extremamente sedutora e mais completa. Entretanto, não posso deixar de colocá-la em dúvida quanto a este aspecto, porque a psique não pode ser entendida em termos meramente causais, mas exige também uma abordagem finalista. Só a conjugação dos dois pontos de vista – que ainda não foram desenvolvidos de maneira cien-

tificamente satisfatória, em virtude de enormes dificuldades tanto teóricas como práticas – pode nos levar a uma compreensão mais completa da natureza do sonho.

Eu gostaria agora, ainda, de tratar brevemente alguns outros problemas da psicologia onírica, que ficam à margem da discussão geral do problema dos sonhos. Seja em primeiro lugar a questão da *classificação dos sonhos*, sem pretender exagerar sua importância teórica e prática. A cada ano tenho de examinar de mil e quinhentos a dois mil sonhos, e com base nesta experiência eu pude concluir que existem de fato sonhos típicos. Mas estes sonhos não são muito frequentes e, sob o ponto de vista final, perdem muito de sua importância que a interpretação causal lhe atribui em razão de sua significação simbólica fixa. Parece-me que os *motivos típicos* nos sonhos são de capital importância, porque eles permitem comparações com os motivos mitológicos. Muitos destes motivos mitológicos – em cuja coleta e levantamento se destaca eminentemente a figura de Frobenius – ocorrem também nos sonhos de muitas pessoas, amiúde precisamente com a mesma significação. A exiguidade de espaço não me permite tratar aqui detalhadamente desta questão, o que faço em outro local. Devo, porém, ressaltar que a comparação dos motivos típicos com os motivos mitológicos nos permite supor – como já o fizera Nietzsche – que o pensamento onírico é uma forma filogenética anterior de nosso pensamento. Em vez de multiplicar os exemplos, explico-me voltando ao sonho há pouco citado. Como devemos estar lembrados, este sonho introduz a cena da maçã como modelo típico da culpabilidade erótica. O pensamento abstrato teria dito: "*Faço mal em agir deste modo*". É, no entanto, característico que o sonho quase nunca se exprima nesta forma abstrata e lógica, mas sempre por meio de parábolas ou de linguagem simbólica. Esta é também uma

[474]

característica das línguas primitivas, cujos rodeios floridos nos surpreendem sempre. Se pensarmos nos momentos das antigas literaturas, nas parábolas e comparações da Bíblia, por exemplo, verificamos que o que se exprime por meio de abstrações era então apresentado por meio de comparações e semelhanças. Mesmo um filósofo como Platão não desdenhou expressar certas ideias fundamentais por este meio.

[475] Nosso organismo conserva os traços de sua evolução filogenética. O mesmo se dá com o espírito humano. Por isso, nada há de espantar quanto à possibilidade de que a linguagem figurada dos sonhos seja um vestígio arcaico de nosso pensamento.

[476] Além disto, o roubo da maçã, no exemplo citado, é um destes motivos oníricos típicos que reaparecem com múltiplas variantes, em grande quantidade de sonhos. Esta imagem é também um motivo mitológico muito conhecido que encontramos não apenas na narrativa do Paraíso bíblico, como também em numerosos mitos e contos de fada, provenientes de todas as idades e latitudes. É um dos símbolos universalmente humanos, capazes de renascerem, autóctones, em cada indivíduo e em todas as épocas. Por esta forma, a psicologia onírica nos abre o caminho para uma *psicologia comparada* geral da qual podemos esperar que resulte uma compreensão do desenvolvimento e da estrutura da psique humana, análoga à que a anatomia comparada nos trouxe com relação ao corpo humano[4].

[477] Os sonhos, portanto, comunicam-nos, numa linguagem figurada – isto é, por meio de representações sensoriais e imaginosas – pensamentos, julgamentos, concepções, diretrizes, tendências etc., que se achavam em estado de inconsciência,

---

4. A versão original de 1916 termina neste ponto. – EDITORES.

por terem sido recalcados ou simplesmente ignorados. Mas por se tratar de conteúdos do inconsciente e porque o sonho é a resultante de processos inconscientes, ele oferece-nos justamente uma representação dos conteúdos inconscientes, não de todos, mas apenas de alguns, daqueles que foram reunidos e selecionados associativamente em função do estado momentâneo da consciência. Eu considero esta observação de grande importância, sob o ponto de vista prático. Se quisermos interpretar um sonho corretamente, temos de possuir um conhecimento acurado da consciência nesse preciso momento, porque o sonho encerra o seu complemento inconsciente, ou seja, o material constelado no inconsciente em correlação com o estado momentâneo da consciência. Sem este conhecimento é impossível interpretar um sonho de maneira correta e satisfatória – a não ser, naturalmente, por um feliz golpe do acaso. Gostaria de esclarecer esta afirmação citando o seguinte exemplo:

Certo dia, um senhor veio consultar-me pela primeira vez. Disse-me ele que tinha curiosidade pelos mais diversos ramos da ciência e também se interessava pela psicanálise sob o ponto de vista literário. Declarou-me que se sentia perfeitamente bom de saúde e que, portanto, de modo nenhum devia ser tomado como paciente. Vinha-me consultar unicamente por curiosidade psicológica. Acrescentou que era pessoa abastada e dispunha de tempo livre para se consagrar a tudo o que quisesse. Desejava conhecer-me para que eu o introduzisse nos segredos da análise e sua teoria. Achava, entretanto, que, como pessoa normal que era, pouco interesse representava para mim, sempre habituado a me ocupar com "loucos". Tinha-me escrito alguns dias antes, perguntando-me quando eu poderia recebê-lo. No correr da conversa, depressa chegamos ao problema dos sonhos e lhe perguntei incontinenti se ele não tinha tido um sonho,

[478]

na noite precedente. Ele me respondeu afirmativamente e contou-me o seguinte sonho: "Acho-me em uma sala de paredes nuas, onde uma pessoa, uma espécie de enfermeira, recebe-me e quer obrigar-me a sentar a uma mesa sobre a qual se acha uma garrafa de quefir que eu deveria tomar. Eu desejava ir ao Dr. Jung, mas a enfermeira me respondeu que eu me encontrava num hospital e que o Dr. Jung não tinha tempo para me receber".

[479] O conteúdo manifesto deste sonho já nos mostra que a expectativa da visita a mim constelou de algum modo o inconsciente. As associações foram as seguintes: compartimento de paredes nuas: "uma espécie de sala de recepção glacial, como num edifício público, ou uma sala de espera de hospital. Nunca estive como doente num hospital". – A enfermeira: "Repulsiva e estrábica. Lembrava-me uma cartomante, que era também quiromante e que uma vez consultei sobre meu futuro. Durante uma doença tive uma diaconisa como enfermeira". – A garrafa de quefir: "O quefir me repugna e eu sou incapaz de tomá-lo. Minha mulher toma-o continuamente e por isso eu zombo dela, pois tem a ideia fixa de que devemos fazer sempre qualquer coisa pela nossa saúde. Recordo-me também de ter estado em um sanatório – tratava-se de uma depressão nervosa – e aí tinha de tomar quefir".

[480] Neste ponto eu o interrompi, perguntando-lhe indiscretamente se sua neurose havia desaparecido completamente a partir de então. Ele procurou esquivar-se o quanto pôde, mas acabou por confessar que, de fato, sua neurose continuava como dantes e que, na verdade, sua mulher vinha insistindo com ele, há muito tempo, para me consultar. Ele, porém, achava que seu estado nervoso não era de exigir consulta, pois não estava padecendo das faculdades mentais, enquanto, na verdade, eu só cuidava dos doidos. O

que lhe interessava era unicamente conhecer minhas teorias psicológicas etc.

Este material nos revela em que sentido o paciente falsificava a situação: Correspondia mais a seu gosto apresentar-se diante de mim na qualidade de filósofo e psicólogo e relegar o fato de sua neurose a segundo plano. Mas o sonho o faz recordá-la desagradavelmente e o obriga a dizer a verdade. Tem de tragar este cálice amargo. A figura da cartomante revela-nos o conceito real que ele tinha de minha atividade. Como lhe faz ver o sonho, ele devia primeiramente submeter-se a um tratamento, antes de poder chegar até mim. [481]

O sonho retifica a situação e acrescenta o material que ainda lhe está faltando, e, deste modo, melhora a atitude do paciente. Eis aí a razão pela qual temos necessidade da análise do sonho em nossa terapia. [482]

Eu não queria, contudo, que, só com este exemplo, se ficasse com a impressão de que todos os sonhos se apresentam com tamanha simplicidade ou que todos sejam do mesmo tipo. É verdade que, na minha opinião, todos os sonhos têm um caráter compensador em relação aos conteúdos conscientes, mas longe de mim pensar que a função compensadora se apresente com tanta clareza em todos os sonhos como neste exemplo. Embora o sonho contribua para a autorregulação psicológica do indivíduo, reunindo mecanicamente tudo aquilo que andava recalcado, desprezado, ou mesmo ignorado, contudo, o seu significado compensador muitas vezes não aparece imediatamente, porque apenas dispomos de conhecimentos imperfeitíssimos a respeito da natureza e das necessidades da psique humana. Há, porém, compensações psicológicas, aparentemente muito remotas. Nestes casos, devemos lembrar-nos de que cada indivíduo, em certa medida, representa a humanidade inteira e sua história. E aquilo que foi possível em escala natural na história [483]

59

da humanidade, é possível também em escala reduzida, na vida de cada indivíduo. Em determinadas circunstâncias, este sentirá as mesmas necessidades pelas quais a humanidade tem passado. Não há razão, portanto, para nos espantar se virmos que as compensações religiosas desempenham papel tão importante. Que isto aconteça precisamente em nossa época, talvez com maior intensidade do que antes, não é senão uma consequência natural do materialismo reinante de nossa cosmovisão.

[484] Que o significado compensador dos sonhos não é uma invenção nova nem o produto de uma interpretação tendenciosa, mostra-o antigo e bem conhecido sonho, descrito no capítulo IV (7-13) do livro do Profeta Daniel. Nabucodonosor se achava no apogeu do seu poder, quando teve o seguinte sonho (que ele próprio narra):

> [7]...Parecia-me que via no meio da terra uma árvore, e era a sua altura desmarcada. [8]Era uma árvore grande e forte: e cuja altura chegava até o céu: a vista se estendia até as extremidades de toda a terra. [9]As suas folhas eram formosíssimas e seus frutos copiosos em extremo, e dela se podiam sustentar todas as castas de animais: as alimárias domésticas e selvagens habitavam debaixo dela e as aves do céu pousavam sobre os seus ramos, e dela se sustentava toda a carne. [10]Eu estava vendo isto na visão da minha cabeça sobre o meu leito, e eis que o vigia e o Santo desceu do céu. [11]Ele chamou com voz forte e disse assim: Deitai abaixo pelo pé esta árvore e cortai-lhe os ramos; fazei-lhe cair as folhas, e desperdiçai-lhe os pomos, afugentem-se as alimárias que estão debaixo dela e enxotem-se as aves de cima dos seus ramos. [12]Deixai, todavia, na terra o tronco com as suas raízes e ele fique ligado com umas cadeias de ferro e de bronze, entre as ervas que estão fora no campo, e seja molhado do orvalho do céu e sua

sorte seja com as feras na erva da terra. [13]Mude-se-
-lhe o seu coração de homem e dê-se-lhe um coração de fera, e passem sete tempos por cima dele.

Na segunda parte do sonho a árvore se personifica, de [485]
modo que é fácil verificar que a grande árvore é o rei que
sonha, e o próprio Daniel interpreta o sonho também neste sentido. O sonho significa, sem sombra de dúvida, uma
tentativa de compensação do delírio de grandeza, o qual,
segundo nos diz o relato a seguir, evoluiu para uma psicose real. A interpretação dos fenômenos oníricos como um
processo de compensação corresponde, a meu ver, à natureza do processo biológico em geral. A concepção de Freud
situa-se nessa mesma direção quando atribui também ao
sonho um papel compensador, relativo à manutenção do
sono. Como Freud demonstrou, há muitos sonhos que nos
mostram como certos estímulos externos, capazes de arrancar do sono a quem sonha, são desfigurados de tal forma,
que levam a vontade de dormir a fortalecer a intenção de
não se deixar perturbar. Há igualmente, como Freud também demonstrou, inúmeros sonhos nos quais certos estímulos perturbadores intrapsíquicos, como o aparecimento
de representações pessoais capazes de desencadear podero-
sas reações afetivas, são desfigurados de tal modo, que se
encaixam num contexto onírico que disfarça as representações incômodas ao ponto de tornar impossível uma reação
afetiva mais forte (e o sono não é perturbado).

Mas isto não nos deve impedir de ver que são *justamente* [486]
os sonhos aquilo que mais perturba o sono, e há mesmo certos
sonhos em bem maior número do que se supõe, cuja estrutura tende a provocar – como de fato provoca – uma situação emocional tão perfeitamente realizada, que quem está
dormindo é forçosamente arrancado do sono pelas emoções

desencadeadas. Freud explica estes sonhos, dizendo que a censura não conseguiu reprimir a emoção incômoda. Parece-me que esta explicação não toma verdadeiramente em consideração a realidade dos fatos. São fartamente conhecidos os exemplos de sonhos que manifestamente e por forma a mais conveniente se ocupam com as experiências desagradáveis e as ocorrências da vida do estado de vigília, expondo com minuciosa e desagradável clareza justamente aqueles pensamentos mais importunos. A meu ver, não teria sentido falar aqui da proteção do sono e da dissimulação dos afetos como funções do sonho. Seria necessária nada menos do que uma inversão radical da verdade dos fatos para encontrar em tais sonhos uma confirmação da concepção freudiana neste sentido. O mesmo se pode dizer quanto aos casos em que as fantasias sexuais aparecem camufladas sob o conteúdo manifesto do sonho.

[487]   Cheguei, portanto, à conclusão de que a concepção de Freud, que não distingue essencialmente nos sonhos senão uma função de guarda do sono e de realização dos desejos, é demasiado *estreita*, ao passo que a ideia fundamental de uma função compensadora é certamente correta. Esta função, porém, só em parte se refere ao estado de sono, ao passo que seu significado principal está ligado à vida consciente. *Os sonhos, afirmo eu, comportam-se como compensações da situação da consciência em determinado momento.* Eles preservam o sono na medida do possível, quer dizer, funcionam obrigatória e automaticamente sob a influência do estado de sono, mas o interrompem, quando sua função o exige, isto é, quando seus conteúdos compensadores são suficientemente intensos para lhe interromper o curso. Um conteúdo compensador apresenta-se particularmente intenso, quando tem importância vital para a orientação da consciência.

Já desde 1906 eu chamei a atenção para as relações de [488] compensação existentes entre a consciência e os complexos autônomos, e sublinhei, simultaneamente, sua oportunidade[5]. O mesmo fez Flournoy, independentemente de mim[6]. Estas observações apontam para a possibilidade de impulsos inconscientes orientados para um fim. Convém, entretanto, ressaltar que a orientação finalista do inconsciente nada tem em comum com as intenções conscientes, e, de maneira geral, mesmo o conteúdo do inconsciente contrasta fortemente com o conteúdo consciente, como acontece de modo particular quando a atitude consciente se orienta exclusivamente em um determinado sentido, ameaçando perigosamente as necessidades vitais do indivíduo. Quanto mais unilateral for a sua atitude consciente e quanto mais ela se afastar das possibilidades vitais ótimas, tanto maior será também a possibilidade de que apareçam sonhos vivos de conteúdos fortemente contrastantes como expressão da autorregulação psicológica do indivíduo. Assim como o organismo reage de maneira adequada a um ferimento, a uma infecção ou a uma situação anormal da vida, assim também as funções psíquicas reagem a perturbações não naturais ou perigosas, com mecanismos de defesa apropriados. O sonho faz parte, segundo meu modo de entender, dessas reações oportunas, porque ele proporciona à consciência, em determinadas situações conscientes e sob uma combinação simbólica, o material inconsciente constelado para este fim. Neste material inconsciente encontram-se todas as associações que permanecem inconscientes por causa de sua fraca acentuação, mas que possuem suficiente energia para se manifestarem durante o sono. Naturalmente a oportunidade

---

5. Cf. *Über die Psychologie der Dementia praecox* [OC, 3].
6. FLOURNOY. *Automatisme téléologique antisuicide*, p. 113s.

dos conteúdos do sonho não se evidencia à primeira vista, a partir dos conteúdos manifestos, mas torna-se preciso analisar o conteúdo manifesto para se chegar aos elementos compensadores de seu conteúdo latente. A maior parte dos mecanismos de defesa do organismo têm esta natureza obscura, e, por assim dizer, indireta, e seu caráter salutar só foi conhecido depois de profunda e cuidadosa investigação. Recordemo-nos, por exemplo, do significado da febre e das supurações de uma ferida infectada.

[489] Os processos psíquicos compensadores quase sempre são de natureza essencialmente individual, e esta circunstância aumenta consideravelmente a dificuldade de provar seu caráter compensador. Por causa desta peculiaridade, muitas vezes torna-se verdadeiramente difícil, particularmente para os principiantes neste domínio, perceber até que ponto o conteúdo de um sonho tem um significado compensador. Com base na teoria da compensação, estaríamos mais inclinados a admitir, por exemplo, que um indivíduo com uma atitude exageradamente pessimista em face da vida tivesse sonhos serenos e otimistas. Mas esta expectativa não se verifica senão no caso de alguém cuja índole permite que ele seja estimulado e encorajado neste sentido. Mas se o seu temperamento for um tanto diferente, assumirão, consequentemente, uma feição mais negra ainda do que a atitude consciente. Eles seguem então o princípio de que *similia similibus curantur* ("As coisas semelhantes se curam com coisas de natureza semelhante").

[490] Não é fácil, portanto, estabelecer qualquer regra especial relativa ao tipo de compensação onírica que daí resulta. O seu caráter se acha sempre intimamente ligado a toda a natureza do indivíduo. As possibilidades de composição são numerosas e inesgotáveis, embora a experiência nos mostre que certos traços fundamentais acabam pouco a pouco por se cristalizarem.

Ao propor uma teoria das compensações, não pretendo de modo algum afirmar que ela seja a única teoria válida para os sonhos ou que ela explique plenamente *todos* os fenômenos da vida onírica. O sonho é um fenômeno extraordinariamente complexo, tão complicado e insondável quanto os fenômenos da consciência. Da mesma forma como seria inadequada a pretensão de entender todos os fenômenos da consciência por uma teoria que não vê neles mais do que a realização de desejos ou a manifestação de instintos, assim também é pouco provável que os fenômenos oníricos possam ser explicados a partir de uma visão tão simplista. Também não se pode considerar estes fenômenos meramente como elementos compensadores e secundários com relação aos conteúdos da consciência, embora a opinião geral atribua à vida consciente, com relação à existência do indivíduo, uma importância incomparavelmente maior do que a concedida ao inconsciente. Mas esta opinião geral deve ser submetida ainda a uma revisão, porque quanto mais se enriquece a experiência, tanto mais se aprofunda também a convicção de que a função da inconsciência possui, na vida da psique, uma importância de que, por enquanto, talvez só tenhamos uma pálida ideia. Foi justamente a experiência analítica que descobriu, de modo cada vez mais claro, as influências do inconsciente sobre a vida consciente da alma – influências cuja exigência e significado a experiência havia ignorado até aqui. Em meu modo de ver, que se fundamenta em anos de experiência e em inumeráveis pesquisas, a significação da inconsciência para a atividade geral da psique é talvez tão grande quanto a da consciência. Se este ponto de vista é correto, então não se deve considerar apenas a função da inconsciência como compensadora e relativa no confronto com o conteúdo da consciência; também este conteúdo deve ser considerado como relativo, no

[491]

que respeita ao conteúdo inconsciente, momentaneamente constelado. Neste caso, a orientação ativa para um fim e uma intenção seria um privilégio não só da consciência, mas também do inconsciente, de tal modo que este seria capaz, tanto quanto a consciência, de assumir uma direção orientada para uma finalidade. Se assim fosse, o sono teria então o valor de uma ideia diretriz positiva ou de uma representação orientada, de significado vital superior aos conteúdos da consciência momentaneamente constelados. Esta possibilidade que, na minha opinião, é real, concorda com o *consensus gentium* (consenso universal), pois na superstição de todas as épocas e de todos os povos considera-se o sonho como um oráculo que transmite a verdade. Descontados os exageros e radicalismos, sempre há uma parcela de verdade nesta representação universalmente tão difundida. Maeder sublinhou energicamente o significado finalista e prospectivo dos sonhos como função inconsciente apropriada, que prepara o caminho para a solução dos conflitos e problemas atuais, e procura descrevê-los com a ajuda de símbolos escolhidos às apalpadelas[7].

[492] *Eu gostaria de distinguir a função prospectiva do sonho da respectiva função compensadora.* Esta última implica, em primeiro lugar, que o inconsciente, na medida em que depende da consciência, acrescenta à situação consciente do indivíduo todos os elementos que, no estado de vigília, não alcançaram o limiar na consciência, por causa de recalque ou simplesmente por serem demasiado débeis para conseguir chegar por si mesmo até à consciência. A compensação daí resultante pode ser considerada como *apropriada*, por representar uma autorregulação do organismo psíquico.

---

7. Cf. MAEDER. *Sur le mouvement psychoanalytique*, p. 389s.; *Über die Funktion des Traumes*, p. 692s.; *Über das Traumproblem*, p. 647s.

A função prospectiva é uma antecipação, surgida no inconsciente, de futuras atividades conscientes, uma espécie de exercício preparatório ou um esboço preliminar, um plano traçado antecipadamente. Seu conteúdo simbólico constitui, por vezes, o esboço de solução de um conflito, como Maeder o ilustrou muito bem. Não se pode negar a realidade dos sonhos prospectivos desta natureza. Seria injustificado qualificá-los de proféticos, pois, no fundo, não são mais proféticos do que um prognóstico médico ou meteorológico. São apenas uma combinação precoce de possibilidades que podem concordar, em determinados casos, com o curso real dos acontecimentos, mas que pode igualmente não concordar em nada ou não concordar em todos os pormenores. Só neste caso é que se poderia falar de profecia. A função prospectiva do sonho é muitas vezes francamente superior à combinação consciente e precoce das probabilidades, do que não devemos admirar-nos, porque o sonho resulta da fusão de elementos subliminares, sendo, portanto, uma combinação de percepções, pensamentos e sentimentos que, em virtude de seu fraco relevo, escaparam à consciência. Além disso, o sonho pode contar ainda com vestígios subliminares da memória que não se encontram mais em estado de influenciarem eficazmente a consciência. Do ponto de vista do prognóstico, portanto, o sonho se encontra muitas vezes em situação mais favorável do que a consciência. [493]

Embora a função prospectiva constitua, na minha opinião, um atributo essencial, contudo, convém não exagerá-la, porque é fácil cair na tentação de ver no sonho uma espécie de psicopompo que seria capaz de guiar a existência por um caminho da vida, em virtude de uma sabedoria superior. Enquanto, por uma parte, há uma forte tendência a diminuir a importância psicológica do sonho, por outra, também há, para aqueles que se ocupam constantemente [494] com a análise onírica, o grande perigo de exagerar a importância do inconsciente para a vida real. Mas até aqui a experiência nos autoriza a admitir que o inconsciente possui uma importância quase igual à da consciência. Existem, com toda a certeza, atitudes conscientes que o inconsciente ultrapassa, isto é, existem atitudes conscientes tão mal adaptadas à natureza da individualidade como um todo, que a atitude inconsciente ou constelação dela nos dá uma expressão incomparavelmente superior. Mas isto nem sempre acontece. Antes, muitas vezes o sono contribui apenas com fragmentos para a atitude consciente, porque, justamente neste caso, a atitude consciente está, por um lado, quase inteiramente adaptada à realidade e, por outro, satisfaz mais ou menos também à natureza essencial do indivíduo. Neste caso, tomar em consideração, com maior ou menor exclusividade, apenas o ponto de vista oferecido pelo sonho, desprezando a situação consciente, seria inteiramente inadequado e só serviria para confundir e destruir a atividade consciente. Somente em presença de uma atitude manifestamente insuficiente e deficiente é que se tem direito de atribuir ao inconsciente um valor superior. Os critérios requeridos para uma tal apreciação constituem, naturalmente, um problema delicado. É evidente que nunca poderemos apreciar o valor da atitude consciente de um ponto de vista exclusivamente coletivo. Para isto será, antes, necessário um estudo minucioso da individualidade em questão, e só um conhecimento acurado nos permite determinar em que medida a atitude consciente não basta. Se ponho ênfase no conhecimento do caráter individual não significa de modo algum que se podem desprezar inteiramente as exigências do ponto de vista coletivo. Como sabemos, o indivíduo não se acha condicionado apenas por si só, mas também por suas ligações coletivas. Se a atitude consciente, portanto, for mais ou menos suficiente, a importância do sonho se limita à sua significação puramente compensadora. Este caso é a regra geral para o homem normal e que vive em condições externas e internas normais. Por estas razões, a teoria compensatória parece-me fornecer a fórmula exata e adequada à realidade dos fatos, porque ela confere ao sonho o significado compensador na autorregulação do organismo psíquico.

Quando o indivíduo se afasta da norma, com sua atitude consciente inadaptada, tanto objetiva como subjetivamente, a função do inconsciente, puramente compensadora em circunstâncias normais, adquire importância e ascende à categoria de *função prospectiva dirigente*, capaz de imprimir à atitude consciente uma orientação totalmente diferente e bem melhor do que a anterior, como o provou Maeder, com sucesso, nos seus trabalhos já mencionados. Nesta rubrica se incluem sonhos do gênero do de Nabucodonosor. É claro que sonhos desta natureza se encontram principalmente em indivíduos que se mantiveram abaixo de seu próprio valor. É igualmente claro que essa desproporcionalidade ocorre com muita frequência. Por isto, muitas vezes temos oportunidade de considerar os sonhos sob o aspecto de seu valor prospectivo. [495]

Há ainda um outro aspecto do sonho a considerar e que não deve ser negligenciado. São numerosas as pessoas cuja atitude consciente é falha, não com respeito à adaptação ao ambiente exterior, mas no que se refere à manifestação do próprio caráter. Trata-se, portanto, de indivíduos cuja atitude consciente e esforço de adaptação ultrapassam as capacidades individuais, ou seja, parecem melhores e mais valiosos do que são na realidade. Este excedente de atividade exterior, naturalmente, nunca é conseguido por meios individuais, mas, em grande parte, graças às reservas dinâmicas geradas pela sugestão coletiva. Estas pessoas ascendem a um nível mais alto do que aquele que, por natureza, [496] lhes compete, graças, por exemplo, à influência de um ideal coletivo, à atração de alguma vantagem social ou ao apoio oferecido pela sociedade. Interiormente, não estão à altura de sua proeminência exterior, pelo que, em todos estes casos, o inconsciente possui uma *função negativamente compensadora*, ou seja, uma *função redutora*. Claro está que uma redução ou depreciação nestas circunstâncias tem também caráter compensador, no sentido de uma autorregulação, e que esta função redutora pode ser também eminentemente prospectiva (haja vista o sonho de Nabucodonosor). Em geral associamos a palavra "prospectivo" à ideia de algo construtivo, preparatório e sintético. Mas, para que possamos entender a natureza desses sonhos redutores, devemos separar nitidamente a palavra "prospectivo" dessa, pois o sonho redutor produz um efeito que é tudo menos preparatório, construtivo ou sintético: o sonho redutor tende, antes, a desintegrar, a dissolver, depreciar, e mesmo destruir e demolir. Evidentemente, isto não quer dizer que a assimilação de um conteúdo redutor tenha um efeito inteiramente destrutivo sobre o indivíduo como um todo. Pelo contrário este efeito é muitas vezes altamente salutar, porque afeta apenas a atitude e não a personalidade total. Mas este efeito secundário não modifica em nada o caráter do sonho, que é essencialmente redutor e retrospectivo e, por isto mesmo, não deveria ser qualificado de "prospectivo". Por isto é de recomendar, em vista de uma qualificação mais exata, que tais sonhos se chamem de sonhos *redutores*, e a função correspondente, de *função redutora do inconsciente*, embora, no fundo, trate-se sempre da mesma função compensadora. Devemos acostumar-nos ao fato de que o inconsciente nem sempre apresenta o mesmo aspecto, tanto quanto a atitude consciente. O inconsciente modifica suas aparências e sua função, da mesma forma que a atitude consciente, pelo que é extremamente difícil formar uma ideia concreta da natureza do inconsciente.

Foram, sobretudo, as investigações de Freud que esclareceram a função redutora. A interpretação freudiana dos sonhos se limita essencialmente às camadas inferiores pessoais recalcadas do indivíduo e seus aspectos infantis. Investigações posteriores estabeleceram a ponte de ligação com os elementos arcaicos, com os resíduos funcionais filogenéticos supraindividuais e históricos depositados no inconsciente. Podemos, portanto, afirmar hoje, com certeza, que a função redutora do sonho constela materiais compostos essencialmente de desejos sexuais infantis recalcados (Freud), de vontades de poder infantis (Adler) e de resíduos de pensamentos, sentimentos e instintos arcaicos e supraindividuais. A reprodução de tais elementos com seu caráter totalmente arcaico é apropriada, mais do que nenhuma outra coisa, para minar efetivamente uma posição excessivamente elevada, para lembrar ao indivíduo a insignificância do ser humano e reconduzi-lo aos seus condicionamentos fisiológicos, históricos e filogenéticos. Toda aparência de grandeza e de importância falaciosas se dissipa diante das imagens redutoras de um sonho que analisa sua atitude consciente com implacável senso crítico, pondo às claras materiais arrasadores que se caracterizam por um registro completo de todas as suas fraquezas e inquietações. É absolutamente impossível qualificar como prospectiva a função de um sonho desta natureza, pois tudo nele, até à última fibra, é retrospectivo e conduz a um passado que se acreditava desde há muito sepultado. Esta circunstância, como é evidente, não impede que o conteúdo onírico seja compensador também em relação aos conteúdos da consciência e possua uma orientação natural finalista, porquanto a tendência redutora, em determinados casos, pode ter uma grandíssima importância na adaptação do indivíduo. Mas o conteúdo onírico possui também um caráter redutivo. Acontece com frequência

[497]

que os pacientes espontaneamente experimentem a relação que existe entre o conteúdo onírico e a situação consciente, e conforme o conhecimento que lhes resulta desta percepção, eles veem no sonho um conteúdo prospectivo, redutivo ou compensador. Mas isto nem sempre é assim, e devemos mesmo sublinhar que, em geral, particularmente no início de um tratamento analítico, o doente tem uma tendência insuperável para se obstinar em conceber os resultados da investigação analítica de seus materiais em termos de sua atitude patogênica (geradora de doença).

[498] Estes casos exigem um certo apoio da parte do analista para que o paciente possa chegar a um estágio em que seja capaz de uma compreensão correta do sonho. Este fato confere uma importância capital à opinião que o analista tem a respeito da psicologia consciente do enfermo, porque a análise do sonho não é meramente a aplicação prática de um método que se aprende como que mecanicamente, mas pressupõe um conhecimento íntimo das concepções analíticas – familiaridade que só se consegue, fazendo-se analisar a si próprio. O maior erro que um terapeuta pode cometer é supor no analisando uma psicologia igual à sua. Esta projeção pode estar certa uma vez, mas, na maior parte das vezes, permanecerá mera projeção. Tudo o que é inconsciente projeta-se, e, por esta razão, o analista deve estar consciente pelo menos dos conteúdos mais importantes do seu inconsciente, a fim de que as projeções inconscientes não venham a turvar o seu julgamento. Quem quer que analise os sonhos de terceiros nunca deveria esquecer que não há teorias simples e universalmente conhecidas dos fenômenos psíquicos, nem a respeito de sua natureza, de suas causas, nem de seus fins. Falta-nos, portanto, um critério geral de julgamento. Sabemos que há fenômenos psíquicos de toda espécie, mas nada sabemos ao certo a respeito de sua natureza. Tudo o que sabemos é que, embora a observação

da psique, a partir de qualquer ponto de vista isolado, possa fornecer-nos pormenores preciosos, nunca, porém, uma teoria satisfatória que nos permita também fazer deduções. A teoria da sexualidade e dos desejos reprimidos e a vontade de poder são pontos de vista que têm o seu valor, mas são incapazes de captar toda a profundidade e riqueza da psique humana. Se dispuséssemos de uma teoria como esta, poderíamos contentar-nos com a aprendizagem por assim dizer mecânica do método. Tratar-se-ia, então, apenas de interpretar certos sinais que representavam conteúdos cristalizados, bastando para isto saber de cor algumas regras semióticas. O conhecimento e a apreciação correta da situação da consciência seriam então supérfluos, como quando se faz uma punção lombar. Mas para infelicidade dos sobrecarregados analistas da nossa época a psique humana permanece refratária a todo método que procura abordá-la previamente apenas sob um de seus aspectos, com exclusão de todos os outros. No momento, tudo o que sabemos a respeito dos conteúdos do inconsciente é que eles são subliminares e complementares em relação à consciência e, portanto, essencialmente relativos. Eis a razão pela qual o conhecimento da situação da consciência é necessário para que se possa compreender um sonho.

Os sonhos redutores, prospectivos, compensadores em suma, estão longe de esgotar todas as possibilidades de interpretação. Há uma espécie de sonho que poderíamos chamar muito simplesmente de *sonho reativo*. Seríamos tentados a incluir nesta rubrica todos os sonhos que, no fundo, parecem ser apenas a reprodução de uma experiência consciente carregada de afeto se a análise de tais sonhos não desvendasse os motivos profundos que provocaram a reprodução onírica fiel dessas experiências. Verifica-se, de fato, que esta experiência possui também um aspecto simbólico que escapou ao sujeito e que é o único fator que provoca a reprodu-

[499]

ção onírica desta experiência. Estes sonhos, porém, não se incluem na classe dos reativos, mas somente aqueles em que certos fatos psíquicos produziram um trauma cujas formas não são puramente psíquicas, mas representam também uma lesão física do sistema nervoso. Esses casos de choques violentos foram muito numerosos durante a guerra, e aqui devemos contar com o aparecimento de muitos sonhos reativos puros nos quais o trauma é o fator mais ou menos determinante.

[500] Embora seja muito importante para a atividade global da psique que o conteúdo traumático perca pouco a pouco sua autonomia, graças a uma repetição frequente e, deste modo, retome o seu lugar na hierarquia psíquica, contudo, dificilmente se poderia chamar compensador a um tal sonho que é, essencialmente, a repetição de um traumatismo. Aparentemente o sonho devolve uma parte autônoma que se separou da psique; mas torna-se, desde logo, notório que a assimilação consciente da parte reproduzida pelo sonho de modo nenhum atenua o abalo que determinou o sonho. O sonho continua com suas "reproduções" e o conteúdo traumático, tendo-se tornado autônomo, prossegue a sua obra por si mesmo, até a extinção completa do estímulo traumático. "Descobrir" antecipadamente o de que se trata não servirá de nada.

[501] Na prática não é fácil decidir se um sonho é essencialmente reativo ou se reproduz apenas simbolicamente uma situação traumática. A análise, porém, pode resolver a questão porque, neste caso, a reprodução da cena dramática se interrompe se a interpretação é correta, ao passo que a reprodução reativa não é afetada pela análise do sonho.

[502] Encontramos, evidentemente, os mesmos sonhos reativos, sobretudo em condições físicas patológicas, em que dores violentas influenciam decisivamente o desenrolar do sonho. Em minha opinião, os estímulos somáticos só ex-

cepcionalmente têm uma significação determinante. Geralmente esses estímulos se integram completamente na expressão simbólica do conteúdo inconsciente do sonho, ou, dito de outro modo: são utilizados como meio de expressão. Não é raro que os sonhos revelem uma combinação simbólica íntima e singular entre uma enfermidade física inegável e um dado problema psíquico, de forma que a perturbação física parece como que a expressão mímica de uma situação psíquica. Cito este dado singular, mais para ser completo do que propriamente para me demorar neste domínio particularmente problemático. Parece-me, contudo, que existe, entre as perturbações físicas e psíquicas, uma certa correlação cujo significado, em geral, deprecia-se, embora, por outro lado, seja desmesuradamente exagerado por uma certa corrente de pensamento que quer ver no distúrbio físico tão somente a expressão de uma perturbação psíquica, como é o caso, por exemplo, dos adeptos da Christian Science. Os sonhos trazem informações ocasionais de grande interesse para a questão da cooperação funcional entre o corpo e alma, sendo esta a razão pela qual menciono aqui esta questão.

Uma outra determinante do sonho que devemos reconhecer é o *fenômeno telepático*. Hoje não se pode mais duvidar da realidade universal deste fenômeno. Naturalmente é muito fácil negar a sua existência sem examinar os materiais que dele dão prova, mas isto seria uma atitude bem pouco científica, que não merece a mínima consideração. Tive ocasião de verificar que os fenômenos telepáticos exercem também influência sobre os sonhos, o que, de resto, tem sido afirmado por nossos antepassados desde tempos imemoriais. Certas pessoas são, neste particular, muito sensíveis e frequentemente têm sonhos de caráter fortemente telepático. Reconhecer a existência do fenômeno telepático não significa absolutamente reconhecer sem mais a teoria

[503]

corrente a respeito da natureza da *actio in distans* (ação a distância). O fenômeno existe, sem nenhuma dúvida, embora a sua teoria não me pareça tão simples. Em todo caso, é preciso levar em conta a possibilidade de concordância das associações, de processos psíquicos paralelos[8] que, como foi provado, desempenham um grande papel, particularmente no seio da família, e se manifestam, entre outras coisas, por uma identidade ou semelhança muito grande de atitude. É preciso igualmente tomar em consideração a *criptomnésia*, fator particularmente enfatizado por Flournoy[9], e que pode, eventualmente, ocasionar os fenômenos mais espantosos possíveis. Desde que os materiais subliminares se manifestam, de uma maneira ou de outra, nos sonhos, não é de admirar que a criptomnésia neles surja às vezes como fator determinante. Tive ocasião de analisar, bastantes vezes, sonhos telepáticos entre os quais muitos cuja significação telepática era desconhecida no momento da análise. Esta análise proporcionava materiais subjetivos, como qualquer outra análise onírica, e, por tal fato, o sonho tinha um significado que se harmonizava com a situação momentânea do sujeito. Mas a análise não deixava em nada suspeitar que o sonho era telepático. Nunca encontrei, até o presente, um sonho cujo conteúdo telepático se encontrasse, sem sombra de dúvida, no material associativo colhido no decorrer da análise (isto é, no "conteúdo latente do sonho"). Encontrava-se invariavelmente na *forma manifesta do sonho*.

[504]   Em geral, a literatura dos sonhos telepáticos cita apenas aqueles durante os quais um acontecimento particularmente afetivo é antecipado "telepaticamente" no tempo e no

---

8. Cf. *Diagnostische Assoziationsstudien*. Vol. II, p. 95 [OC, 2].
9. *Des Indes à la planète Mars*, e *Nouvelles observations sur un cas de somnambulisme avec glossolalie*.

espaço; aqueles, portanto, em que a importância humana do acontecimento (por exemplo, de um falecimento) por assim dizer ajuda a explicar ou pelo menos a compreender o seu pressentimento ou percepção à distância. Os sonhos telepáticos que tenho observado correspondem, na maioria, a este tipo. Um pequeno número, porém, distingue-se pela singularidade de que o conteúdo manifesto do sonho encerra uma verificação telepática que se refere a algo inteiramente banal e sem interesse, como, por exemplo, o rosto de uma pessoa desconhecida e indiferente, ou a um conjunto de móveis em um lugar e em condições indiferentes, ou à chegada de uma carta banal e desprovida de interesse etc. Naturalmente, constatando a ausência de interesse em tais sonhos, quero apenas dizer que, nem pelos interrogatórios habituais nem pela análise, descobri algum conteúdo onírico cuja importância "justificasse" o fenômeno telepático. Em casos como estes, mais ainda do que nos mencionados acima, seríamos tentados a pensar no que chamam de acaso. Infelizmente a hipótese do acaso pareceu-me sempre um *asylum ignorantiae*, um biombo para ocultar a própria ignorância. Por certo, ninguém poderá negar a existência de casos extremamente curiosos, mas o fato de prever a sua repetição com alguma probabilidade exclui de *per si* sua natureza aleatória. Naturalmente, nunca professarei que as leis que os regem sejam alguma coisa de "sobrenatural". Apenas afirmo que eles escapam ao alcance de nosso saber meramente acadêmico. Assim, os conteúdos telepáticos contestáveis possuem um caráter de realidade que zomba de qualquer expectativa de probabilidade. Embora sem me arriscar a uma concepção teórica a respeito desses fenômenos, creio, todavia, que é correto reconhecer e sublinhar sua realidade.

Para a investigação dos sonhos este ponto de vista representa um enriquecimento[10].

[505] Em oposição com a opinião freudiana bem conhecida segundo a qual o sonho em essência não é senão a "realização de um desejo", eu adoto, com meu amigo e colaborador A. Maeder, a opinião de que o sonho é uma *autorrepresentação, em forma espontânea e simbólica, da situação atual do inconsciente*. Nossa concepção coincide, neste particular, com as conclusões de Silberer[11]. Esta concordância com Silberer me é tanto mais agradável quando resulta de trabalhos independentes um do outro.

[506] Nossa concepção opõe-se, à primeira vista, à fórmula de Freud, só pela renúncia a exprimir o que quer que seja sobre o sentido do sonho. Nossa fórmula sustenta apenas que o sonho é a representação simbólica de conteúdos inconscientes. Não discute a questão se esses conteúdos são sempre ou não a realização de desejos. Pesquisas posteriores, como Maeder expressamente referiu, mostraram-nos claramente que a linguagem do sonho não deveria ser interpretada sempre em sentido concreto[12], ou seja, mostraram-nos que esta linguagem sexual é de natureza arcaica, naturalmente cheia das mais imediatas analogias, sem necessariamente coincidir, todas às vezes, com um conteúdo sexual verdadeiro. Por isto, é injustificado tomar a linguagem sexual do sonho sempre em sentido concreto, enquanto outros conteúdos são declarados simbólicos. Mas logo que as expressões sexuais da linguagem onírica são concebidas como símbolos

---

10. Sobre a questão da telepatia cf. RHINE. *New Frontiers of the Mind* (Novas fronteiras da mente...).

11. Cf. a obra de Silberer sobre a "formação do símbolo", em *Jahrbuch für psychoanalytische und psychopathologische Forschungen*. Vol. III, 1911; Vol. IV, 1912.

12. Neste particular, nossos pontos de vista coincidem com os de Adler.

de algo desconhecido, surge imediatamente uma concepção da natureza do sonho. Maeder descreveu isto com muita justeza através de um exemplo prático dado por Freud[13]. Enquanto se persistir em ver a linguagem sexual do sonho apenas do ponto de vista concreto, só poderá haver soluções imediatas, exteriores e concretas ou a correspondente inação, isto é, uma resignação oportunista ou a covardia e a preguiça habituais. Mas não há uma percepção do problema, nem a formulação de uma atitude a seu respeito. Mas logo se consegue isto quando se abandona o mal-entendido concretista, isto é, quando se deixa de tomar a linguagem sexual inconsciente numa acepção literal e de interpretar as personagens oníricas como se fossem pessoas reais.

Da mesma forma que nos inclinamos a supor que o mundo é tal como o vemos, com igual ingenuidade supomos que os homens são tais como os figuramos. Infelizmente ainda não existe, aqui, uma Física que nos mostre a discrepância entre a percepção e a realidade. Embora seja muito maior a possibilidade de erro grosseiro neste caso, do que nas percepções sensoriais, nem por isto deixamos de projetar nossa própria psicologia nos outros, com toda a tranquilidade. Cada um de nós cria, assim, um conjunto de relações mais ou menos imaginárias, baseadas essencialmente em projeções deste gênero. Nos neuróticos são até mesmo frequentes os casos em que projeções fantásticas constituem as únicas vias possíveis de relações humanas. Um indivíduo que eu percebo principalmente graças à minha projeção é *imago* (imagem) ou um *suporte de imago* ou *de símbolo*. Todos os conteúdos de nosso inconsciente são constantemente projetados em nosso meio ambiente, e só na medida em que reconhecemos certas peculiaridades de

[507]

---

13. MAEDER. *Traumproblem*, p. 680s.

nossos objetos como projeções, como *imagines* (imagens), é que conseguimos diferenciá-los dos atributos reais desses objetos. Mas se não estamos conscientes do caráter projetivo da qualidade do objeto, não temos outra saída senão acreditar, piamente, que esta qualidade pertence realmente ao objeto. Todas as nossas relações humanas afundam em semelhantes projeções e quem não tivesse uma ideia clara deste fato, em sua esfera pessoal, bastaria lhe atentar aparar a psicologia da imprensa dos países beligerantes. *Cum grano salis* veem-se sempre as próprias faltas inconfessadas no adversário. Todas as polêmicas pessoais disso nos fornecem exemplos eloquentes. Quem não possuir um raro grau de autocontrole não pairará acima de suas projeções, mas, na maioria das vezes, sucumbirá a elas, pois o estado de espírito normal pressupõe a existência de semelhantes projeções. A projeção dos conteúdos inconscientes é fato natural, normal. É isto o que cria nos indivíduos mais ou menos primitivos aquela relação característica com o objeto, que Lévy-Bruhl designou, com acuidade, pelo nome de "identidade mística" ou "participação mística"[14]. Assim, todo contemporâneo normal, que não possua um caráter reflexivo acima da média, está ligado ao meio ambiente por todo um sistema de projeções inconscientes. O caráter compulsivo de tais relações (ou seja, precisamente o seu aspecto "mágico" ou "místico-imperativo") permanece inconsciente para ele, "enquanto tudo caminhar bem". Mas logo que se manifestam distúrbios paranoides, todas estas vinculações inconscientes de caráter projetivo aparecem sob a forma de outras tantas vinculações compulsivas, reforçadas, em geral,

---

14. LÉVY-BRUHL. *Les fonctions mentales dans les sociétés inférieures*, p. 140. É de lamentar que o autor tenha cancelado, em edição posterior de sua obra, o termo extremamente apropriado de "místico". É provável que ele tenha sucumbido à fúria dos estúpidos que viam na palavra "místico" os seus próprios disparates.

por materiais inconscientes que, notemo-lo, constituíam, já durante o estado normal, o conteúdo dessas projeções. Por isto, enquanto o interesse vital, a libido, puder utilizar estas projeções como pontes agradáveis e úteis, ligando o sujeito com o mundo, tais projeções constituem facilitações positivas para a vida. Mas logo que a libido procura seguir outro caminho e, por isto, começa a regredir através das pontes projetivas de outrora, as projeções atuais atuam então com os maiores obstáculos neste caminho, opondo-se, com eficácia, a toda verdadeira libertação dos antigos objetos. Surge então um fenômeno característico: o indivíduo se esforça por desvalorizar e rebaixar, o máximo possível, os objetos antes estimados, a fim de poder libertar deles a sua libido. Como, porém, a precedente identidade repousa sobre a projeção de conteúdos subjetivos, uma libertação plena e definitiva só pode realizar-se se a imago refletida no objeto for restituída, juntamente com sua significação, ao sujeito. Produz-se esta restituição quando o sujeito toma consciência do conteúdo projetado, isto é, quando reconhece o "valor simbólico" do objeto em questão.

É certo que essas projeções são bastante frequentes e tão certo quanto o desconhecimento de sua natureza. Sendo assim, não devemos nos admirar de que as pessoas desprovidas de senso crítico admitam, *a priori*, e como evidente à primeira vista, que, quando se sonha com o "Senhor X", esta imagem onírica denominada "Senhor X" é idêntica ao "Senhor X" da realidade. Este preconceito está inteiramente de acordo com a ausência geral de espírito crítico que não vê diferença entre o objeto em si e a ideia que se tem dele. Considerada sob o ponto de vista crítico, a imagem onírica – ninguém o pode negar – guarda apenas uma relação exterior com o objeto. Na realidade, porém, esta imagem é um complexo de fatores psíquicos que se *formou espon-*

[508]

taneamente – embora sob o influxo de certos estímulos exteriores – e, por consequência, compõe-se, essencialmente, de fatores subjetivos, característicos do próprio indivíduo, e que muitas vezes não têm absolutamente nada a ver com o objeto real. Compreendemos sempre os outros como a nós mesmos, ou como procuramos compreender-nos. O que não compreendemos em nós próprios, também não o compreendemos nos outros. Assim, por uma série de motivos, a imagem que temos dos outros é, em geral, quase inteiramente subjetiva. Como sabemos, uma amizade íntima com uma pessoa nem sempre é garantia de que o conhecimento que temos a seu respeito seja verdadeiramente objetivo.

[509] Se começarmos – com a escola freudiana – por considerar como "irreais" ou "simbólicos" certos conteúdos manifestos do sonho, e por declarar que o sonho, quando fala de uma "torre de igreja", designa um "falo", estaremos apenas a um passo de afirmar que o sonho muitas vezes designa "sexualidade", mas nem todas as vezes designa realmente a sexualidade, e, igualmente, que o sonho fala do pai, mas, na realidade, refere-se ao próprio sonhador. Nossas *imagines* (imagens) são partes constitutivas de nossa mente, e quando o nosso sonho reproduz casualmente algumas representações, estas são, antes de tudo, *as nossas* representações, em cuja elaboração esteve envolvida a totalidade de nosso ser; são fatores subjetivos que, no sonho, agrupam-se de tal ou tal modo e exprimem este ou aquele sentido, não por motivos exteriores, mas pelos movimentos mais íntimos e imperceptíveis de nossa alma. Toda a elaboração onírica é essencialmente subjetiva e o sonhador funciona, ao mesmo tempo, como cena, ator, ponto, contrarregra, autor, público e crítico. Esta verdade tão singela forma a base dessa concepção do sentido onírico que designei pelo título de interpretação ao *nível do sujeito*. Esta interpretação, como diz

o próprio termo, concebe todas as figuras do sonho como traços personificados da personalidade do sonhador[15].

Esta concepção não deixou de encontrar certa resistência por parte de muitos. Os argumentos de uns se baseiam nas premissas ingênuas da mentalidade normal corrente que acabamos de analisar. Os argumentos dos outros apelam para a questão de princípio: o que é mais importante, o *nível do objeto* ou o *nível do sujeito*? De minha parte não vejo nenhuma objeção válida contra a probabilidade teórica do nível do sujeito. O segundo problema, em contrapartida, é consideravelmente mais difícil, porque uma imagem é, ao mesmo tempo, composta subjetivamente e condicionada objetivamente. Por isto, quando reproduzo em mim a imagem desse objeto, estou reproduzindo alguma coisa que é determinada, tanto subjetiva quanto objetivamente. Para decidir, em cada caso, qual é o aspecto predominante, é preciso primeiramente verificar se a imagem é reproduzida por causa de seu significado objetivo. Se eu sonho, por exemplo, com uma pessoa com que estou ligado por interesses vitais, a interpretação no mesmo nível do objeto é certamente mais verídica do que a outra. Se, ao invés, sonho com uma pessoa que, na realidade, é-me tão distante quanto indiferente, a interpretação em nível do sujeito é que se afigura mais verdadeira. Mas pode acontecer também – e é o que se dá frequentemente na prática – que a pessoa indiferente faça o sonhador pensar noutra pessoa com quem ele está ligado por algum laço afetivo. Noutros tempos, ter-se-ia dito que a figura indiferente foi substituída intencionalmente no

[510]

---

15. Maeder já nos fornece vários exemplos de interpretação no nível do sujeito, em sua obra *Traumproblem*. Estes dois métodos de interpretação são discutidos detalhadamente em minha obra *Über die Psychologie des Unbewussten*, p. 150s. [Edição brasileira: *Psicologia do inconsciente*. Petrópolis: Vozes, 1978] [OC, 7/1].

sonho para encobrir o constrangimento gerado pela outra figura. Neste caso eu aconselharia a seguir a direção da natureza e dizer: a reminiscência manifestamente afetiva foi substituída, no sonho, pela figura indiferente do "Senhor X", o que me sugere a interpretação em nível do sujeito. Esta substituição é um trabalho do sonho, equivalente, na realidade, a um recalque da reminiscência desagradável. Mas se a reminiscência se deixa substituir tão facilmente, é porque ela não possui tanta importância. Sua substituição nos mostra que se pode despersonalizar este afeto pessoal. Eu poderia, por conseguinte, elevar-me acima deste afeto e não regredir à situação afetiva pessoal anterior, depreciando a despersonalização felizmente ocorrida, no sonho, como se se tratasse de um simples recalque. Creio que o mais judicioso seria considerar a substituição bem-sucedida da pessoa incômoda por uma indiferente como uma despersonalização do afeto pessoal anterior. Deste modo, o valor afetivo ou a correspondente carga libidinal se tornou impessoal ou, por outras palavras, libertou-se da ligação pessoal com o objeto, o que, de futuro, permite-me transpor para o nível do sujeito o conflito real anterior e procurar entender em que medida constitui ele apenas um conflito subjetivo. Para maior clareza, gostaria de ilustrar isto mediante um pequeno exemplo.

[511] Certa vez tive com o Sr. A. um conflito pessoal, no decorrer do qual pouco a pouco cheguei à convicção de que a culpa estava mais do lado dele do que do meu. Nessa época tive o seguinte sonho: "Consultei um advogado em uma certa questão. Para meu grande espanto, ele cobrou-me nada menos do que cinco mil francos suíços, contra o que levantei os meus mais enérgicos protestos".

[512] O advogado é uma reminiscência sem relevo de minha época de estudante. Mas este período de minha vida foi im-

portante, porque foi nele que me envolvi em muitas questões e controvérsias. As maneiras bruscas do advogado me fazem pensar, com forte carga emocional, na personalidade do Sr. A. e no conflito em curso. Posso situar-me no nível do objeto e dizer: Por trás do advogado oculta-se o Sr. A., e é ele, portanto, quem quer me explorar. Mas não tem razão. Um estudante pobre por estes dias me pediu que lhe emprestasse cinco mil francos. O Sr. A. figura, portanto, um estudante pobre, necessitado de ajuda e, além do mais, incompetente, porque é um principiante nos estudos. Assim, uma pessoa como esta não tem direitos a exigir nem opiniões a emitir; eis o que seria a realização de meu desejo: o meu adversário, depreciado sem violência, seria posto de parte, e ficaria salvaguardada, assim, minha tranquilidade. Na verdade, porém, despertei justamente nesta parte do sonho, tomado da mais viva comoção, devido às pretensões descabidas do advogado. A "satisfação de meu desejo", portanto, não me deixou absolutamente tranquilo.

Indubitavelmente, por trás do advogado está a questão com o Sr. A. Mas é de notar que o sonho extraiu a apagada figura do jurista, de meus tempos de estudante. Ao advogado associo a ideia de líder judicial, de ergotismo e a pretensão de sempre estar com a razão, o que me traz lembranças de meus tempos de estudante, quando, certo ou errado, eu defendia, muitas vezes, meus pontos de vista com teimosia e pertinácia, argumentando a partir de uma posição de quem aparentemente estava com a razão, para conquistar, pelo menos, uma aparência de superioridade. Tudo isto – percebo-o agora claramente – não deixou de exercer certo papel em minha lide com o Sr. A. Eu sei que sou eu mesmo, isto é, uma parte de mim, inadaptada à minha realidade presente, que, sob a aparência de falso direito que realmente não possuo, como de fato não possuía, exige de mim acima

[513]

do que é devido. Sei também que minha contenda com A. não se extinguirá, porque o querelador que mora dentro de mim, sempre obstinado na defesa de seus direitos, não desiste de alcançar, afinal, uma solução "justa", a todo custo.

[514] Esta interpretação me orientou para aquilo que me parece um resultado cheio de sentido, ao passo que a interpretação em nível do objeto revelou-se infrutuosa, pois não tenho o mínimo interesse em demonstrar que os sonhos são realizações de desejos. Quando um sonho me mostra que espécie de falta eu cometi, ele me dá a possibilidade de corrigir minha atitude, o que é sempre vantajoso. Naturalmente só se pode chegar a um resultado desta natureza através da interpretação equiparada ao sujeito.

[515] Por mais clara que seja a interpretação do sujeito, num caso como este, ela pode perder seu valor, quando uma relação de importância vital é o conteúdo e a causa do conflito. Neste caso, é preciso referir a personagem onírica ao objeto real. O critério a empregar tira-se, para cada caso especial, do material consciente, exceto naqueles casos em que está em jogo a transferência. A transferência determina muito facilmente erros de apreciação, de sorte que o médico às vezes parece um *deus ex machina* absolutamente indispensável ou um requisito igualmente imprescindível da realidade. E é isto mesmo o que ele representa aos olhos do doente. Em tais casos, cabe ao médico decidir, com independência e controle de si próprio, em que medida ele próprio constitui um problema real para o paciente. A partir do momento em que o nível do objeto se torna monótono e infrutífero para a interpretação, sabe-se que é tempo de ver a figura do médico como um símbolo de conteúdos inconscientes e projetados do próprio paciente. Se o médico não faz isto, ele só terá uma alternativa: ou desvalorizar e destruir assim a transferência, reduzindo-a a desejos infantis, ou, pelo

contrário, aceitar a realidade da transferência e sacrificar-se às suas exigências em favor do paciente (mesmo a despeito das resistências conscientes deste último). Esta segunda eventualidade acarreta muitos inconvenientes às partes interessadas, sendo, em geral, o médico o mais gravemente prejudicado. Se, pelo contrário, consegue-se elevar a figura do médico à categoria do sujeito, todos os conteúdos transferidos (projetados) podem regressar ao paciente com seu valor original. Em minha obra *O eu e o inconsciente* (*Die Beziehungen zwischen dem Ich und dem Unbewussten*), encontra-se um exemplo de retirada das projeções no decorrer da transferência[16].

Parece-me de todo claro que o leitor não especialista de análise não terá interesse nessas minhas discussões sobre o "nível do sujeito" e o "nível do objeto". Mas, quanto mais nos aprofundamos nos problemas suscitados pelo sonho, mais é preciso levar em consideração também os aspectos técnicos do tratamento prático. Para avançar neste terreno, foi preciso aquele ineludível constrangimento que todo caso difícil implica para o analista, pois este deve empenhar-se constantemente em aperfeiçoar seus meios de ação, a fim de estar em condições de prestar uma ajuda válida, mesmo nos casos mais difíceis. Devemos às dificuldades do tratamento diário de nossos doentes o fato de termos sido compelidos a formular pontos de vista que abalam alguns fundamentos de nossa mentalidade corrente. Embora a subjetividade de qualquer imago seja um dos chamados truísmos, contudo, esta constatação encerra um não sei quê de filosófico que soa mal aos ouvidos de certos autores. A razão deriva direta-

[516]

---

16. Cf. também Obras Completas, 7. Quanto às projeções no processo de transferência, cf. "Die Psychologie der Übertragung" ("Psicologia da transferência") [OC, 16/2].

mente daquilo que dissemos acima: a mentalidade ingênua identifica a imago com o objeto. Tudo o que perturba este pressuposto, provoca um efeito irritante nesta classe de pessoas. Pela mesma razão, a ideia de um nível do sujeito desperta pouca simpatia porque também perturba o postulado ingênuo da identidade dos conteúdos da consciência com os objetos. Como nos mostraram claramente os acontecimentos do tempo de guerra[17], nossa mentalidade se caracteriza pela extrema ingenuidade com que se julga os adversários, e no julgamento que emitimos a seu respeito revelamos involuntariamente nossos próprios defeitos: simplesmente culpamos nosso adversário de todas as nossas próprias faltas que não temos coragem de confessar. Enxergamos todos os defeitos nos outros, criticamos sempre o nosso semelhante e queremos sempre educá-lo e corrigi-lo. Não vejo necessidade de apresentar exemplos para provar minhas afirmações: os exemplos mais convincentes se encontram nas páginas da imprensa diária. Mas não é preciso dizer que o que acontece em grande escala, pode acontecer também em ponto reduzido com cada um de nós. Nossa mentalidade é ainda tão primitiva, que somente em algumas funções e em alguns domínios ela se libertou da identidade mística originária com o objeto. O homem primitivo alia um mínimo de consciência de si mesmo a um máximo de ligação com o objeto, o qual é capaz de exercer diretamente sobre ele sua compulsão mágica. Toda magia e toda religião primitiva se fundam nestas ligações mágicas com o objeto, ligações que consistem simplesmente em projeções de conteúdos inconscientes sobre o objeto. Foi a partir deste estado inicial de identidade que se desenvolveu gradualmente a autoconsciência que caminha a par com a distinção entre sujeito e

---

17. Primeira Guerra Mundial.

objeto. Foi esta diferenciação que levou o homem a perceber que certas propriedades atribuídas, outrora, ingenuamente, ao objeto eram, na realidade, conteúdos subjetivos. Embora os homens da Antiguidade tivessem deixado de acreditar que eram araras vermelhas ou irmãos do crocodilo, ainda se achavam envoltos em fantasias mágicas. Neste ponto, foi preciso esperar pelo Iluminismo do século XVIII para se dar um passo decisivo à frente. Mas ninguém ignora que nos encontramos ainda muito distante de uma autoconsciência que corresponda aos nossos conhecimentos atuais. Quando nos deixamos levar pela cólera até ao arrebatamento, por um motivo qualquer, não pensemos que a causa de nossa fúria esteja situada fora de nós, no objeto ou na pessoa que nos irritam. Na realidade, atribuímos a essas coisas o poder de nos colocar no estado de irritação e às vezes mesmo de nos causarem insônia ou indigestão. Por isto condenamos, despreocupadamente e sem freios, o objeto que nos irrita, ofendendo assim uma parte inconsciente de nós mesmos, que se encontra projetada no elemento perturbador.

Semelhantes projeções são legiões. Umas são favoráveis, isto é, funcionam como pontes, facilitando a passagem da libido de uma margem para outra. Outras são desfavoráveis, mas, na prática, não constituem obstáculos, porque as projeções desfavoráveis em geral se localizam fora do círculo das relações íntimas. O neurótico, todavia, é uma exceção a esta regra: consciente ou inconscientemente ele desenvolve uma relação de tal intensidade com seu meio ambiente mais imediato, que não consegue impedir que as projeções desfavoráveis se alojem também nos objetos mais próximos e provoquem conflitos. Isto o obriga – quando ele deseja e procura realmente a cura – a tomar consciência de suas projeções primitivas, com uma acuidade muito mais intensa do que a do indivíduo normal. É verdade que este

[517]

último produz também as mesmas projeções, mas estas são mais bem distribuídas: o objeto fica mais perto das favoráveis e as desfavoráveis a maior distância. Como se sabe, é isto o que acontece com o primitivo: para ele, estrangeiro é sinônimo de inimigo e de mau. Entre nós, até o final da Idade Média, os termos "estrangeiro" e "miséria" se equivaliam. Esta repartição é adequada, sendo esta a razão pela qual o indivíduo normal não sente necessidade nenhuma de tornar conscientes suas projeções, embora este estado seja perigosamente ilusório. A psicologia da guerra colocou isto fortemente em evidência: tudo o que a nossa nação faz, é bem-feito; tudo o que as outras nações fazem, é malfeito. O centro de todas as iniquidades e baixezas se acha sempre a uma distância de vários quilômetros, por trás das linhas inimigas. Esta psicologia primitiva é também a de cada um de nós em particular. Por isto, qualquer tentativa para levar estas projeções eternamente inconscientes à consciência provoca forte antipatia. É certo que gostaríamos de manter melhores relações com nossos iguais, mas naturalmente com a condição de que correspondam às nossas expectativas, isto é, de que procedam como portadores submissos de nossas projeções. Entretanto, se estas projeções se tornarem conscientes, elas podem dificultar nossas relações com os outros, porque deixa de existir a ponte de ilusão pela qual passam nossos impulsos de amor e de ódio, trazendo-nos alívio; deixa de existir essa ponte mediante a qual fazemos passar, com tanta facilidade e tão tranquilamente, nossas pretensas virtudes de "reforma" e "reabilitação" dos outros. A consequência destas dificuldades é um represamento da libido que torna conscientes as projeções desfavoráveis. O sujeito vê-se então diante da tarefa de assumir, por própria conta e risco, todas as baixezas e perversidades de que não hesitamos em julgar capazes os outros e contra as quais nos sentimos indignados durante uma vida inteira. O que há de exasperante neste procedimento é, de um lado, a convicção de que, se todos os homens agissem deste modo, a vida seria muito mais suportável e, de outro lado, a sensação da mais violenta resistência contra a aplicação séria deste princípio à própria pessoa. Se os outros o fizessem, estaríamos no melhor dos mundos; mas a ideia de empreendê-lo pessoalmente já é de *per si* insuportável.

O neurótico, entretanto, é forçado por sua neurose a dar este passo em frente, o que não sucede com a pessoa normal, que, em compensação, vive suas perturbações psíquicas, no plano social e político, sob a forma de manifestações de uma psicose de massa, como as revoluções e guerras, por exemplo. A existência real de um inimigo, sobre o qual se podem descarregar todas as nossas maldades, constitui um inegável alívio para a consciência. Pelo menos pode-se dizer, sem hesitação, quem é o demônio causador das perturbações. Pode-se ter plena certeza de que o causador do desastre se localiza no exterior e não, por exemplo, na própria atitude. Desde o momento em que temos uma noção clara das consequências um tanto desagradável da interpretação no nível do sujeito, impõe-se ao nosso espírito a objeção de que é certamente impossível que todas as qualidades más, cuja presença nas outras pessoas nos irrita, pertençam também a nós. Se assim fosse, todos os grandes moralistas, todos os educadores fanáticos e todos os reformadores do mundo seriam os piores de todos. Muita coisa se poderia dizer a respeito da coexistência do Bem e do Mal e, de modo mais geral, a respeito das relações diretas entre os pares de opostos, mas isto nos levaria para muito longe de nosso tema.

[518]

Não se deve evidentemente exagerar a interpretação no nível do sujeito. Trata-se muito simplesmente de avaliar, de um modo um pouco mais crítico, o que é específico de cada

[519]

domínio. O que me impressiona em um objeto pode ser uma qualidade real peculiar a este objeto. Mas, quanto mais subjetiva e mais emocional for esta impressão, tanto maior será a possibilidade de que esta qualidade resulte de uma projeção. Mas aqui é preciso fazer uma distinção muito importante entre a qualidade real inerente ao objeto, sem a qual provavelmente não haveria projeção sobre o objeto, e o valor, o significado ou a energia desta qualidade. Por certo não se exclui que uma qualidade se encontre projetada sobre um objeto que dela não contém o menor traço, como, por exemplo, a projeção de virtudes mágicas sobre objetos inanimados. Mas não é isto o que sucede com as projeções ordinárias de caráter ou de atitudes momentâneas. Em tais casos é frequente ver que o objeto oferece uma oportunidade de escolher a projeção, ou mesmo a provoca. Isto acontece quando o objeto (pessoa) *não está consciente* da qualidade projetada. *Com isto ela atua diretamente sobre o inconsciente* do interlocutor. Com efeito, qualquer projeção provoca uma *contraprojeção* todas as vezes que o objeto não está consciente da qualidade projetada sobre ele pelo sujeito. Assim, um analista reage a uma "transferência" com uma "contratransferência", quando a transferência projeta um conteúdo de que o próprio médico não tem consciência, embora exista realmente dentro dele[18]. A contratransferência é adequada e plena de sentido ou inibidora como a transferência do paciente, na medida em que tende a estabelecer relações mais favoráveis que são indispensáveis para a percepção da realidade de certos conteúdos inconscientes. Mas justamente como a transferência, também a contratransferência possui qualquer coisa de compulsivo, de mecânico, porque impli-

---

18. Sobre os conteúdos típicos das projeções, cf. "Die Psychologie der Übertragung" ("Psicologia da transferência"), [OC, 16/2].

ca uma identificação "mística", isto é, inconsciente, com o sujeito. Ligações inconscientes desta espécie suscitam *sempre resistências* que são conscientes, se as disposições do sujeito são de tal natureza, que lhe permitam dispor livremente de sua libido, recusando-se a cedê-la por engodo ou sob pressão, e inconscientes, se o sujeito se compraz em que lha tomem. É por isto que a transferência e a contratransferência, quando os seus conteúdos permanecem inconscientes, criam relações anormais e insustentáveis que tendem para a própria destruição.

Mesmo admitindo-se que a qualidade projetada possa ser encontrada no objeto, nem por isto o significado prático da projeção deixa de ser puramente subjetivo, e incumbe inteiramente ao sujeito, porque sua projeção confere um valor exagerado a qualquer traço desta qualidade presente no objeto. [520]

Mesmo quando a projeção corresponde a uma qualidade realmente presente no objeto, o conteúdo projetado não se acha menos presente no sujeito, onde forma parte da imago do objeto. Esta imago é uma grandeza psicológica distinta da percepção do objeto. Consiste numa imagem existente à margem de todas as percepções, mas sustentada por estas[19]. A vitalidade independente (autonomia relativa) desta imagem permanece inconsciente enquanto coincidir exatamente com a vida real do objeto. É por isto que a autonomia da imagem não é reconhecida pela consciência, mas se projeta inconscientemente no objeto, isto é, contamina-se com a autonomia do objeto. Isto, naturalmente, confere ao objeto uma realidade esmagadora com relação ao sujeito, [521]

---

19. Para ser completo, devo acrescentar que nenhuma imagem provém exclusivamente do exterior. Sua forma específica é devida em parte também a uma disposição psíquica *a priori*, ou seja, o *arquétipo*.

ou seja, confere-lhe um valor exagerado. Este valor decorre da projeção ou da identidade *a priori* da imago com o objeto, tendo como resultado o fato de que o objeto exterior se torna ao mesmo tempo um objeto interior. Eis aí como, por via inconsciente, o objeto exterior pode exercer uma influência psíquica direta sobre o sujeito, visto que, em virtude de sua identidade com a imago, de certo modo interfere diretamente no mecanismo psíquico do sujeito. Com isto, o objeto pode adquirir um poder "mágico" sobre o sujeito. Os primitivos dão-nos disso exemplos impressionantes: tratam os filhos ou mesmo as coisas as quais conferem uma "alma", da mesma maneira como tratam sua própria alma. Nada se atrevem a fazer contra eles, por medo de causarem injúria à alma que habita nas crianças ou nos objetos. É por isto que as crianças permanecem sem instrução, tanto quanto possível, até a puberdade, para de repente serem submetidas a uma educação tardia, frequentemente de aspecto terrificante (iniciação).

[522] Disse eu mais acima que a autonomia da imago mantém-se inconsciente, porque é identificada com a imago do objeto. Sendo assim, a morte do objeto provocaria estranhos efeitos psicológicos, porque não desapareceria inteiramente, mas continuaria a existir sob uma forma impalpável. Realmente, como sabemos, é isto o que acontece. A imago inconsciente, que não possui mais um objeto correspondente, torna-se um fantasma e produz sobre o sujeito efeitos que, em princípio, não podemos distinguir dos fenômenos psíquicos. As projeções inconscientes do sujeito, que canalizaram conteúdos inconscientes para a imago do objeto e a identificaram com este último, sobrevivem à perda real do objeto e desempenham um papel de grande importância na vida dos primitivos e dos povos civilizados, antigos e modernos. Estes fenômenos nos oferecem uma prova clara da

existência relativamente autônoma de *imagines* de objetos no inconsciente. Se elas estão presentes no inconsciente, é porque decerto nunca foram conscientemente distinguidas dos objetos.

Qualquer progresso, qualquer realização no plano conceitual por parte da humanidade têm sido acompanhados de um progresso da consciência de si mesmo: O indivíduo se diferencia do objeto e se posiciona diante da natureza como um ser distinto em relação a ela. Por isso, qualquer nova orientação da atitude psicológica deverá seguir também o mesmo caminho: é evidente que a identidade do objeto com a imago subjetiva confere ao objeto uma importância que propriamente não lhe pertence, embora a possua desde toda a eternidade, porque a identidade é um fato absolutamente original. Para o sujeito, porém, é um estado de primitividade que só perdurará enquanto não levar a graves inconvenientes. A supervalorização do objeto, porém, constitui justamente uma das circunstâncias particularmente capazes de prejudicar o desenvolvimento do sujeito. Um objeto "mágico" excessivamente acentuado orienta poderosamente a consciência subjetiva para o objeto e frustra qualquer tentativa de diferenciação individual que deveria começar com a separação da imagem no confronto com o objeto. Em outras palavras: é absolutamente, impossível manter a orientação geral da diferenciação enquanto fatores externos interferem "magicamente" na economia psíquica do sujeito. A separação, porém, das *imagines*, que confere aos objetos sua significação exagerada, devolve ao sujeito a massa de energia dissociada de que ele necessita urgentemente para seu próprio desenvolvimento.

[523]

Interpretar as imagens oníricas no nível do sujeito é, para o homem moderno, como se se retirassem as imagens ancestrais e os fetiches a um primitivo e se tentasse explicar-lhe

[524]

que os seus "poderes de cura" são de natureza espiritual e residem não no objeto, mas na psique humana. O primitivo sente legítima aversão por essa ideia tão herética. Também o homem moderno percebe que é desagradável e mesmo, talvez, de algum modo perigoso romper a identidade que existe entre a imago e o objeto, consagrada desde tempos imemoriais. As consequências que isso traria para a nossa psicologia seriam quase inimagináveis: não haveria mais ninguém para acusarmos, ninguém a quem responsabilizarmos, ninguém ao qual ensinarmos o caminho da verdade, ninguém para corrigirmos ou para castigarmos! Pelo contrário, seria preciso começar, em tudo, por nós próprios; seria preciso exigir unicamente de nós próprios, e de mais ninguém, aquilo que exigimos dos outros. Sendo assim, compreende-se facilmente por que a interpretação das *imagines* oníricas no nível do sujeito não é um passo que nos deixe indiferentes, sobretudo não o é porque pode conduzir a atitudes unilaterais e a exageros, tanto numa direção como noutra.

[525]   Além destas dificuldades mais de ordem moral, existe também um certo número de obstáculos intelectuais. Já me objetaram que a interpretação no nível do sujeito representa um problema filosófico e que a aplicação deste princípio conduz às limitações da cosmovisão e que, por isto mesmo, perde o seu caráter de ciência. Não me parece constituir motivo de surpresa ver a Psicologia abeirar-se da Filosofia, porque a atividade pensante, base de toda Filosofia, é uma atividade psíquica que, como tal, pertence ao campo da Psicologia. Quando falo de psicologia, tenho em mente a alma humana com todos os seus aspectos, e aqui se incluem a Filosofia, a Teologia e ainda muitas outras coisas. Subjacentes a todas as filosofias e a todas as religiões, estão os dados da alma humana que talvez constituam a instância derradeira da verdade e do erro.

Nossa Psicologia pouco se preocupa com a questão se os [526] problemas por ela suscitados se chocam com esta ou aquela concepção preexistente. Nossa atenção se concentra antes de tudo sobre necessidades de ordem prática. Se a questão das concepções do mundo é um problema psicológico, precisamos de abordá-lo sem nos preocupar em saber se a Filosofia está incluída ou não na Psicologia. De modo análogo, os problemas de religião constituem para nós, primeiro que tudo, uma questão de ordem psicológica. A psicologia médica em geral se mantém afastada destes domínios, e isto é uma carência lamentável que aparece claramente no fato de que as neuroses psicógenas encontram frequentemente maiores possibilidades de cura em qualquer outro domínio do que na *Medicina acadêmica*. Embora seja eu médico, e de acordo com o princípio de que *medicus medicum non decimat* (um médico não ofende a outro médico), tenha motivos de sobra para não criticar a profissão médica, mesmo assim devo confessar que os médicos nem sempre foram os melhores autores da Medicina psicológica. Muitas vezes tive ocasião de verificar, por própria experiência, que os psicoterapeutas médicos procuravam exercer sua arte daquele mesmo modo rotineiro que lhes fora inculcado pela natureza peculiar de seus estudos. Os estudos de Medicina consistem, de um lado, em encher-nos a cabeça com uma quantidade enorme de fatos teóricos que são apenas decorados, sem que se tenha um conhecimento real de seus fundamentos e, de outro lado, na aprendizagem de habilidades práticas, que devem ser adquiridas segundo o princípio: "primeiro agir, depois pensar". É por isto que, de todas as faculdades, a de Medicina é a que tem menos oportunidade de desenvolver a função do *pensamento*. Por isto, também já não é de espantar que até mesmo médicos adeptos da Psicologia sintam grande dificuldade em acompanhar minhas reflexões.

Eles se habituaram a trabalhar com base em receituários e a aplicar mecanicamente métodos que eles próprios não desenvolveram. Mas esta tendência, como é fácil de imaginar, é a menos indicada para o exercício da psicologia médica, pois se apoia em teorias e métodos autoritários, impedindo o desenvolvimento de um pensamento independente. Assim verifiquei, por experiência própria, que mesmo certas distinções elementares e da maior importância para o tratamento prático, como, por exemplo, aquelas estabelecidas entre interpretação no nível do sujeito e interpretação no nível do objeto, entre ego e si-mesmo, entre sinal e símbolo, entre causalidade e finalidade etc., exigem demais de sua capacidade de pensar. Estas dificuldades talvez expliquem o apego obstinado destes médicos a concepções retrógradas e de há muito necessitadas de revisão. A prova de que não se trata apenas de um ponto de vista subjetivo de minha parte está no unilateralismo fanático e no isolamento sectário de certas organizações "psicanalíticas". Como todos sabem, esta atitude é um sintoma de *dúvida supercompensada*. Mas, na verdade, quem aplica critérios psicológicos a si mesmo?

[527] A interpretação segundo a qual os sonhos são apenas satisfações de desejos infantis ou arranjos orientados para um fim determinado e destinados a satisfazer uma vontade de poder infantil me parece demasiado estreita e não leva devidamente em conta a natureza do sonho. Este, como cada elemento da estrutura psíquica, apresenta-se qual resultante de toda a psique. É por isto que devemos estar preparados para encontrar no sonho todos aqueles fatores que desde os tempos mais recuados tiveram sua importância na vida da humanidade. Da mesma forma que a existência humana, na sua essência, não se deixa reduzir a este ou àquele instinto fundamental, mas se constrói a partir de uma multidão de instintos, carências, necessidades e condicionamentos físi-

cos e psíquicos, assim também o sonho não se pode explicar a partir deste ou daquele elemento, por mais sedutora que possa ser, na sua simplicidade, uma tal explicação. Podemos estar certos de que ela é errada, pois jamais uma simples teoria dos instintos será capaz de apreender esta coisa poderosa e misteriosa que é a alma humana e, consequentemente, sua expressão, que é o sonho. Para fazer alguma justiça ao sonho, temos de recorrer a instrumentos que só poderemos obter através de laboriosa investigação nos diversos domínios das ciências do espírito. Mas não é com certos gracejos de mau gosto nem com a demonstração da existência de certos recalques que se resolve o problema do sonho.

Tenho sido acusado diretamente de alimentar tendências "filosóficas" (ou mesmo "teológicas"), querendo-se dizer com isto que eu pretendo explicar cada coisa "filosoficamente", e que minhas concepções psicológicas são "metafísicas"[20]. Se eu utilizo certos materiais filosóficos, religiosos e históricos, é *tão somente com a finalidade de apresentar as conexões psíquicas*. Se, neste contexto, emprego o conceito de Deus ou a noção, também metafísica, de energia, é porque se trata de imagens que existem na alma humana desde os seus primórdios. Não me canso de insistir que nem a lei moral, nem o conceito de Deus, nem nenhuma religião penetraram no homem vindos do exterior e caindo, de certo modo, do céu; *o homem, pelo contrário, encerra nuclearmente todas estas coisas dentro de si*, desde as origens, e, por isto, as recria sempre de novo, extraindo-as de seu próprio íntimo. É, portanto, inteiramente ocioso pensar que foi preciso que viesse o Iluminismo para dissipar tais fantasmas. A ideia de

[528]

---

20. É uma referência à minha teoria dos "arquétipos". Mas o conceito biológico de *pattern of behaviour* (padrão de comportamento) não é também "metafísico"?

lei moral e a ideia de Deus fazem parte do substrato último e inarredável da alma humana. Por este motivo, toda psicologia sincera e não obcecada pelas concepções mesquinhas do Iluminismo se acha no dever de atacar de frente estes fatos. Não é com explicações superficiais nem com ironia que se pode excluí-los. Na Física, podemos prescindir de uma imagem de Deus; na Psicologia, pelo contrário, a noção de Deus é uma grandeza definitiva e imutável com a qual é preciso sempre contar, assim como com os "afetos", os "instintos", o "conceito de mãe" etc. É por causa, naturalmente, da eterna confusão entre objeto e imago que não se pode fazer uma distinção entre "Deus" e "imago de Deus", e, por isto, pensa-se que, ao falarmos da "imagem de Deus", referimo-nos ao próprio Deus e o interpretamos em sentido "teológico". Não cabe à Psicologia enquanto ciência, supor uma hipostasiação da imago de Deus. Deve, porém, respeitando os fatos, contar com a existência de uma imagem de Deus. De modo análogo, conta com a presença do instinto, sem, contudo, arrogar-se a competência de dizer em que consiste o "instinto" em si. Todos sabem que espécie de fatos psicológicos se quer designar pelo termo de "instinto", por mais obscura que pareça a natureza do instinto como tal. Também é claro que a imagem de Deus, por exemplo, corresponde a um determinado complexo de fatos psicológicos e representa, assim, uma dada grandeza com a qual podemos operar. Mas saber o que Deus é em si mesmo constitui um problema que foge à competência de qualquer psicologia. Lamento ter de repetir semelhantes evidências.

[529]   Nas páginas precedentes procurei formular satisfatoriamente o que tinha a dizer a respeito dos pontos de vista gerais da psicologia onírica[21]. Propositadamente deixei de

---

21. Na seção subsequente, completo muitos dos artigos escritos posteriormente.

entrar em pormenores, tarefa que deve ser deixada à casuística. A discussão desses aspectos gerais levou-nos a abordar problemas mais vastos, que não poderíamos deixar de mencionar quando se trata de sonhos. Naturalmente, ainda restaria muita coisa a dizer a respeito dos objetivos da análise onírica, mas, como esta constitui o instrumento do tratamento analítico em geral, não poderíamos fazê-lo senão em correlação com uma descrição geral de todo o tratamento. Mas uma descrição pormenorizada da natureza do tratamento exigiria um certo número de trabalhos preparatórios diversificados que abordassem o problema sob diversos aspectos. A questão do tratamento analítico é extremamente complexa, embora certos autores se excedam em simplificações e pretendam fazer-nos acreditar que é muito fácil extirpar as "raízes" conhecidas do mal. É preciso acautelar-nos contra qualquer leviandade neste sentido. Eu preferiria que os grandes problemas suscitados pela análise fossem discutidos, com seriedade e profundidade, por inteligências sérias e capazes. Já estaria verdadeiramente na hora de a psicologia acadêmica ceder diante da realidade dos fatos e se interessar não só pelas experiências de laboratório, como também pela alma humana real. Não se deveria ver mais professores que proibissem seus alunos de se ocuparem com a psicologia analítica ou se utilizarem de conceitos analíticos, como também não se deveria mais acusar nossa psicologia de "recorrer, de maneira pouco científica, a experiências da vida de todos os dias". Sei que a Psicologia em geral poderia tirar o maior proveito de um estudo sério dos problemas dos sonhos se conseguisse se libertar, o mínimo que fosse, do preconceito completamente infundado e leigo de que os sonhos são provocados exclusivamente por estímulos somáticos. A exagerada importância atribuída ao somático é também, em Psiquiatria, uma das principais causas do atraso da Psicopatologia, que não se desenvolve enquanto não for diretamente fecundada pela análise. O dogma segundo o qual "as doenças mentais são doenças do cérebro" é um resquício do materialismo que floresceu por volta de 1870, e tornou-se um preconceito absolutamente injustificável que imobiliza qualquer progresso. Mesmo a ser verdade que todas as doenças mentais fossem doenças do cérebro, ainda assim não haveria motivo para se deixar de investigar o aspecto psíquico da enfermidade. Mas esse preconceito é utilizado para pôr em descrédito e condenar, antecipadamente, todas as tentativas feitas neste sentido. *Mas a prova de que todas as doenças mentais são doenças do cérebro nunca foi apresentada*, e nunca será, porque seria preciso provar também que, se um indivíduo pensa ou age desta ou daquela maneira, é porque tal ou tal proteína se dissociou ou se formou neste ou naquele tecido celular. Semelhante ponto de vista conduz diretamente ao evangelho materialista: "O homem é o que *come*". Este modo de pensar entende a vida do espírito como processos de assimilação e desassimilação das células cerebrais. Estes processos são necessariamente representados sempre por sínteses e desintegrações de laboratório, pois representá-los conforme a vida os cria é totalmente impossível, enquanto não pudermos refazer mentalmente o processo vital em si mesmo. Mas para defender a validez da concepção materialista, seria preciso poder repensar todo o processo celular; se o conseguíssemos, teríamos ultrapassado já o materialismo, porque não se pode conceber a vida como uma função da matéria, e sim como um processo existente em si mesmo, ao qual estariam subordinadas força e matéria. A vida como função da matéria exigiria uma *generatio aequivoca* (abiogênese). Teremos muito ainda que esperar até que semelhante prova se concretize. Nada nos autoriza a conceber a vida, em geral, sob um ponto de vista exclusivista, arbitrário e materialista, que nunca será provado. Tampouco temos o direito de reduzir a psique a um mero processo cerebral, sem contar com o fato de que todas as tentativas em tal sentido são absurdas em si mesmas e resultaram sempre em absurdos todas as vezes que foram empreendidas. O fenômeno psíquico deve ser considerado, pelo contrário, em seu aspecto psíquico e não como um processo orgânico e celular. Por mais que se proteste contra as "fantasias metafísicas", quando alguém procura interpretar os processos celulares em sentido vitalista, não se identifica nenhuma incoerência no fato de se classificar de "científica" a hipótese física, embora esta seja tão fantasista quanto a primeira. Mas tal hipótese possui a vantagem de se harmonizar com o preconceito materialista, e, por isto, proclama-se como científico qualquer absurdo, desde que ele prometa reduzir o psíquico ao físico. Esperamos não esteja muito longe o tempo em que os nossos cientistas se libertem para sempre deste resíduo de materialismo vazio e antiquado.

Da essência dos sonhos[1]

[530]   A psicologia médica se distingue de todas as outras disciplinas científicas pelo fato de que deve lidar com os problemas mais complexos sem poder recorrer a dispositivos experimentais comprovados, a experiências sistematicamente repetidas em laboratório ou a dados logicamente explicáveis. Pelo contrário, ela se vê diante de uma infinidade de dados irracionais em perpétua mutação, porque a alma humana é talvez a coisa mais opaca, mais impenetrável e mais inabordável que o pensamento jamais estudou. Por certo, é preciso admitir que todos os fenômenos psíquicos estão ligados entre si por uma espécie de encadeamento causal, entendido este termo em seu sentido mais largo, entretanto, recomenda-se, precisamente neste domínio, não esquecer que a causalidade, em última análise, nada mais é do que uma verdade estatística. Por isto em certos casos talvez não pareça despropositado considerar pelo menos a possibilidade de uma irracionalidade absoluta, embora, por razões heurística, seja preciso contar sempre com a perspectiva causal. Também será aconselhável levar em conta uma das distinções conceituais clássicas, a da causa eficiente (*causa efficiens*) e a da causa final (*causa finalis*). Na ordem física, não é necessariamente mais frutuoso perguntar por que e

---

1. Publicado pela primeira vez na *Ciba Zeitschrift* (Revista Ciba), IX, 1945 [aqui acrescido de alguns detalhes].

como tal coisa se produz do que indagar com que finalidade ela se realiza.

Entre os numerosos problemas da psicologia médica há um particularmente delicado: é o dos sonhos. Seria uma tarefa igualmente interessante e difícil examinar os sonhos exclusivamente sob seus aspectos médicos, isto é, em relação com o diagnóstico e o prognóstico de certos estados patológicos. O sonho diz respeito, realmente, tanto à saúde como à doença, e, por isto, dada a sua raiz inconsciente, ele extrai elementos de sua composição também do tesouro das percepções subliminares, podendo nos proporcionar dados úteis ao conhecimento. Eu pude constatar muitas vezes este valor em casos nos quais o diagnóstico diferencial entre sintomas orgânicos e psicogênicos era difícil. Certos sonhos são também importantes para o prognóstico[2]. Mas neste domínio faltam ainda trabalhos preliminares indispensáveis, tais como compilações acuradas de casos observados, e semelhantes. Caberá aos médicos do futuro com formação psicológica fazer o registro sistemático dos sonhos por eles estudados; assim se teria ocasião de verificar que, em dado material onírico, encontram-se elementos que se referem à eclosão ulterior de uma doença aguda, ou mesmo a um fim fatal, acontecimentos, portanto, que não podiam ser previstos na época do registro. A investigação dos sonhos em geral é, em si, tarefa para uma vida inteira: o seu estudo detalhado exige a colaboração de muitos pesquisadores. É por isto que neste breve apanhado geral eu preferi descrever os aspectos fundamentais da psicologia onírica e sua interpretação, de modo a permitir, mesmo àqueles que não têm

[531]

---

2. Cf. meu artigo *Die praktische Verwendbarkeit der Traumanalyse* (A aplicação prática da análise dos sonhos), em *Wirklichkeit der Seele* (Realidade da alma) [OC, 16].

experiência neste domínio, uma visão dos problemas e da metodologia utilizada em sua investigação. O leitor familiarizado com esta matéria provavelmente haverá de concordar comigo que o conhecimento dos princípios fundamentais é mais importante do que a enfadonha multiplicação de casos que, de qualquer modo, é incapaz de suprir a falta de experiência pessoal.

[532] O sonho é uma parcela da atividade psíquica *involuntária*, que possui, precisamente, suficiente consciência para ser reproduzida no estado de vigília. Entre as manifestações psíquicas, são talvez os sonhos aquelas que mais nos oferecem dados "irracionais". Parecem comportar um mínimo de coerência lógica e daquela hierarquia de valores que caracterizam os outros conteúdos da consciência e, por isto, são menos fáceis de penetrar e de compreender. Sonhos cuja estrutura satisfaz ao mesmo tempo à lógica, à moral e à estética constituem exceções. De modo geral, o sonho é um produto estranho e desconcertante, que se caracteriza por um grande número de "más qualidades", como a falta de lógica, uma moral duvidosa, formas desgraciosas, contrassensos ou absurdos manifestos. Por isso é que são prontamente rejeitados como estúpidos, absurdos e desprovidos de valor.

[533] Qualquer interpretação do sonho é uma afirmação psicológica sobre o sentido de certos conteúdos psíquicos seus. Esta interpretação não deixa de apresentar seus perigos, porque o sonhador, de modo geral, como de resto a maior parte dos homens, revela uma sensibilidade muitas vezes espantosa, não só para observações errôneas, mas, e sobretudo, para observações acertadas. Como não é possível analisar o sonho sem a colaboração do próprio sonhador, exceto em casos inteiramente excepcionais, de modo geral é preciso agir com muito tato, para não ferir desnecessariamente a sensibilidade alheia, o que exige um esforço enorme por

parte do médico. Que se deve dizer, por exemplo, quando um paciente, contando-nos uma série de sonhos pouco decentes, lança-nos a pergunta: "Por que justamente *eu* devo ter esses sonhos repugnantes?" É melhor não responder a semelhante questão, porque a resposta é difícil por vários motivos, de modo particular para os principiantes: é muito fácil em tais condições dizer alguma tolice, principalmente quando conhecemos a resposta. A compreensão do sonho, de fato, é um trabalho tão difícil, que há muito tempo eu estabeleci como regra, quando alguém me conta um sonho e pede minha opinião, dizer, antes do mais, a mim mesmo: "Não tenho a mínima ideia do que este sonho quer significar". Após esta constatação, posso me entregar ao trabalho da análise propriamente dita do sonho.

Mas o leitor a esta altura estará certamente perguntando se vale a pena, em geral, diante de um determinado caso, procurar qual seja o significado de um determinado sonho, partindo da hipótese de que os sonhos têm algum sentido em geral e de que é possível demonstrá-lo. [534]

É fácil de provar, por exemplo, que um animal é vertebrado, pondo a descoberto sua coluna vertebral. Mas como proceder, para "pôr a descoberto" uma estrutura externa e significativa de um sonho? À primeira vista, parece que não há leis unívocas que presidam à formação dos sonhos, nem procedimentos oníricos regulares, exceto no caso daqueles sonhos "típicos" bem conhecidos, como, por exemplo, o *pesadelo*. Sonhos de medo e de angústia não são raros, mas não constituem a regra. Ao lado deles, há os *motivos oníricos típicos*, também conhecidos dos profanos, como, por exemplo, voar, subir escadas ou escalar montanhas, passear sem roupa suficiente, perda de dentes, além de outros temas, como a multidão, o hotel, a estação, a estrada de ferro, o avião, o automóvel, os animais que causam medo (serpentes) etc. [535]

Estes temas são muito frequentes, mas absolutamente não são suficientes para nos permitir concluir que a estrutura do sonho obedece a determinadas leis.

[536] Há pessoas que de tempos em tempos têm repetidamente os mesmos sonhos. Isto acontece de modo particular na juventude, mas o fenômeno se prolonga também por um espaço de várias dezenas de anos. Trata-se, não poucas vezes, de sonhos muito impressionantes, em presença dos quais se tem a sensação de que "devem realmente significar alguma coisa". Esta sensação se justifica na medida em que, apesar da prudência de que nos cercamos, é impossível não admitir que uma determinada situação psíquica se repete de tempos em tempos, ocasionando o sonho. Mas uma "situação" é algo que, quando pode ser expresso logicamente, contém um *sentido* definido – exceto no caso em que se defenda obstinadamente a hipótese (certamente não comprovada) de que todos os sonhos têm sua origem em perturbações estomacais ou no fato de o sonhador dormir deitado de costas, ou coisa semelhante. Estes sonhos nos levam efetivamente a supor, pelo menos, um certo nexo causal. O mesmo se pode dizer, também, dos temas chamados "típicos", que se repetem várias vezes nas séries prolongadas de sonhos. Aqui também é quase impossível evitar a impressão de que "eles significam alguma coisa".

[537] Mas como se chega a um significado plausível e como se pode confirmar a exatidão de nossa interpretação? Um primeiro método, que não é, porém, científico, consistiria em predizer acontecimentos futuros, com a ajuda de uma coleção escrita de sonhos, e verificar a exatidão da profecia, observando se o acontecimento predito ocorreu ou não, posteriormente, mas isto pressupõe que a função do sonho seja a de antecipar o futuro.

Uma outra maneira de descobrir diretamente o sentido [538] do sonho consistiria talvez em voltar ao passado e reconstituir certas experiências pessoais anteriores, a partir da manifestação de determinados motivos oníricos. Embora isto seja possível em certa medida, contudo, este procedimento só teria um valor decisivo se nos permitisse conhecer fatos que realmente aconteceram e que, no entanto, permaneceram inconscientes para o sonhador ou que este, em qualquer caso, não quisesse absolutamente revelar. Se não ocorre nem uma coisa nem outra, trata-se de uma simples lembrança cuja aparição no sonho não é contestada por ninguém e que, além do mais, é completamente irrelevante no que se refere à função significativa do sonho, porque o sonhador poderia muito bem nos informar conscientemente a este respeito. Infelizmente, estas duas hipóteses esgotam todas as possibilidades de provar diretamente a existência de um sentido para o sonho.

O grande mérito de Freud foi o de ter aberto uma pista [539] para a pesquisa e a interpretação do sonho. Ele reconheceu, antes de tudo, que não podemos empreender nenhuma interpretação sem a colaboração do próprio sonhador. As palavras que compõem o relato de um sonho não têm *apenas* um sentido, mas muitos. Se alguém sonha, por exemplo, com uma mesa, estamos ainda bem longe de saber o que a palavra "mesa" do sonho significa, embora a palavra "mesa" em si pareça suficientemente precisa. Com efeito, há qualquer coisa que ignoramos, e é que esta "mesa" é precisamente aquela mesa à qual estava sentado o pai do sonhador, quando lhe recusou qualquer ajuda financeira posterior e o expulsou de casa como um sujeito imprestável. A superfície lustrosa desta mesa está ali, diante de seus olhos, como o símbolo de uma inutilidade catastrófica tanto no estado de vigília, como nos sonhos noturnos. Eis o que o sonhador entende por "mesa". Por isto, precisamos da ajuda do sonhador para limitar a diversidade das significações verbais ao seu conteúdo essencial e convincente. Qualquer pessoa que não estava presente a esta cena pode duvidar de que a "mesa" representa um momento culminante e doloroso na vida do sonhador. Mas o sonhador não duvida, nem eu também. É claro que a interpretação do sonho é, antes e acima de tudo, uma experiência que só tem um significado imediato e evidente para duas pessoas.

[540] A partir do momento em que conseguimos estabelecer que a "mesa" do sonho significa justamente aquela mesa fatal com tudo que ela implica, teremos interpretado, não ainda o sonho em si, mas pelo menos aquele motivo isolado, no que ele tem de fundamental, e teremos reconhecido o *contexto* subjetivo no qual se insere a palavra "mesa" do sonho.

[541] Chegamos a este resultado, examinando metodicamente as *associações* do sonhador. Devo rejeitar, porém, os demais procedimentos a que Freud submete os conteúdos do sonho, porque foram demasiado influenciados pelo preconceito de que os sonhos são a realização de "desejos recalcados". Embora concordemos que existem também sonhos desta natureza, contudo, isto não é ainda suficiente para provar que todos os sonhos sejam a satisfação de desejos, assim como não o são todos os pensamentos da vida psíquica consciente. Não encontro nenhum motivo válido para admitir que os processos inconscientes sobre os quais se baseia o sonho sejam mais limitados ou mais monótonos em suas formas e conteúdos do que os processos conscientes. Antes, é mais plausível admitir que estes últimos podem ser reduzidos a tipos já conhecidos, porque na maior parte do tempo refletem a regularidade ou mesmo a monotonia do comportamento consciente.

[542] Para determinar o sentido do sonho, eu desenvolvi, a partir das conclusões acima expostas, um procedimento que

designo pelo nome de *reconstituição do contexto* e que consiste em procurar ver, através das associações do sonhador, para cada detalhe mais saliente, em que significações e com que nuança ele lhe aparece. Meu modo de proceder não difere daquele usado para decifrar um texto difícil de ler. O resultado obtido com este método nem sempre é um texto imediatamente compreensível, mas muitas vezes não passa de uma primeira, mas preciosa indicação que comporta numerosas possibilidades. Certa vez tratei um jovem que me contou, na anamnese, que estava noivo, e de maneira muito feliz, de uma jovem de "boa família". Nos sonhos, a personagem desta jovem assumia muitas vezes um aspecto pouco recomendável. Do exame do contexto deduziu-se que o inconsciente do paciente associava à figura da noiva toda espécie de histórias escandalosas, provenientes de outra fonte, o que lhe parecia absolutamente incompreensível e a mim naturalmente não menos também. A repetição constante destas combinações me levou, contudo, a concluir que existia no rapaz, apesar de sua resistência consciente, uma tendência inconsciente em fazer sua noiva aparecer sob essa luz equívoca. Ele me disse que, se tal coisa fosse verdadeira, isto representaria para ele um autêntico desastre. Sua neurose se manifestara algum tempo depois da festa do noivado. Embora me parecessem inconcebíveis e sem sentido, as suspeitas a respeito da sua noiva me pareciam constituir um ponto de importância tão capital, que eu lhe aconselhei a fazer algumas investigações a respeito. As pesquisas mostraram que as suspeitas eram fundadas e o "choque" causado pela descoberta desagradável não só não abateu o paciente, mas o curou de sua neurose e também de sua noiva. Embora a reconstituição do contexto apontasse uma "incongruência" inadmissível, e conferisse, assim, aos sonhos uma significação aparentemente absurda, contudo, revelou-se exata à luz dos fatos descobertos posteriormente. Este fato é realmente de uma simplicidade exemplar, e me parece supérfluo sublinhar que pouquíssimos sonhos têm uma solução tão simples.

[543] A reconstituição do contexto, todavia, é um trabalho simples e quase mecânico que tem um valor meramente *preparatório*. A produção subsequente de um texto legível, isto é, a verdadeira *interpretação do sonho*, pelo contrário, é geralmente uma tarefa exigente. Ela pressupõe *empatia* psicológica, capacidade de combinação, penetração intuitiva, conhecimento do mundo e dos homens e, sobretudo, um saber específico que se apoia ao mesmo tempo em conhecimentos extensos e numa certa *intelligence du coeur*. Todas estas condições preliminares, sobretudo a última, valem também para a *arte do diagnóstico médico* em geral. Não é preciso um sexto sentido para entender os sonhos, mas exige-se algo mais do que esquemas vazios, como os que se encontram nas coleções vulgares de sonhos ou aqueles que se desenvolvem quase sempre sob a influência de ideias preconcebidas. Devem-se evitar interpretações estereotipadas de motivos oníricos; justificam-se apenas as interpretações específicas às quais se chega pelo exame acurado do contexto. Mesmo quem possui uma grande experiência neste domínio vê-se sempre obrigado a confessar sua ignorância diante de cada novo sonho e, renunciando a qualquer ideia preconcebida, a preparar-se para qualquer coisa totalmente inesperada.

[544] Por mais que os sonhos se refiram a uma determinada atitude da consciência do sonhador e a uma situação psíquica particular, suas raízes mergulham profundamente no subsolo obscuro e dificilmente conhecível de onde emergem os fenômenos da consciência. Por falta de uma expressão mais precisa, damos a este pano de fundo obscuro o nome de inconsciente. Não conhecemos sua essência em si mesma, nem é possível observar senão determinados efeitos

seus, cuja textura nos permite arriscar certas conclusões a respeito da natureza da psique inconsciente. Como o sonho constitui uma expressão extremamente frequente e normal da psique inconsciente, é ele que nos fornece a maior parte do material empírico para a exploração do inconsciente.

Como o sentido da maior parte dos sonhos não coincide com as tendências da consciência, mas revela divergências singulares, devemos admitir que o inconsciente, a matriz dos sonhos, tem um funcionamento independente. É o que eu designo por *autonomia do inconsciente*. Não somente o sonho não obedece à nossa vontade, mas muitas vezes se opõe, até mesmo muito fortemente, às intenções da consciência. Esta oposição, contudo, pode também não ser tão pronunciada. Às vezes o sonho diverge apenas fracamente da atitude ou da tendência consciente, e introduz apenas pequenas modificações. Às vezes há até mesmo casos em que ele pode coincidir ocasionalmente com o conteúdo e a tendência da consciência. Para caracterizar, em uma única palavra, este comportamento do sonho, o único conceito aceitável que me veio ao espírito foi o de *compensação*, pois que me parece o único em condições de resumir pertinentemente todas as modalidades de comportamento do sonho. A compensação deve ser estritamente distinguida da *complementação*. O complemento é um conceito muito limitado e muito limitativo, e por isso não é capaz de explicar, de maneira satisfatória, a função onírica. Com efeito, ele designa uma relação em que duas ou mais coisas se completam, por assim dizer, forçosamente[3]. A compensação, pelo contrário, é, como o próprio termo está dizendo, uma confrontação e uma comparação entre diferentes dados ou diferentes pontos de vista, da qual resulta um *equilíbrio* ou uma *retificação*.

[545]

---

3. Com isto não estamos negando o princípio da complementaridade. O termo "compensação" indica apenas um refinamento psicológico desse princípio.

[546]   Nesta perspectiva existem três possibilidades. Se a atitude consciente a respeito de uma situação dada da vida é fortemente unilateral, o sonho adota um partido oposto. Se a consciência guarda uma posição que se aproxima mais ou menos do centro, o sonho se contenta em exprimir variantes. Se a atitude da consciência é "correta" (adequada), o sonho coincide com esta atitude e lhe sublinha assim as tendências, sem, contudo, perder a autonomia que lhe é própria. Como, porém, nunca se sabe, ao certo, como se deve apreciar a situação consciente de um paciente exclui-se *a priori* uma análise dos sonhos sem o interrogatório do sonhador. Mas mesmo conhecendo a situação consciente, nós ignoramos a atitude do inconsciente. Como este último é não somente a matriz dos sonhos, mas também a matriz dos sintomas psicógenos, a questão da atitude do inconsciente assume uma importância prática muito grande. Mesmo se julgo (e outros comigo) apropriada a minha atitude, o inconsciente pode, por assim dizer, ser "de outra opinião". Esta contradição é importante – notadamente no caso de uma neurose – porque o inconsciente é inteiramente capaz de provocar toda espécie de distúrbios desagradáveis, através de atos falhos, muitas vezes plenos de consequências, ou sintomas neuróticos. Estas perturbações provêm de um desencontro entre "consciente" e "inconsciente". Normalmente, deveria haver a harmonia, mas, na realidade, ela ocorre muito poucas vezes, o que dá origem a uma multidão imprevisível de inconvenientes psicógenos, que vão de acidentes e doenças graves até os inocentes *lapsus linguae*. Coube a Freud o mérito de ter chamado a atenção para estas correlações[4].

[547]   Embora, na imensa maioria dos casos, a compensação tenha por fim estabelecer um equilíbrio psíquico normal,

---

4. Cf. *Zur Psychopathologie des Alltagslebens* (*Psicopatologia da vida diária*).

e se comporte como uma espécie de autorregulação do sistema psíquico, contudo, não podemos simplesmente nos contentar com esta verificação, pois a compensação, em certas condições e em determinados casos (como, por exemplo, nas psicoses latentes), pode levar a um desenlace fatal (predomínio das tendências destrutivas), como, por exemplo, o suicídio ou outros comportamentos anormais que parecem "predeterminados" no plano da existência de certos indivíduos portadores de tara.

A tarefa que nos impõe o tratamento da neurose é a de estabelecer aproximadamente a harmonia entre "consciente" e "inconsciente". Pode-se conseguir isto, como se sabe, de várias maneiras: pela prática do "naturismo", pelo método da persuasão racional, pelo fortalecimento da vontade, ou pela "análise do inconsciente". [548]

Como os métodos mais simples falham muitas vezes, e o médico não sabe mais como continuar a tratar o paciente, a função compensadora dos sonhos oferece uma ajuda que é bem-vinda. Não queremos dizer que os sonhos dos homens modernos apontem imediatamente os meios terapêuticos apropriados, como se conta a respeito dos sonhos tidos durante a incubação (sono noturno) nos templos de Esculápio[5], mas eles esclarecem a situação do paciente, de uma maneira que pode favorecer grandemente o processo de cura. Esses sonhos nos trazem recordações, reflexões; relembram acontecimentos vividos outrora; despertam coisas que dormiam no seio da nossa personalidade, e revelam traços inconscientes nas suas relações com o meio ambiente. Por isto é raro que um indivíduo que tenha se submetido ao fatigoso trabalho de análise de seus sonhos com a competente assistência de um especialista, por um longo período [549]

---

5. Cf. MEIER, C.A. *Antike Inkubation und moderne Psychotherapie.*

de tempo, não veja seu horizonte se alargar e se enriquecer. Justamente por causa de seu comportamento compensador, a análise adequadamente conduzida nos descortina novos pontos de vista e nos abre novos caminhos que nos ajudam a sair da terrível estagnação.

[550] Mas a ideia de compensação caracteriza apenas de maneira genérica a função do sonho. Quando se contemplam séries que comportam várias centenas de sonho, como acontece nos tratamentos prolongados e difíceis, a atenção do observador é atraída pouco a pouco para um fenômeno que no sonho isolado permanece escondido por trás da compensação. É uma espécie de *processo evolutivo* da personalidade. Inicialmente as compensações aparecem como ajustamentos momentâneos de atitudes unilaterais ou o restabelecimento de certos desequilíbrios da situação. Mas um conhecimento e uma experiência mais aprofundados nos mostram que estas ações compensadoras aparentemente isoladas obedecem a uma espécie de plano predeterminado. Parecem ligadas umas às outras e subordinadas, em sentido mais profundo, a um fim comum, de modo que uma longa série de sonhos não aparece mais como uma sucessão fortuita de acontecimentos desconexos e isolados, mas como um processo de desenvolvimento e de organização que se desdobra segundo um plano bem elaborado. Designei este fenômeno inconsciente, que se exprime espontaneamente no simbolismo de longas séries de sonho, pelo nome de *processo de individuação*.

[551] Nenhum lugar seria mais apropriado para a apresentação de exemplos ilustrativos do que o estudo descritivo da psicologia onírica. Mas esta tarefa, infelizmente, é totalmente impossível no quadro deste trabalho por razões técnicas. Por isto remeto o leitor a meu livro *Psychologie und Alchemie* (*Psicologia e alquimia*) que, entre outros, contém um estudo

sobre a estrutura de várias séries de sonhos, com referência especial ao processo de individuação.

Por falta de estudos adequados, ainda não se sabe ao certo se as longas séries de sonhos registrados fora do processo analítico nos permitem deduzir a existência de um processo evolutivo que indique a individuação em curso. O processo analítico, sobretudo quando inclui a análise sistemática dos sonhos, constitui o que Stanley Hall muito apropriadamente chamou de *process of quickened maturation* (processo de rápida maturação). Por isto é muito possível que os motivos que acompanham o processo de individuação só se manifestem nas séries de sonhos registrados no curso do processo analítico, ao passo que só aparecem nas séries "extra-analíticas" de sonhos a intervalos de tempo extremamente longos. [552]

Lembrei, mais acima, que a interpretação dos sonhos exige, além de outras qualidades, também um conhecimento específico. Se, de um lado, acredito que um leigo inteligente, possuidor de algum conhecimento de psicologia, de uma certa experiência da vida e de um certo treinamento, seja capaz de diagnosticar, de maneira praticamente correta, a compensação produzida pelo sonho, também acredito que é impossível compreender a natureza do processo de individuação que, como sabemos, está na base da compensação psicológica, sem sólidos conhecimentos no campo da mitologia, do folclore, da psicologia dos primitivos e da história comparada das religiões. [553]

Nem todos os sonhos têm a mesma importância. Os próprios primitivos distinguem entre "grandes sonhos" e "pequenos sonhos". Nós os chamaríamos de sonhos "significativos" e sonhos "banais". Se os examinarmos mais de perto, os "pequenos sonhos" nos aparecem como fragmentos da fantasia noturna corrente, que derivam da esfera subjetiva e pessoal, e sua significação se esgota no âmbito dos [554] fatos ordinários de cada dia. Por isto os esquecemos facilmente, porque sua validade não ultrapassa as variações do equilíbrio psíquico. Os sonhos importantes, pelo contrário, ficam gravados muitas vezes na memória por toda a vida e constituem, não raramente, a joia mais preciosa do tesouro das experiências psíquicas vividas. Quantas pessoas encontrei ao longo de minha vida, que logo na primeira conversa se sentiam compelidas a dizer: "Um dia tive um sonho!" Às vezes era o primeiro sonho de que se lembravam e que ocorrera entre o terceiro e quinto anos de vida. Examinei grande quantidade destes sonhos e encontrei em muitos deles uma particularidade que os distinguia dos outros sonhos. Eles apresentam, com efeito, uma conformação simbólica que encontro também na *história do espírito humano*. Fato notável é que o sonhador sequer tem noção de que existam tais paralelos. Esta particularidade está presente também nos sonhos do processo de individuação. Estes sonhos contêm os chamados *motivos mitológicos* ou mitologemas, que chamei de arquétipos. Este termo designa formas específicas e grupos de imagens que se encontram, sob formas coincidentes, não só em todas as épocas e em todas as latitudes, mas também nos sonhos individuais, nas fantasias, nas visões e nas ideias delirantes. Tanto sua aparição frequente nos casos individuais como sua ubiquidade étnica provam que a alma humana é singular, subjetiva e pessoal apenas por um lado, mas coletiva e *objetiva* quanto ao mais[6].

[555]   É por isto que falamos, de um lado, de um inconsciente pessoal e, do outro, de um inconsciente *coletivo*. Este último representa uma camada mais profunda do que o incons-

---

6. Cf. minha obra: *Über die Psychologie des Unbewussten* [edição brasileira: *Psicologia do inconsciente*. [OC, 7/1: Estudos sobre psicologia analítica. Petrópolis: Vozes, 2011].

ciente pessoal, que está próximo da consciência. Os "grandes" sonhos, isto é, os sonhos "importantes", provêm desta camada mais profunda. Além da impressão subjetiva que eles causam em nós, sua importância se revela já na própria conformação plástica, muitas vezes rica de força poética e de beleza. Tais sonhos ocorrem, o mais das vezes, em momentos cruciais da vida, como, por exemplo, na primeira infância, na puberdade e no meio da vida (dos 36 aos 40 anos) e *in conspectu mortis* [na iminência da morte]. Sua interpretação comporta, muitas vezes, dificuldades consideráveis, porque o material associativo que o sonhador pode fornecer é muito escasso. As formações arquetípicas, com efeito, não se referem mais a experiências pessoais, mas a ideias gerais cuja significação principal reside em seu sentido intrínseco e não mais em quaisquer relações pessoais do sujeito ou em experiências de sua vida. Assim, um jovem sonhou com uma grande serpente que montava guarda a uma taça de ouro, sob uma cúpula subterrânea. Certa vez, ele vira uma serpente gigante num jardim zoológico, mas era incapaz de mencionar qualquer outra coisa que pudesse ter dado ocasião ao sonho, exceto certas reminiscências dos contos de fadas. A julgar por este contexto, de si mesmo insuficiente, o sonho, que se caracterizava, justamente, pelo seu aspecto fortemente emocional, teria apenas um significado indiferente. Mas tal contexto não explica o caráter pronunciadamente emocional do sonho. Em semelhante caso é preciso recorrer ao mitologema no qual a serpente ou o dragão, o tesouro e a caverna representam uma provação que assinala uma etapa decisiva da vida do herói. A partir daí percebe-se claramente que se trata de uma emoção coletiva, isto é, de uma situação típica fortemente afetiva, que não é, em primeiro lugar, uma experiência pessoal, mas só se torna de tal natureza em fase posterior. Trata-se, primeiramente, de um problema humano geral que, por não ter ainda chamado a atenção subjetiva, procura abrir caminho, de maneira objetiva, até à consciência do sonhador[7].

[556] Na força da idade, o homem ainda se sente jovem e longe da velhice e da morte. Mas por volta dos trinta e seis anos ele ultrapassa o zênite de sua vida, sem tomar consciência da importância deste fato. Se é um homem cuja disposição íntima e cujos dotes não toleram um grau muito acentuado de inconsciência, talvez o reconhecimento da importância deste momento lhe advenha sob a forma de um sonho arquetípico que se imporá a seu espírito. Em vão ele procurará entender o sentido do sonho com a ajuda de um contexto onírico cuidadosamente elaborado, pois o sonho se exprime em formas estranhas e mitológicas desconhecidas do sonhador. O sonho se serve de figuras coletivas porque tem como finalidade exprimir um problema eterno que se repete indefinidamente, e não um desequilíbrio pessoal.

[557] Todos aqueles momentos da vida individual em que as leis gerais do destino humano rompem as intenções, as expectativas e concepções da consciência pessoal são, ao mesmo tempo, etapas *do processo de individuação*. De fato, este último é a *realização espontânea do homem total*. O homem enquanto consciente do próprio eu é apenas uma parte da totalidade vital, e sua existência não representa a realização deste todo. Quanto mais o homem se torna consciente do próprio eu, tanto mais se separa do homem coletivo que ele próprio é, e se encontra mesmo em oposição a ele. Como, porém, tudo o que vive tende para a totalidade, a atitude unilateral inevitável da vida consciente é corrigida e compensada constantemente pelas componentes essenciais

---

7. Cf. o tratado *Einführung in das Wesen der Mythologie* I/B, publicado por Karl Kerényi e por mim [OC, 9].

da natureza humana, de modo a integrar definitivamente o inconsciente na consciência, ou melhor, a assimilar o eu a uma personalidade mais ampla.

Estas considerações são inevitáveis, se pretendemos entender o sentido dos "grandes" sonhos. Estes, com efeito, utilizam inúmeros mitologemas que caracterizam a vida do herói, esse personagem maior do que o comum dos mortais e de natureza semidivina. Trata-se de aventuras perigosas, de provas como as que encontramos nas iniciações. Há dragões, animais benfazejos e demônios. Encontramos o velho sábio, o homem-animal, o tesouro oculto, a árvore mágica, a fonte, a caverna, o jardim protegido por alta muralha, os processos de transformação e as substâncias da alquimia etc., tudo isto coisas que não apresentam nenhum ponto de contato com as banalidades da vida quotidiana. A razão para estas fantasias é que se trata de realizar uma parte da personalidade que ainda não existe e está somente em vias de realização.

[558]

A pintura do sonho de Nabucodonosor (Dn 4,7s.) (cf. § 484 desta obra) descreve a maneira como esses mitologemas se condensam e se modificam uns aos outros no decorrer do sonho. Embora aparentemente a imagem pretenda ser apenas uma representação desse sonho, contudo, o autor da pintura acrescentou outros elementos ao sonho, como logo perceberemos se estudarmos mais de perto os seus detalhes. A árvore que nasce do umbigo do rei (detalhe que não corresponde à história) é, portanto, a árvore genealógica dos antepassados de Cristo que nasce do umbigo de Adão, pai do gênero humano[8]. É por isto que ele traz na

[559]

---

8. A árvore é também um símbolo alquímico. Cf. *Psychologie und Alchemie* (*Psicologia e alquimia*), p. 563 *et passim* [OC, 12].

coroa a figura do pelicano que alimenta os filhotes com o próprio sangue, famosa *allegoria Christi* (alegoria de Cristo). O pelicano forma também o quincunce, juntamente com o tetramorfo, as quatro aves que ocupam o lugar dos símbolos dos quatro evangelistas. Esse mesmo quincunce se encontra também embaixo, constituído pelo cervo como símbolo de Cristo[9], e pelos quatro animais que olham, com expectativa, para cima. Estas duas quaternidades se aproximam, ao máximo, das representações alquímicas: em cima os *volatilia* (as aves) e embaixo os *terrena* (os animais terrenos), aqueles representados (geralmente) sob a forma de pássaros e estes sob a forma de *quadrupeda* (quadrúpedes). Assim, na descrição da imagem do sonho em questão entra não só a representação da árvore genealógica de Cristo e da quaternidade dos evangelistas, como também a ideia (alquímica) da dupla quaternidade ("superius est sicut quod inferius") ("a região de cima é idêntica à região de baixo"). Esta contaminação nos mostra de maneira extremamente concreta como os sonhos individuais se comportam com os arquétipos. Estes últimos se superpõem, se entrelaçam e se misturam, não

---

9. O cervo é uma *allegoria Christi* (alegoria de Cristo), porque a lenda lhe atribui a capacidade de renovar-se a si próprio. Assim Honório de Autun escreve em seu *Speculum Ecclesiae* (Migne, PL 162, col. 847): "Fertur quod cervus, postquam serpentem deglutiverit, ad aquam currat, ut per haustum aquae venenum ejiciat; et tunc cornuam et pilos excutiat et sic denuo nova recipiat" ("Conta-se que o cervo, depois de engolir uma serpente, corre até a água e, tomando um gole dela, vomita fora o veneno. Em seguida, desfaz-se dos chifres e dos pelos, em lugar dos quais crescem novos"). Conta-nos o *Saint-Graal* (Santo Graal) [publicado por HUCHER. Vol. III, p. 219 e 224] que Cristo algumas vezes apareceu aos discípulos sob a forma de *cervo branco*, acompanhado de quatro leões (= evangelistas). Mercúrio é alegorizado pela Alquimia em forma de cervo (MANGET. *Bibliotheca Chemica*, II, tab. IX, fig. XIII, *et passim*), porque o cervo tem a capacidade de se renovar a si mesmo: "Les os du cuer serf vault moult conforter le cuer humain" [DELATTE. *Textes latins et vieux français relatifs aux Cyranides*, p. 346].

somente entre si (como aqui), mas também com elementos individuais isolados[10].

Se os sonhos produzem compensações tão essenciais, por que então eles não são compreensíveis? Esta questão me tem sido dirigida frequentemente. Devemos responder que o sonho é um acontecimento natural e que a natureza não está de modo algum disposta a oferecer seus frutos de certo modo gratuitamente aos homens, na medida de suas expectativas. Muitas vezes se objeta que a compensação pode permanecer ineficaz, se não se entende o sentido do sonho. Mas isto não é assim tão claro, porque há muitas coisas que atuam sem serem compreendidas. Mas nós podemos, sem dúvida, aumentar consideravelmente sua eficácia pela compreensão, e muitas vezes isto se revela necessário, porque a voz do inconsciente pode também não ser ouvida. "Quod natura relinquit imperfectum, ars perficit". ("O que a natureza deixa inacabado, a arte completa!") (diz um provérbio da Alquimia).

[560]

Voltando agora à forma dos sonhos, encontramos aí simplesmente de tudo: desde a impressão rápida e fugidia como o raio, até às infindáveis elucubrações oníricas. Há, contudo, uma predominância de sonhos "médios" nos quais é possível reconhecer uma certa estrutura, uma estrutura que tem alguma analogia com a do drama. O sonho começa, por exemplo, com uma *indicação de lugar*, como: "Vejo-me numa rua; é uma avenida" (1): ou "Acho-me num grande edifício que me lembra um hotel" (2) etc. Segue--se, muitas vezes, uma indicação referente aos personagens da ação: por exemplo: "'Saio a passear com meu amigo X em um parque público. Numa bifurcação me encontro, de

[561]

---

10. Quanto aos conceitos alquímicos utilizados nessa passagem, cf. *Psychologie und Alchemie* (*Psicologia e alquimia*) [OC, 12].

repente, com a Sra. F" (3); ou: "Estou sentado num compartimento da estrada de ferro em companhia de meu pai e minha mãe" (4); ou: "Estou de uniforme militar, cercado por numerosos camaradas de serviço" (5); etc. As indicações de tempo são mais raras. Chamo de *exposição* a esta fase do sonho. Ela indica o lugar da ação, os personagens que nela atuam e frequentemente a situação inicial.

[562]   A segunda fase é a do *desenvolvimento* da ação. Por exemplo: "Vejo-me numa rua; é uma avenida. Ao longe aparece um automóvel que se aproxima rapidamente. Sua maneira de movimentar-se é estranhamente insegura, e eu penso que o motorista deve estar embriagado" (1). Ou: "A Sra. F. parece muito excitada e quer me sussurrar rapidamente qualquer coisa que meu amigo não pode ouvir" (3). A situação se complica de uma forma ou de outra, e se estabelece uma certa tensão, porque não se sabe o que vai acontecer.

[563]   A terceira fase é a da *culminação* ou *peripécia*. Aqui acontece qualquer coisa de decisivo, ou a situação muda inteiramente. Por exemplo: "De repente sou *eu* que estou no carro e aparentemente sou *eu* mesmo o motorista embriagado. Mas não estou embriagado. Estou apenas estranhamente inseguro e como que sem a direção do carro. Não consigo mais controlar o carro e vou com ele de encontro a um muro com grande barulho" (1). Ou: "De repente a Sra. F. fica lívida como um cadáver e cai desmaiada no chão" (3).

[564]   A quarta e última fase é a *lise*, a *solução* ou o *resultado* produzido pelo trabalho do sonho. (Há certos sonhos em que falta a quarta fase, o que, em certas circunstâncias, pode representar um problema especial que não podemos discutir aqui.) Por exemplo: "Observo que a parte dianteira do carro ficou toda amassada. É um carro alheio, que eu desconheço. Eu próprio não estou ferido. Reflito com certa preocupação sobre minha responsabilidade" (1). Ou: "Pensamos que a

Sra. F. está morta. Mas trata-se, evidentemente, de um desmaio passageiro. Meu imigo X exclama: 'É preciso que eu vá buscar um médico'" (3). A última fase mostra-nos a situação final que é, ao mesmo tempo, o resultado "procurado". No sonho 1 é evidente que, depois de uma certa confusão de descontrole, surge uma nova consciência reflexa, ou, antes, deveria surgir, porque o sonho é compensador. No sonho 3 o resultado consiste na ideia de se aconselhar a assistência de uma terceira pessoa que seja competente.

O primeiro indivíduo (1) é um homem que perdeu um pouco a cabeça em circunstâncias familiares difíceis e receava que acontecesse o pior. O segundo sujeito (3) estava em dúvida quanto se devia ou não recorrer à ajuda de um psicoterapeuta para a sua neurose. Naturalmene estas indicações não constituem ainda a interpretação do sonho; elas apenas esboçam a situação inicial. Esta divisão em quatro fases pode ser aplicada, praticamente sem dificuldade especial, à maior parte dos sonhos, uma confirmação de que o sonho em geral tem uma estrutura "dramática". [565]

Como mostrei mais acima, o conteúdo essencial da ação onírica é uma espécie de compensação extremamente matizada de uma atitude unilateral errônea, desviada ou perturbada da consciência. Uma de minhas pacientes histéricas, uma aristocrata que se considerava, sem razão, uma pessoa infinitamente distinta, encontrava, em seus sonhos, uma série de vendedoras de peixe imundas e prostitutas embriagadas. Nos casos extremos, as compensações se tornam de tal modo ameaçadoras, que o medo e a angústia que elas suscitam levam à insônia. [566]

O sonho pode desmentir o sujeito com a maior crueldade ou reconfortá-lo moralmente de maneira aparentemente muito criadora. O primeiro caso ocorre frequentemente com pessoas que têm um conceito muito bom de si [567] mesmas, como a paciente há pouco mencionada; o segundo caso se dá com aquelas pessoas que se têm excessivamente na conta de humildes. No sonho pode acontecer, porém, não só que o orgulho seja humilhado, mas elevado a uma posição de eminência inverossímil que roça pelo ridículo, enquanto que o humilde pode ser rebaixado também de maneira inverossímil (*to rub it in*, como dizem os ingleses).

[568]   Muitas pessoas que têm algumas noções, porém insuficientes, a respeito dos sonhos e sua significação, quando se acham sob a impressão de certas compensações refinadas e aparentemente intencionais, incidem facilmente no preconceito de que o sonho tem realmente um objetivo moral que o sonho previne, repreende, consola, prediz etc. Persuadidas da onisciência do inconsciente, elas facilmente transferem para os sonhos a iniciativa de tomar as decisões necessárias e ficam decepcionadas quando verificam que os sonhos se tornam cada vez mais insignificantes. A experiência me tem mostrado que, quando se tem algum conhecimento da psicologia dos sonhos, é-se facilmente tentado a superestimar o papel do inconsciente, o que prejudica a força da determinação consciente. Entretanto, o inconsciente só funciona satisfatoriamente quando a consciência cumpre a sua tarefa até o limite do impossível. Um sonho pode, então, suprir o que ainda falta ou vir em nosso socorro, quando os nossos melhores esforços falharam. Se o inconsciente fosse efetivamente superior à consciência, seria simplesmente difícil ver em que consiste afinal a utilidade do inconsciente, ou por que motivo o fenômeno da consciência surgiu no transcurso da evolução filogenética como um elemento necessário. Se se tratasse apenas de um *lusus naturae* (um jogo da natureza), o fato de um indivíduo saber que o mundo existe, e ele também, não teria nenhuma significação. De qualquer modo, esta opinião é difícil de assimilar, e por razões

psicológicas melhor seria evitar de colocá-la em evidência, mesmo sendo verdadeira, o que, felizmente, jamais conseguiremos demonstrar (como, aliás, também o seu oposto). Esta questão pertence ao domínio da metafísica, domínio em que não existem critérios de verdade. Entretanto, não pretendo absolutamente subestimar o fato de que as considerações metafísicas são da maior importância para o bem-estar da alma humana.

Ao estudar a psicologia do sonho, deparamo-nos com problemas filosóficos e mesmo religiosos de alcance extraordinário, problemas para cuja compreensão o fenômeno dos sonhos trouxe contribuições decisivas. Não podemos, contudo, vangloriar-nos de possuir, desde agora, uma teoria ou uma explicação universalmente satisfatória para estes fatos tão difíceis de compreender. Ainda não conhecemos suficientemente a natureza da psique inconsciente. Neste domínio, é preciso realizar, com paciência e sem preconceitos, um imenso trabalho, ao qual ninguém recusará sua contribuição. O objetivo da pesquisa não é fazer-nos acreditar que estamos de posse da única teoria correta, mas de nos levar gradualmente à verdade, pondo em dúvida todas as teorias.

[569]

III

A aplicação prática da análise dos sonhos

A aplicação prática da análise dos sonhos[1]

A aplicação terapêutica da análise dos sonhos é um tema ainda muito controvertido. Muitos consideram a análise dos sonhos indispensável no tratamento clínico das neuroses e conferem ao sonho uma função de importância psíquica equivalente à da consciência. Outros, ao contrário, contestam a validade da análise dos sonhos, reduzindo-os a um derivado psíquico insignificante. Não é preciso dizer que todo aquele que considera o papel do inconsciente como decisivo na etiologia da neurose também atribua ao sonho, enquanto expressão direta desse inconsciente, um significado prático fundamental. Da mesma forma, é óbvio que quem nega o inconsciente ou, pelo menos, o considera inexpressivo do ponto de vista etiológico, também declare dispensável a análise dos sonhos. Pois bem, estamos no ano do Senhor de 1931. Há bem mais de meio século, Carus formulava o conceito de um inconsciente; há mais de século, Kant falava no "campo incomensurável das ideias obscuras"; e há uns 200 anos, Leibniz postulava um inconsciente anímico, para não falar dos trabalhos de um Janet, Flournoy e tantos outros. Depois de tudo isso, pode, no mínimo, ser considerado deplorável que a realidade do inconsciente ainda

[294]

---

1. Comunicação feita no Congresso da Sociedade Médica Geral de Psicoterapia, Dresden 1931, publicada no Relatório do Congresso e em *Wirklichkeit der Seele* (Realidade da alma). 3. ed., 1947, p. 68s.

seja objeto de controvérsia. Não quero fazer a apologia do inconsciente, já que estamos tratando aqui de uma questão exclusivamente prática, muito embora o nosso problema específico da análise dos sonhos não subsista sem a hipótese do inconsciente. Sem ela, o sonho não passa de um *lusus naturae*, de um conglomerado sem sentido de fragmentos de sobras do dia. Se assim fosse, nem se justificaria uma discussão sobre a possibilidade de aplicar ou não a análise dos sonhos em terapia. Seja como for, o debate deste tema só é possível na base do reconhecimento do inconsciente, porquanto o objetivo da análise dos sonhos não é um exercício intelectual qualquer, mas a descoberta e a conscientização de conteúdos até então inconscientes, considerados de grande interesse para a explicação ou o tratamento de uma neurose. Para os que consideram a hipótese inaceitável, a questão da utilização da análise dos sonhos também deixa de existir.

[295] Fundamentados em nossa hipótese de que o inconsciente tem importância na etiologia e de que os sonhos são expressão direta da atividade psíquica inconsciente, a tentativa de analisar e interpretar os sonhos é, para começar, um empreendimento teoricamente justificável do ponto de vista científico. Na medida em que é bem-sucedida, esta tentativa pode oferecer-nos, de início, uma compreensão científica da estrutura da etiologia psíquica, independentemente de uma eventual ação terapêutica. Mas, como as descobertas científicas devem ser encaradas pelo clínico no máximo, como um produto secundário – ainda que desejável – da atividade terapêutica, a possibilidade de uma radiografia meramente teórica do fundo etiológico não pode ser considerada motivo suficiente e muito menos prescrição para a aplicação clínica da análise do sonho, a não ser que o médico espere dessa radiografia um efeito terapêutico. Nes-

te último caso, recorrer à análise do sonho torna-se para ele um dever profissional. Como se sabe, a radiografia e a explicação, isto é, a plena tomada de consciência dos fatores etiológicos inconscientes, são tidos como altamente importantes terapeuticamente pela escola freudiana.

Partamos do ponto de vista de que os fatos justificam tal expectativa. Neste caso, só nos resta saber se a análise dos sonhos é apropriada ou não se presta de maneira alguma à descoberta da etiologia inconsciente, e, em caso afirmativo, se ela o é exclusiva ou relativamente, isto é, combinada com outros métodos. Acho que posso partir do pressuposto de que todos conhecem a opinião de Freud. Quanto a mim, posso confirmar este seu ponto de vista, uma vez que existem sonhos, sobretudo na fase inicial do tratamento, que trazem à luz, inconfundivelmente muitas vezes, o fator etiológico essencial. Que o seguinte exemplo possa ilustrar o que acabo de dizer: [296]

Um executivo que ocupava um cargo de alta responsabilidade veio consultar-me. Sofria de ansiedade, insegurança, tonturas e, por vezes, até de vômitos, atordoamento, dispneia; enfim, queixava-se de um estado em tudo semelhante ao do mal de montanha. A carreira deste meu cliente havia sido extraordinariamente brilhante. Começara como filho esforçado de um agricultor sem posses. Graças a seu talento e esforço, foi subindo gradativamente a uma posição de liderança, com excepcionais perspectivas de uma ascensão social ainda maior. Havia, de fato, atingido o patamar, a partir do qual poderia alçar voo, não fosse, de repente, essa neurose. Neste ponto do relato, o paciente não pôde deixar de pronunciar aquela frase que sempre começa com o estereótipo: "E justamente agora, que..." etc. A sintomatologia do mal de montanha parece particularmente apropriada para representar drasticamente a situação peculiar do pa- [297]

ciente. Este aproveitou a consulta para contar dois sonhos que tivera na noite anterior. O primeiro sonho era o seguinte: "*Tinha voltado à aldeia em que nasci. Vejo alguns rapazes, filhos de camponeses, daqueles que iam à escola comigo. Estão reunidos em grupo no meio da rua. Faço de conta que não os conheço e passo por eles sem olhar. Ouço, então, um deles dizer, apontando em minha direção: 'Esse aí também não tem aparecido muito aqui na aldeia*".

[298] Não são necessárias grandes acrobacias interpretativas para perceber que o sonho aponta para a situação humilde do início de sua carreira, e que o significado dessa alusão deve ser: "*Você se esquece de que começou lá embaixo*".

[299] O segundo sonho diz: "*Estou de partida para uma viagem e com uma pressa enorme. Ainda estou catando as coisas para arrumar a mala e não acho nada. Estou em cima da hora. O trem vai partir daqui a pouco. Por fim consigo juntar tudo, me precipito para a rua, percebo que esqueci uma pasta importante de documentos, corro de volta, já quase sem fôlego; por fim consigo encontrá-la. Corro em direção à estação, mas quase não consigo avançar. Num derradeiro esforço, alcanço a plataforma, mas só para ver o trem, compridíssimo, saindo da estação e entrando numa curva esquisita em forma de S. Penso comigo mesmo que se o maquinista não prestar atenção e acelerar demais, o trem vai descarrilhar no momento em que arrancar a todo vapor e entrar na reta, pois os últimos carros ainda estarão na curva. Dito e feito, o maquinista arranca a todo vapor. Tento gritar, mas vejo os últimos vagões sendo sacudidos terrivelmente de um lado para outro até serem lançados fora dos trilhos. É uma catástrofe horrível. Acordo amedrontado*".

[300] Neste sonho também não é preciso esforçar-se demais para compreender o que ele representa: no começo, a pressa neurótica e inútil no desejo de progredir cada vez mais. Como o maquinista lá na frente continua avançando sem a

menor consideração, na rabeira forma-se a neurose, a vacilação e o descarrilhamento.

Pelo visto, a vida do paciente atingiu seu ponto culminante na fase atual. Sua procedência humilde e o esforço dispendido na demorada ascensão esgotaram-lhe as forças. Deveria dar-se por satisfeito com o que já conseguiu, mas ao invés disso a ambição o impele a prosseguir e subir mais. O ar rarefeito dessas regiões não lhe convém. A neurose se instala para pô-lo de sobreaviso. [301]

Por motivo de força maior, não pude continuar o tratamento do paciente. Além disso, minha interpretação não lhe agradou. O destino esboçado nesse sonho seguiu, portanto, o seu curso. Tentou ambiciosamente aproveitar-se das chances oferecidas. Descarrilhou, então, profissionalmente, por completo, e a catástrofe tornou-se realidade. [302]

O que a anamnese consciente apenas deixava entrever, ou seja, que o mal de montanha devia representar simbolicamente que ele não tinha condições de subir mais, era confirmado pelos sonhos como sendo realidade. [303]

Aqui deparamos um fato extremamente importante para a tese da aplicação da análise dos sonhos: o sonho retrata a situação interna do sonhador, cuja verdade e realidade o consciente reluta em aceitar ou não aceita de todo. Conscientemente, ele não vê o menor motivo para não prosseguir. Muito pelo contrário: a ambição o impele para cima. Ele se recusa a enxergar a própria incapacidade, a qual, mais tarde, ficou patente com o desenrolar dos acontecimentos. Na esfera da consciência sempre ficamos inseguros, em semelhantes casos. Sua anamnese pode ser avaliada ou desta ou daquela maneira. Afinal de contas, o soldado raso também pode estar carregando o bastão do marechal dentro de sua mochila, e muito filho de pais pobres já alcançou êxitos fantásticos. Por que seria diferente neste caso? Eu também [304] posso estar enganado. Por que o meu modo de ver seria melhor que o dele? Mas aqui entra o sonho, como expressão de um processo psíquico inconsciente, alheio à vontade e longe do controle da consciência. Este sonho representa a verdade e a realidade interiores, exatamente como elas são. Não porque eu suponha que assim seja, nem porque o sonhador gostaria que assim fosse, mas simplesmente *porque é assim*. Por este motivo, tenho por norma considerar os sonhos de maneira exatamente igual à de uma manifestação fisiológica, ou seja: se um exame de urina acusar um elevado teor de açúcar, isso quer dizer que a urina está com açúcar e não com albumina ou urobilina ou qualquer outra substância, que talvez corresponda melhor às minhas expectativas. Concebo, portanto, o sonho como uma realidade utilizável no diagnóstico.

[305] Como sempre acontece com os sonhos, este nosso pequeno exemplo acabou dando-nos mais que o esperado. Deu-nos não só a etiologia da neurose, como também um prognóstico; e mais ainda, através dele sabemos até de imediato por onde começar a terapia: é necessário impedir que o paciente arranque a todo vapor. Afinal, é isso que ele próprio está se dizendo no sonho.

[306] Contentemo-nos, por enquanto, com este dado, e voltemos à nossa reflexão sobre se os sonhos se prestam ou não para o esclarecimento da etiologia de uma neurose. O exemplo acima é um caso positivo neste sentido. Contudo, poderíamos enumerar uma infinidade de sonhos de início de terapia em que não se percebe nem sombra de fator etiológico, mesmo em se tratando de sonhos do tipo transparente. Quero deixar de lado, por enquanto, os sonhos que exigem uma análise e interpretação mais profundas.

[307] Como se sabe, existem neuroses, cuja etiologia verdadeira transparece apenas no final do tratamento, e outras,

em que a etiologia é mais ou menos insignificante. Voltando à hipótese levantada no início, de que a conscientização do fator etiológico é terapeuticamente indispensável, vemos, por aí, que ela ainda está contaminada pela teoria do trauma. Não nego o fato de que muitas neuroses são traumatógenas, apenas me recuso a aceitar que todas as neuroses sejam provocadas por traumas, no sentido de experiências determinantes na infância. Esta maneira de ver condiciona uma atitude do médico essencialmente causalista e com a atenção voltada para o passado, o que faz com que ele sempre se pergunte *por que*, sem se preocupar com o *para que*, tão importante um quanto o outro. Não raro, isso até prejudica o paciente, por obrigá-lo a procurar um acontecimento de sua infância impossível de encontrar. E pode levar anos nisso, descuidando visivelmente de outros aspectos de interesse imediato. A visão meramente causalista é demasiado acanhada e não leva em conta a essência do sonho, nem a da neurose. Ver no sonho unicamente uma possibilidade de descobrir o fator etiológico é colocar a questão de forma preconceituosa, e esquecer o principal da função do sonho. Nosso exemplo serve justamente para mostrar que a etiologia se destaca claramente, mas que também é dado um prognóstico ou antecipação, além de uma orientação para a terapia. Além disso, existem os numerosos sonhos de início de terapia que nem tocam na etiologia, mas sim em questões bem diferentes, como, por exemplo, o relacionamento com o médico. Para ilustrá-lo, vou relatar três sonhos que uma mesma paciente teve ao iniciar sua terapia com três analistas diferentes. Primeiro sonho: "*Tinha que atravessar a fronteira do país; não encontro essa fronteira em parte alguma e ninguém é capaz de me dizer onde fica*".

Este tratamento foi interrompido pouco depois de iniciado, por não ter dado resultado algum. Segundo sonho:

[308]

"*Tinha que atravessar a fronteira. A noite está escura e não consigo encontrar a alfândega. Depois de procurar por muito tempo, descubro uma luzinha a grande distância e presumo que a fronteira é ali. Mas, para chegar até lá, tenho que atravessar um vale e uma floresta muito escura. Nisso perco o meu rumo. Percebo então a presença de alguém. Esta pessoa me agarra, de repente, feito doida. Acordo amedrontada*".

[309] Este tratamento foi interrompido. Não durou mais que umas poucas semanas, por ter ocorrido uma identificação inconsciente entre o analista e a analisanda, o que provocou a sua total desorientação.

[310] O terceiro sonho foi no início do tratamento comigo: "*Tenho que atravessar uma fronteira. Aliás, já me encontro do outro lado, dentro do edifício da alfândega suíça. Estou apenas com uma bolsa e acredito que nada tenho a pagar. Acontece que o funcionário da alfândega mete sua mão dentro da minha bolsa e, para maior espanto meu, tira de dentro dois colchões inteiros*".

[311] A paciente casou-se durante o tratamento comigo. Antes de começar, tinha as maiores resistências ao casamento. A etiologia das resistências neuróticas só se tornou visível vários meses depois. Nesses sonhos iniciais não havia referência a ela. Os mesmos eram antecipações e previam as dificuldades que encontraria com cada um dos terapeutas.

[312] Que estes sonhos sirvam para mostrar que muitas vezes eles são antecipações e que, se são observados por um enfoque puramente causalista, podem perder seu verdadeiro sentido. Eles dão uma informação inequívoca sobre a situação analítica, que, quando captada corretamente, pode ser do maior valor terapêutico. O médico n. 1, ao identificar corretamente a situação, encaminhou a paciente ao médico n. 2. Nesta segunda tentativa, a paciente tirou suas próprias

conclusões do sonho e resolveu deixá-lo. Devo dizer que a minha interpretação a decepcionou, mas o fato de que, no sonho, ela já havia atravessado a fronteira, ajudou-a decisivamente a perseverar, apesar de todas as dificuldades.

Muitas vezes, os sonhos iniciais são de uma clareza e transparência espantosas. Mas à medida que a análise progride, os sonhos perdem essa clareza. Se esta persiste, e isso pode ocorrer excepcionalmente, é sinal de que a análise não chegou ainda a uma parte essencial da personalidade. Em geral, os sonhos tornam-se menos transparentes e mais confusos logo após o início do tratamento, o que dificulta sobremaneira a sua interpretação. Tais dificuldades também aumentam, porque eventualmente se atinge logo o estágio em que o médico perde a visão global da situação. Isto é comprovado pelos sonhos que se tornam menos claros, o que, como é sabido, é uma constatação inteiramente subjetiva (por parte do médico). Nada é pouco claro quando há compreensão; só as coisas que não se entendem é que parecem obscuras e complicadas. Em si, os sonhos são claros, isto é, eles são exatamente como devem ser, nas condições do momento. Pode acontecer que, numa fase posterior da análise, ou mesmo anos depois, se olhe para trás, para estes sonhos, e se ponha as mãos na cabeça, perguntando como podíamos ter sido tão cegos naquela época. Se, com o progredir da análise, nos deparamos com sonhos que, comparados aos sonhos luminosos do início, nos parecem sensivelmente obscuros, o médico não deve culpar a confusão dos sonhos, nem as resistências intencionais do paciente, mas deve entendê-lo como um indício de que a sua compreensão está começando a se tornar insuficiente. Do mesmo modo, um psiquiatra, em vez de declarar que um paciente é confuso, deveria admitir sua própria confusão e reconhecer nisso uma projeção. O que está ocorrendo, na

[313]

realidade, é que o comportamento estranho do doente o está perturbando em sua compreensão. Além disso, do ponto de vista terapêutico, é extremamente importante que a sua não compreensão seja admitida a tempo, pois nada é menos conveniente para o paciente do que ser compreendido o tempo todo. De qualquer maneira, ele confia no saber misterioso do médico (e este se deixa enganar por sua vaidade profissional), e se instala formalmente nessa "profunda" e autoconfiante compreensão do médico, perdendo assim todo senso da realidade. Essa é uma das causas fundamentais da transferência obstinada e da protelação da cura.

[314] Como se sabe, compreender é um processo subjetivo. Pode ser unilateral, no sentido de o médico compreender e o paciente não. O médico acha-se então no dever de convencer o paciente. Se este não se deixar convencer, o médico poderá repreendê-lo por estar resistindo. Nos casos em que a compreensão é unilateral, eu diria tranquilamente que se trata de uma não compreensão; no fundo, não importa que o médico compreenda, pois tudo vai depender da compreensão do paciente. A compreensão deveria ser estabelecida *por consenso*, por um consenso que seja fruto da reflexão conjunta. O perigo da compreensão unilateral reside no fato de que o médico, partindo de uma opinião preconcebida, avalie o sonho de modo a fazê-lo corresponder à ortodoxia de alguma teoria, que no fundo pode até estar correta. Mas assim não se chega a um livre-consenso com o paciente. Logo, a sua interpretação será praticamente falha. Falha também por antecipar o desenvolvimento do paciente, o que o paralisa. O paciente não deve ser instruído acerca de uma verdade. Se assim fizermos, estaremos nos dirigindo apenas à sua cabeça. Ele tem que evoluir para esta verdade. Assim atingiremos o seu coração. Isso o toca mais fundo e age mais intensamente.

Se a interpretação unilateral do médico estiver apenas concordando com alguma teoria ou opinião preconcebida, o eventual assentimento do paciente, ou um certo êxito terapêutico, estarão essencialmente baseados na *sugestão*, e poderão ser puramente ilusórios. O efeito da sugestão, em si, não é condenável, porém o seu êxito tem as limitações que conhecemos. Além disso, tem efeitos colaterais sobre a autonomia do caráter do paciente. Por isso é recomendável prescindir-se dela em tratamentos prolongados. Quem se dedica ao tratamento analítico, acredita, implicitamente, no sentido e no valor da tomada de consciência, que faz com que partes, até então inconscientes da personalidade, sejam submetidas à opção e à crítica conscientes. O paciente é assim colocado diante dos problemas, e incentivado a dar a sua opinião e a tomar decisões conscientemente. Este procedimento significa nada menos do que uma provocação direta da função ética do paciente, chamado assim a reagir com a personalidade inteira. Do ponto de vista do amadurecimento da personalidade, o trabalho analítico situa-se em plano consideravelmente superior ao da sugestão, pois esta é uma espécie de recurso mágico atuando no escuro e sem nenhuma exigência ética à personalidade. A sugestão é sempre ilusória e apenas uma medida de emergência, devendo ser evitada na medida do possível, por ser incompatível com o princípio do tratamento analítico. É natural que só pode ser evitada, quando o médico toma consciência da possibilidade de ela ocorrer, pois sempre sobram demasiadas influências sugestivas inconscientes. [315]

Quem quiser evitar a sugestão consciente deve considerar que uma interpretação de sonho não tem valor enquanto não for encontrada a fórmula que implica o consenso do paciente. [316]

[317]   Observar estas regras básicas me parece fundamental, quando se lida com sonhos, que por sua obscuridade anunciam a não compreensão tanto do médico como do paciente. Tais sonhos deveriam ser sempre considerados pelo médico como novidade, como uma informação sobre condições de natureza desconhecida, a respeito das quais tem tanto a aprender quanto o paciente. É evidente que, nestes casos, o médico deveria renunciar a todo e qualquer pressuposto teórico e se dispor a descobrir uma teoria do sonho inteiramente nova para cada caso, pois neste particular abre-se um campo incomensurável ao trabalho pioneiro. O ponto de vista de que os sonhos são mera satisfação de desejos reprimidos já está superado há muito tempo. Sonhos representando claramente receios ou desejos realizados também existem, não resta a menor dúvida, mas não são os únicos. Há muitos outros. Por exemplo, os sonhos podem exprimir verdades implacáveis, sentenças filosóficas, ilusões, desenfreadas fantasias, recordações, planos, antecipações, e até visões telepáticas, experiências irracionais e sabe Deus o que mais. Não podemos deixar de lembrar que passamos quase a metade de nossa vida em estado mais ou menos inconsciente. O modo específico de o inconsciente se comunicar com a consciência é o sonho. Da mesma forma que a alma tem seu lado diurno, que é a consciência, ela também tem o seu lado noturno, seu funcionamento psíquico inconsciente, que poderia ser concebido como o fantasiar onírico. Assim como não existem apenas desejos e medos no consciente, mas uma infinidade de outras coisas, também é sumamente provável que a nossa alma onírica tenha uma riqueza semelhante de conteúdos e formas de vida ou, quem sabe, muito superiores às da vida consciente, cuja natureza é essencialmente concentração, limitação e exclusão.

[318]   Nestas circunstâncias não só se justifica, mas é até obrigatório que não se restrinja o sentido de um sonho pela

doutrina. É que temos que saber que muitos sonhadores imitam em seus sonhos até o jargão técnico ou teórico do médico, segundo o velho ditado: "Canis panem somniat, piscator pisces" (O cão sonha com o pão e o pescador com o peixe). O que não quer dizer que os peixes com que sonha o pescador sejam sempre apenas peixes. Não existe linguagem alguma de que não se possa abusar. É fácil imaginar como isso pode induzir-nos em erro. Aliás, até parece que o inconsciente tem uma certa tendência a enroscar o médico em sua própria teoria, a ponto de asfixiá-lo. Por isso, quando se trata de analisar sonhos, costumo prescindir da teoria, toda vez em que isso é possível. Não posso abrir mão dela totalmente, porque um pouco de teoria sempre é necessário à clara apreensão das coisas. Ora, a expectativa de que um sonho tenha um sentido é teórica. É que nem sempre podemos prová-lo estritamente, pois existem sonhos que simplesmente não são compreendidos nem pelo médico, nem pelo paciente. No entanto, é indispensável que eu me baseie numa tal hipótese, para me dar coragem de lidar com esse material onírico. Outra teoria determina que um sonho tem que acrescentar algo de essencial à apreensão consciente; e, consequentemente, aquele que não o fizer está mal interpretado. Esta é outra hipótese que tenho que levantar, se eu me quiser explicar os motivos que afinal de contas me levam a analisar sonhos. Todas as demais hipóteses, porém, como as que dizem respeito à função e à estrutura do sonho, por exemplo, não passam de regras operacionais e têm que estar abertas à constante introdução de modificações. Neste trabalho, em momento algum, podemos perder de vista que o terreno em que pisamos é traiçoeiro e que nele a única coisa certa é a incerteza. Temos quase vontade de alertar o intérprete de sonhos: "Não queira entender!", para que não seja precipitado em suas interpretações.

[319]   No sonho obscuro, sem transparência, não se trata de entender primeiro e de interpretar, mas sim, de lhe compor o contexto cuidadosamente. Não quero dizer com isso que a partir das imagens oníricas seja permitido fazer "livremente associações", sem fim, mas sim que se deve ir focalizando consciente e cautelosamente aqueles elos associativos, objetivamente agrupados em torno de uma imagem onírica. Muitos pacientes têm que ser educados antes de poderem enfrentar este trabalho, pois, assim como o médico, eles também têm uma tendência irresistível a querer entender imediatamente e interpretar, sobretudo quando foram preparados, ou deformados por leituras ou uma análise anterior malfeita. Por isso, vão logo fazendo associações teóricas, para compreender e interpretar, e podem até ficar entalados nisso. De certa forma, eles querem, como o médico, descobrir logo o que há por trás do sonho, na suposição errônea de que o mesmo seja uma mera fachada a encobrir o verdadeiro sentido. Pois bem, na maioria das casas, a fachada não está aí para iludir ou disfarçar, mas corresponde ao seu interior e muitas vezes até o revela abertamente. Assim também a imagem manifesta do sonho é o próprio sonho e contém o sentido por inteiro. Quando encontro açúcar na urina, é açúcar mesmo, e não uma fachada, um disfarce para albumina. O que Freud chama de "fachada do sonho" é a sua não transparência, que, na realidade, não passa de uma projeção de quem não compreende; só se fala em fachada do sonho, porque não se consegue apreender-lhe o sentido. Seria preferível compará-lo a algo como um texto incompreensível, que não tem fachada alguma, mas que simplesmente não conseguimos ler. Sendo assim, também não temos que interpretar o que poderia existir por trás, apenas temos que aprender a lê-lo primeiro.

Isto se consegue melhor, como já disse, montando o contexto. Não atinjo o meu objetivo mediante a "associação livre", do mesmo modo que esta também não me ajudaria a decifrar uma inscrição hitita, por exemplo. Através dela, descobrirei naturalmente todos os meus complexos. Mas para isto não preciso dos sonhos. Basta uma placa de proibição ou uma frase qualquer de jornal. As associações livres nos fazem descobrir os complexos, mas, raramente, o sentido de um sonho. Para compreender o sentido de um sonho tenho que me ater tão fielmente quanto possível à imagem onírica. Se alguém sonha com uma mesa de pinho, por exemplo, não basta associar-lhe a sua escrivaninha, pela simples razão de que ela não é de pinho. O sonho se refere expressamente a uma mesa de pinho. Suponhamos que nada mais ocorra ao sonhador com relação a isto. Este empacar tem um significado objetivo, pois indica que a imagem onírica está cercada por uma zona especialmente obscura; o divagar, nestes casos, é uma grande tentação. Naturalmente, haveria dezenas de associações possíveis com uma mesa de pinho. O fato, porém, de não lhe ocorrer nenhuma é significativo. Num caso destes, volta-se à imagem novamente e, quanto a mim, costumo dizer aos meus pacientes: "Suponhamos que eu não tenha a menor ideia do que significam estas palavras: 'mesa de pinho'. Por favor, descreva-me o objeto em todos os seus detalhes e diga-me tudo o que sabe a respeito, inclusive de seu aspecto científico, até eu entender de que objeto se trata".

[320]

Procedendo desta maneira, conseguiremos verificar mais ou menos o contexto global da imagem onírica. Só depois de repetir o mesmo com todas as imagens do sonho é que podemos arriscar-nos a iniciar a sua interpretação.

[321]

Toda interpretação é uma mera hipótese, apenas uma tentativa de ler um texto desconhecido. É extremamente

[322]

raro que um sonho isolado e obscuro possa ser interpretado com razoável segurança. Por este motivo, dou pouca importância à interpretação de um sonho isolado. A interpretação só adquire uma relativa segurança numa *série de sonhos*, em que os sonhos posteriores vão corrigindo as incorreções cometidas nas interpretações anteriores. Também é na série de sonhos que conteúdos e motivos básicos são reconhecidos com maior clareza. Por isso insisto em que meus pacientes façam um cuidadoso registro dos seus sonhos e interpretações. Oriento-os igualmente sobre a preparação do sonho, para que o tragam à sessão por escrito, juntamente com o material referente ao seu contexto. Em estágios mais avançados, também permito que elaborem a interpretação. Assim, o paciente aprende a lidar corretamente com seu inconsciente, mesmo sem o médico.

[323] Se os sonhos não passassem de fonte de informações sobre os momentos importantes do ponto de vista etiológico, poderíamos deixar tranquilamente toda a elaboração do mesmo nas mãos do médico. Ou então, se o médico utilizasse os sonhos apenas para obter deles um certo número de dados úteis ou *insights* psicológicos, todo este meu procedimento seria certamente desnecessário. No entanto, os sonhos podem ser mais do que meros instrumentos de trabalho a serviço do médico, como mostram os exemplos acima. Assim sendo, a análise dos sonhos merece uma atenção toda especial: muitas vezes, um sonho pode até avisar que uma vida está correndo perigo. Dos inúmeros sonhos deste tipo, um me impressionou particularmente. Trata-se de um médico, colega meu, um pouco mais velho. Em nossos encontros ocasionais, sempre caçoava da minha "mania" de interpretar sonhos. Um dia encontrei-o na rua. Já veio falando alto: "Como é, ainda não se cansou de interpretar sonhos? Ah! e por falar nisso, dias atrás, tive um sonho idio-

ta. Será que ele quer dizer alguma coisa?" Ali mesmo ele me contou o sonho: "*Eu estava escalando uma montanha muito alta, por um lado íngreme, coberto de neve. Vou subindo cada vez mais alto. O tempo está maravilhoso. Quanto mais subo, mais me sinto bem. Tenho a sensação de que seria bom se eu pudesse continuar subindo assim, eternamente. Chegando ao pico, uma sensação de felicidade e arrebatamento me invade; esta sensação é tão forte, que tenho a impressão de que poderia subir ainda mais e entrar no espaço cósmico. E é o que faço. Subo no ar. Acordo em estado de êxtase*".

Respondi: "Caro colega, sei perfeitamente que nada no mundo o faria abandonar o alpinismo, mas quero pedir-lhe insistentemente que, a partir de hoje, renuncie a escalar sozinho. Vá com dois guias e dê sua palavra de honra de que lhes obedecerá em tudo". Rindo, ele disse: "É incorrigível mesmo!", e despediu-se. Nunca mais o vi. Dois meses depois, sofreu o primeiro acidente. Estava desacompanhado. Foi soterrado por uma avalancha, mas no último momento foi salvo por uma patrulha militar, que casualmente se encontrava por perto. Três meses depois, o acidente foi fatal. Numa expedição sem guia, com um amigo mais jovem, já na descida, deu literalmente um passo em falso num rochedo a pique, e foi cair sobre a cabeça do amigo, que por ele esperava uns lances abaixo. Ambos rolaram juntos para o precipício, despedaçando-se no fundo. A cena foi presenciada por um guia que se encontrava mais embaixo. Foi este o êxtase em sua plenitude[2]. [325]

Mesmo com o maior ceticismo e espírito crítico, nunca consegui considerar os sonhos como *quantité négligeable*. Quando eles nos parecem um disparate, somos nós os desarrazoados, desprovidos de acuidade de percepção, incapazes de

[324]

---

2. [Este sonho é analisado mas detalhadamente em "A importância da psicologia analítica para a educação". – EDITORES].

decifrar os enigmas da mensagem do nosso lado noturno. Isso deveria estimular, porém, a psicologia médica a desenvolver a sua acuidade de percepção, mediante um trabalho sistemático com sonhos, pois pelo menos a metade de nossa vida psíquica se desenvolve naquele lado noturno. Da mesma maneira que a consciência se infiltra noite adentro, o inconsciente também permeia a nossa vida diurna. Ninguém duvida da importância do vivido conscientemente. Então, por que duvidar da importância daquilo que se passa no inconsciente? Ele *também* é parte da nossa vida. Uma parte talvez até maior, mais perigosa ou útil que a nossa vida consciente.

[326] Uma vez que os sonhos nos dão informações sobre a vida interior, oculta e nos desvendam componentes da personalidade do paciente, que na vida diurna se exprimem apenas por sintomas neuróticos, não se pode realmente tratar o paciente unicamente por e em seu lado consciente, mas é necessário tratá-lo também em sua parte inconsciente. No pé em que está a ciência atualmente, não vemos outra possibilidade de fazê-lo, a não ser integrando amplamente os conteúdos inconscientes à consciência, através da assimilação.

[327] Entende-se por *assimilação*, neste caso, uma interpenetração recíproca de conteúdos conscientes e inconscientes. Não uma avaliação unilateral, uma reinterpretação ou uma distorção dos conteúdos inconscientes pelo consciente, como se costuma pensar e, inclusive, praticar. Existem opiniões totalmente errôneas neste sentido quanto ao valor e ao significado dos conteúdos inconscientes. Como é sabido, na concepção de Freud, o inconsciente é encarado por um prisma totalmente negativo, da mesma forma que, nesta escola, o homem primitivo é visto mais ou menos como um monstro. As histórias da carochinha sobre o terrível homem primitivo, aliadas aos ensinamentos sobre o inconsciente

infantil perverso e criminoso, conseguiram fazer com que essa coisa natural que é o inconsciente aparecesse como um monstro perigoso. Como se tudo o que há de belo, bom e sensato, como se tudo aquilo que torna a vida digna de ser vivida, habitasse a consciência! Será que a guerra mundial e seus horrores ainda não nos abriram os olhos? Será que ainda não percebemos que a nossa consciência é mais diabólica e mais perversa do que esse ser da natureza que é o inconsciente?

Recentemente, atacaram a minha teoria da assimilação [328] do inconsciente, argumentando que ela solapava a cultura e abria mão dos nossos maiores valores a favor do primitivismo. Tal opinião só pode encontrar apoio no pressuposto totalmente errôneo de que o inconsciente é um monstro. Ela tem sua origem no medo da natureza, no medo de ver a realidade tal como ela é. A teoria freudiana inventou o conceito da sublimação, com o objetivo de salvar-nos das garras imaginárias do inconsciente. O que existe como tal não pode ser sublimado alquimicamente e o que aparentemente é sublimado nunca foi o que a falsa interpretação fazia supor.

O inconsciente não é um monstro demoníaco. Apenas, [329] uma entidade da natureza, indiferente do ponto de vista moral e intelectual, que só se torna realmente perigosa quando a nossa atitude consciente frente a ela for desesperadamente inadequada. O perigo do inconsciente cresce na mesma proporção de sua repressão. No entanto, no momento em que o paciente começa a assimilar-lhe os conteúdos, a sua periculosidade também diminui. À medida que a assimilação progride, também vai sendo suprimida a dissociação da personalidade, a ansiedade da separação entre o lado diurno e noturno. O receio de quem me critica, de que o consciente seja absorvido pelo inconsciente, torna-se real, justamente

149

quando o inconsciente é impedido de participar da vida devido à repressão, à interpretação errônea e à sua desvalorização.

[330]   O engano fundamental a respeito da natureza do inconsciente é provavelmente a crença generalizada de que os seus conteúdos são unívocos e providos de sinais imutáveis. Na minha modesta opinião, esta maneira de ver é ingênua demais. A alma, por ser um sistema de autorregulação, tal como o corpo, equilibra sua vida. Todos os processos excessivos desencadeiam imediata e obrigatoriamente suas compensações. Sem estas, não haveria nem metabolismos, nem psiques normais. Podemos afirmar que a *teoria das compensações* é a regra básica, neste sentido, do comportamento psíquico em geral. O que falta de um lado, cria um excesso do outro. Da mesma forma, a relação entre o consciente e o inconsciente também é compensatória. Esta é uma das regras operatórias mais bem comprovadas na interpretação dos sonhos. Sempre é útil perguntar, quando se interpreta clinicamente um sonho: que atitude consciente é compensada pelo sonho?

[331]   Via de regra, a compensação não é apenas uma ilusória satisfação de desejo, mas uma realidade tanto mais real quanto mais reprimida. Todos sabem que não se acaba com a sede reprimindo-a. Por isso, o primeiro a fazer é aceitar o conteúdo do sonho como uma realidade e acolhê-lo, como tal, na atitude consciente como um fator codeterminante. Se não o fizermos, insistiremos naquela atitude consciente excêntrica, que foi a causa, justamente, da compensação inconsciente. Neste caso, fica difícil prever como se evoluirá para um autoconhecimento adequado e a uma conduta equilibrada da vida.

[332]   Se ocorresse a alguém – e é este precisamente o medo dos meus censores – trocar o conteúdo inconsciente pelo consciente, este último seria, evidentemente, reprimido por

aquele. Assim, o conteúdo anteriormente consciente exerceria, no inconsciente, a função compensatória. Isto mudaria, por completo, a fisionomia do inconsciente, que passaria a ser medrosamente sensato, num contraste flagrante com a postura anterior. Julga-se o inconsciente incapaz desta operação, muito embora ela ocorra constantemente e seja sua função peculiaríssima. É a razão por que todo sonho é um órgão de informação e controle e, consequentemente, o recurso mais eficaz na construção da personalidade.

O inconsciente, em si, não contém material explosivo, exceto se a ação presunçosa ou covarde do consciente nele tenha armazenado algum secretamente. Uma razão a mais para não passarmos desatentos! [333]

Fundamentado nisso, adoto uma regra heurística, que é perguntar a cada nova tentativa de interpretação de sonho: qual é a atitude consciente compensada pelo sonho? Como se vê, o sonho é assim colocado numa relação estreita com a situação consciente. E mais, não hesito em afirmar que um sonho, sem tomar conhecimento da situação consciente, nunca poderá ser interpretado com um mínimo de segurança. É só a partir do conhecimento da situação consciente que se pode descobrir que sinal dar aos conteúdos inconscientes. É que o sonho não é um acontecimento isolado, inteiramente dissociado do cotidiano e do caráter do mesmo. Se ele nos aparecer assim, será unicamente por causa da nossa não compreensão, da nossa ilusão subjetiva. Na realidade, há entre o consciente e o sonho a mais rigorosa causalidade e uma relação precisa em seus mínimos detalhes. [334]

Vou dar um exemplo, para esclarecer esta maneira de apreciar os conteúdos inconscientes. Um rapaz veio ao consultório e contou-me o seguinte sonho: "*Meu pai sai de casa em seu carro novo. Dirige pessimamente mal e me irrito demais com isso. O pai ziguezagueia com o carro, de repente* [335] dá marcha-a-ré, coloca o carro em situações perigosas, e vai chocar-se enfim contra um muro. O carro fica seriamente danificado. Grito, furioso, que preste atenção no que faz. Aí meu pai ri, e vejo que ele está completamente bêbado". Nenhum fato real ocorrera que pudesse justificar o sonho. O sonhador me garante que seu pai, mesmo embriagado, jamais se comportaria daquela maneira. Ele mesmo é automobilista, extremamente cuidadoso, moderado em matéria de bebidas alcoólicas, sobretudo quando dirige; pode irritar-se tremendamente com "barbeiragens" e com pequenos estragos no carro. Seu relacionamento com o pai é positivo. Admira-o por ser um homem excepcionalmente bem-sucedido. Mesmo sem possuir grandes dons interpretativos, é possível constatar que a imagem do pai no sonho não é das mais favoráveis. Que sentido, então, tem este sonho para o filho? Como responder esta pergunta? Sua relação com o pai será boa só na aparência? Será que na realidade se trata apenas de resistências supercompensadas? Se assim fosse, teríamos que dar ao sonho um sinal positivo, isto é, teríamos que dizer: "Esta é a sua relação verdadeira com seu pai". Acontece que na realidade não foi constatada nenhuma ambiguidade neurótica na relação real do filho com o pai. Assim sendo, não se justificaria, seria até um descalabro terapêutico, sobrecarregar os sentimentos do rapaz com um pensamento tão destrutivo.

[336]   Mas se a sua relação com o pai é realmente boa, então por que este sonho inventa artificialmente uma história tão inverossímil, a fim de desacreditar o pai? No inconsciente do sonhador deve existir uma tendência que produza um sonho desse tipo. Será que é assim porque o rapaz tem mesmo resistências, devido à inveja ou outros sentimentos de inferioridade? Antes de lhe pôr este peso na consciência – o que sempre é arriscado quando se trata de pessoa jovem e

sensível – é preferível perguntar, não "por que", mas "para que" ele teria tido esse sonho. Neste caso, a resposta seria a seguinte: o seu inconsciente quer obviamente desvalorizar o pai. Considerando essa tendência como uma realidade compensatória, somos levados a admitir que a sua relação com o pai não é apenas boa, mas boa até demais. Efetivamente, o rapaz é um "filhinho de papai". O pai ainda representa garantia demais em sua vida e o sonhador ainda se encontra naquela fase da vida que chamo de *provisória*. É até um grande perigo, pois de tanto pai, pode não enxergar a sua própria realidade. E, por este motivo, o inconsciente lança mão de uma blasfêmia artificial para rebaixar o pai e valorizar o sonhador. Uma imoralidade daquelas! Um pai pouco esclarecido protestaria. Mas é, sem dúvida alguma, uma compensação astuciosa, que impele o filho a uma oposição ao pai, sem a qual nunca chegaria à consciência de si mesmo.

Esta última era a interpretação correta. Deu bons resultados, isto é, obteve o assentimento espontâneo do rapaz, sem que nenhum dos valores reais, seja do pai, seja do filho, tivesse sido prejudicado. Uma tal interpretação, no entanto, só foi possível graças a uma investigação meticulosa de toda a fenomenologia consciente da relação pai-filho. Sem tomar conhecimento da situação consciente, o verdadeiro sentido do sonho teria ficado no ar. [337]

Na assimilação dos conteúdos oníricos, é de extrema importância não ferir e muito menos destruir os valores verdadeiros da personalidade consciente, pois, de outra forma, não haveria mais quem pudesse assimilar. O reconhecimento do inconsciente não é como uma experiência bolchevista que vira tudo pelo avesso e, por fim, leva exatamente àquele mesmo estado que pretendia melhorar. É preciso cuidar rigorosamente de conservar os valores da personalidade consciente, pois a compensação pelo inconsciente só é eficaz [338] quando coopera com uma consciência integral. A assimilação nunca é um *isto ou aquilo*, mas sempre um *isto e aquilo*.

[339] Como vimos, é indispensável levar em conta a exata situação consciente na interpretação dos sonhos. Da mesma forma, é importante considerar as convicções filosóficas, religiosas e morais conscientes, para trabalhar com a simbologia do sonho. É infinitamente mais aconselhável, na prática, não considerá-la semioticamente, isto é, como sinal ou sintoma de caráter imutável, mas sim como um verdadeiro símbolo, isto é, como expressão de um conteúdo que o consciente ainda não reconheceu e formulou conceitualmente, e também relacioná-la com a respectiva situação consciente. Digo que *na prática* isso é aconselhável, pois na teoria existem símbolos relativamente fixos. Mas em sua interpretação temos que ter o maior cuidado para não referi-los a conteúdos conhecidos e a conceitos formuláveis. Por outro lado, se tais símbolos relativamente fixos não existissem, não haveria como descobrir o que quer que seja sobre a estrutura do inconsciente, pois não haveria nada que se pudesse reter ou a que se pudesse dar nome.

[340] Pode parecer estranho que eu atribua ao conteúdo dos símbolos relativamente fixos um caráter por assim dizer indefinível. Se assim não fosse, não seriam símbolos, mas sim sinais ou sintomas. Como é sabido, a escola de Freud admite a existência de *símbolos* sexuais fixos – ou *sinais* neste caso – e lhes atribui o conteúdo aparentemente definitivo da sexualidade. Infelizmente, justo o conceito sexual de Freud é tão incrivelmente extenso e vago, que tudo pode caber nele. Na verdade, estamos familiarizados com a palavra, mas a coisa que ela designa é uma incógnita, que vai do extremo de uma atividade glandular fisiológica aos mais sublimes, fulgurantes e indefiníveis lampejos de espiritualidade. Por este motivo, prefiro que o símbolo represente uma

grandeza desconhecida, difícil de reconhecer e, em última análise, impossível de definir. Prefiro isso, a ver nesta palavra conhecida algo já conhecido, apenas para me conformar com uma convicção dogmática, baseada na ilusão. Vejamos, por exemplo, os chamados símbolos fálicos, que pretensamente não representam mais do que o *membrum virile*. Do ponto de vista psíquico, o membro viril também é símbolo de outro conteúdo de difícil definição, segundo o exposto por Kranefeldt num recente trabalho[3]. Do mesmo modo, nunca deve ter ocorrido aos primitivos e aos antigos, que sempre usaram os símbolos fálicos com muita prodigalidade, confundir o falo, símbolo ritual, com o pênis. O significado do falo sempre foi o *mana*, o criativo, o "extraordinariamente ativo", para empregar a expressão de Lehmann, a força da medicina e da fecundidade. Esta também era expressa por analogias equivalentes, tais como o touro, o asno, a romã, a *yoni*, o bode, o raio, a ferradura, a dança, o coito mágico no campo arado, o mênstruo e uma infinidade de outras mais, exatamente como no sonho. Na origem de todas essas analogias e, portanto, também da sexualidade, está uma imagem arquetípica, difícil de caracterizar. Parece que o símbolo primitivo do *mana* é o que mais se aproxima, do ponto de vista psicológico.

Esses símbolos, todos, são relativamente fixos, mas isso não nos garante aprioristicamente que, no caso concreto, o símbolo deva ser interpretado assim. [341]

Na prática, pode ser algo completamente diferente. Se tivéssemos que interpretar um sonho pela teoria, ou seja, se tivéssemos que interpretá-lo a fundo, de modo científico, certamente teríamos que referir tais símbolos a arquétipos. [342]

---

3. "*Komplex*" *und Mythos* (Complexo e mito), 101.

Mas clinicamente isso pode ser o maior erro, pois a situação psicológica momentânea do paciente pode estar exigindo tudo, menos um desvio para a teoria do sonho. É, portanto, aconselhável, *in praxi*, considerar aquilo que o símbolo significa em relação à situação consciente, ou seja, tratar o símbolo como se ele não fosse fixo. Em outras palavras, é melhor renunciar a tudo o que se sabe melhor, e de antemão, para pesquisar o que as coisas significam para o paciente. Obviamente, a interpretação teórica interrompe-se assim a meio caminho, ou já nos passos iniciais. No entanto, o clínico que manipula demais os símbolos fixos pode cair numa rotina, num perigoso dogmatismo, que muitas vezes impede a sua sintonização com o paciente. Infelizmente tenho que desistir de apresentar um exemplo que ilustre o que acabo de dizer, posto que o mesmo teria que ser dado com tantas minúcias, que o tempo não me alcançaria. De mais a mais, já tenho publicado material suficiente a respeito.

[343] Não são raros os casos que, logo ao início do tratamento, desvendam ao médico, através de um sonho, toda a programação futura do inconsciente. O médico só pode percebê-lo graças ao seu conhecimento dos símbolos relativamente fixos. Mas por motivos terapêuticos é totalmente impossível revelar toda a profundidade do significado de seu sonho. Por este lado, somos limitados por razões de ordem clínica. Do ponto de vista do prognóstico e do diagnóstico, estas informações podem ser do maior valor. Certa vez vieram consultar-me a respeito de uma jovem de 17 anos. Um especialista havia levantado uma levíssima suspeita de um começo de atrofia muscular progressiva; na opinião de outro médico, seu sintoma era histérico. Vieram consultar-me por causa desta última hipótese. Do ponto de vista corporal, havia realmente algo de suspeito, mas a histeria também não podia ser descartada. Perguntei pelos sonhos. A paciente

respondeu sem nenhuma hesitação: "Tenho, sim, tenho sonhos horríveis. Não faz muito tempo sonhei que *estou chegando em casa. É noite. Tudo está num silêncio mortal. A porta que dá para o salão está entreaberta e vejo a minha mãe enforcada no lustre, seu corpo balançando ao vento gelado que entra pelas janelas abertas. E depois também sonhei que havia um barulho terrível dentro de casa. Vou ver o que é, e vejo um cavalo espantado correndo feito doido pelo apartamento. Por fim ele encontra a porta do corredor e pula pela janela do corredor para a rua. O apartamento fica no 4º andar. Vi, horrorizada, seu corpo estendido lá embaixo, todo espatifado".*

O caráter nefasto dos sonhos já basta para nos colocar de sobreaviso. Mas qualquer pessoa pode ter uma vez ou outra algum pesadelo. Por este motivo, temos que entrar mais intimamente no significado dos dois símbolos principais: "mãe" e "cavalo". Devem ser símbolos equivalentes, pois ambos se comportam da mesma maneira, isto é, ambos se suicidam. "Mãe" é um arquétipo que indica origem, natureza, o procriador passivo (logo, matéria, substância) e, portanto, a natureza material, o ventre (útero) e as funções vegetativas e por conseguinte também o inconsciente, o instinto e o natural, a coisa fisiológica, o corpo no qual habitamos ou somos contidos. "Mãe", enquanto vaso, continente oco (e também ventre), que gesta e nutre, exprime igualmente as bases da consciência. Ligado ao estar dentro ou contido, temos o escuro, o noturno, o angustioso (angusto = estreito). Com estes dados, estou reproduzindo uma parte essencial da versão mitológica e histórico-linguística do conceito de mãe, ou do conceito do *Yin* da filosofia chinesa. Não se trata de um conteúdo adquirido individualmente pela menina de 17 anos, mas de uma herança coletiva. Esta herança permanece viva na linguagem, por um lado, e, por outro, na estrutura da psique. Por esta razão é encontrada em todos os tempos e em todos os povos.

[344]

[345]   "Mãe", esta palavra tão familiar, refere-se aparentemente à mãe mais conhecida de todas, à nossa mãe individual, mas enquanto símbolo, "minha mãe" designa algo que no fundo se opõe obstinadamente à formulação conceitual, algo que se poderia definir vaga e intuitivamente como a vida do corpo, oculta e natural. Mas esta definição ainda é por demais limitada e exclui demasiados significados secundários indispensáveis. A realidade psíquica primária em que se baseia é de incrível complexidade, podendo, portanto, só ser apanhada por um conceito extremamente vasto e, mesmo assim, apenas intuída ou pressentida. Daí a necessidade dos símbolos.

[346]   Encontrada a expressão, e aplicando-a ao sonho, obtemos a seguinte interpretação: a vida inconsciente se destrói a si mesma. É esta a mensagem para o consciente e para quem tem ouvidos para ouvir.

[347]   "Cavalo" é um arquétipo amplamente presente na mitologia e no folclore. Enquanto animal, representa a psique não humana, o infra-humano, a parte animal e, por conseguinte, a parte psíquica inconsciente; por este motivo encontramos no folclore os cavalos clarividentes e "clariaudientes", que às vezes até falam. Enquanto animais de carga, a sua relação com o arquétipo da mãe é das mais próximas (as valquírias que carregam o herói morto até Walhalla, o cavalo de Troia etc.). Enquanto inferiores ao homem, representam o ventre e o mundo instintivo que dele ascende. O cavalo é *dynamis* e veículo, somos por ele levados como por um impulso, mas como os impulsos está sujeito ao pânico, por lhe faltarem as qualidades superiores da consciência. Tem algo a ver com a magia, isto é, com a esfera do irracional, do mágico, principalmente os cavalos pretos (os cavalos da noite), que anunciam a morte.

Assim sendo, o "cavalo" é um equivalente de "mãe", [348] com uma tênue diferença na nuança do significado, sendo o de uma, vida originária e o da outra, a vida puramente animal e corporal. Esta expressão, aplicada ao contexto do sonho, leva à seguinte interpretação: a vida animal se destrói a si mesma.

Ambos os sonhos dizem praticamente o mesmo, sendo [349] que o segundo, como em geral acontece, se exprime mais especificamente. Devemos ter notado a especial sutileza do sonho: ele não fala da morte do indivíduo. Todos sabemos que é frequente sonhar com a própria morte, mas nestes casos não se deve tomá-lo ao pé da letra. Quando é para valer, o sonho usa uma linguagem bem diversa.

Ambos os sonhos indicam doença orgânica grave, com [350] desfecho letal. Este prognóstico foi logo confirmado.

No que diz respeito aos símbolos relativamente fixos, [351] este exemplo nos dá uma ideia aproximada da natureza dos mesmos. Existe uma infinidade deles, que se distinguem individualmente uns dos outros por tênues variações de significado. A comprovação científica de sua natureza só é possível pelo exame comparativo, englobando a mitologia, o folclore, a religião e a linguística. A natureza filogenética da psique se revela muito mais no sonho do que em nosso mundo consciente. As imagens oriundas da natureza mais primitiva e os impulsos mais arcaicos falam através do sonho. Pela assimilação de conteúdos inconscientes, a vida consciente momentânea é de novo ajustada à lei natural, da qual se desvia muito facilmente. Isto traz o paciente de volta à sua própria lei interior.

Falei aqui apenas de coisas elementares. O contexto de [352] uma conferência não permitiu a junção das pedras isoladas necessárias à reconstrução do edifício, que é o processo de toda análise que, partindo do inconsciente, termina com a reconstrução definitiva da personalidade total. O caminho das assimilações sucessivas vai muito além de um êxito especificamente clínico. Ele conduz finalmente à meta distante, quem sabe à razão primeira da criação da vida, ou seja, à plena realização do homem inteiro, à individuação. Nós, os médicos, somos provavelmente os primeiros observadores conscientes desse processo obscuro da natureza. No entanto, quase sempre, assistimos unicamente à parte patológica desse desenvolvimento e perdemos o paciente de vista, assim que ele está curado. Mas é só após a cura que se apresenta a verdadeira oportunidade de estudar o desenvolvimento normal, que leva anos e decênios. A impressão confusa do processo que os sonhos transmitem ao consciente seria menos desconcertante talvez, se se tivesse algum conhecimento dos objetivos finais da tendência evolutiva inconsciente e se o médico não colhesse seus *insights* psicológicos justamente na fase abalada pela doença. Não fosse isso, seria mais fácil reconhecer o que, em última análise, é visado pelos símbolos. No meu entender, todo médico deveria estar consciente do fato de que qualquer intervenção psicoterapêutica, e, em especial, a analítica, irrompe dentro de um processo e numa continuidade já orientado para um determinado fim, e vai desvendando, ora aqui, ora acolá, fases isoladas do mesmo, que à primeira vista podem até parecer contraditórias. Cada análise individual mostra apenas uma parte ou um aspecto do processo fundamental. Por esta razão, as comparações casuísticas só podem criar desesperadoras confusões. Por isso, preferi limitar-me ao elementar e ao prático, pois só na intimidade cotidiana do empírico é possível chegar-se a um consenso mais ou menos satisfatório.

IV
Simbolismo dos sonhos individuais em relação à alquimia

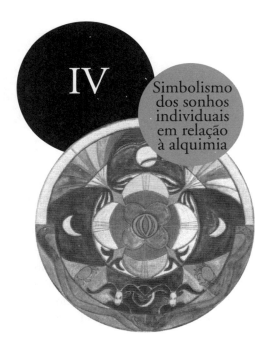

[Originalmente uma conferência, "Traumsymbole des Individuationsprozesses", no *Eranos-Jahrbuch* 1935 (Zurique, 1936); traduzida como "Dream Symbols of the Process of Individuation" por Stanley Dell, em *The Integration of the Personality* (Nova York, 1939; Londres, 1940). Jung revisou e ampliou o ensaio e o publicou, com outros materiais e muitas ilustrações, em *Psychologie und Alchemie* (Zurique, 1944; 2ª ed., revisada, 1952) (trad. bras.: *Psicologia e alquimia*. OC 12).]

... facilis descensus Averni;
noctes atque dies patet atri ianua Ditis:
sed revocare gradum superasque evadere ad auras,
hoc opus, hic labor est.

... fácil é a descida aos infernos;
noite e dia o portão do deus sombrio está
aberto: mas o retorno aos ares luminosos
do céu se faz por caminhos cheios de provações.
VIRGÍLIO. *Eneida,* livro VI, 126-129

1. Introdução

A. O material

Os símbolos oníricos do processo de individuação são imagens de natureza arquetípica que aparecem no sonho; elas descrevem o processo de busca do centro, isto é, o estabelecimento de um novo centro da personalidade. As ideias gerais de um tal processo foram expostas em meu trabalho *O eu e o inconsciente*. Por alguns motivos mencionados nesse livro tal centro é designado pelo nome de "si-mesmo", que deve ser compreendido como a totalidade da esfera psíquica. O si-mesmo não é apenas o ponto central, mas também a circunferência que engloba tanto a consciência como o inconsciente. Ele é o centro dessa totalidade, do mesmo modo que o eu é o centro da consciência.

[44]

Fig. 5. As sete virgens no processo de transformação.
Le Songe de Poliphile (1600)

[45]   Os símbolos que aqui serão tratados não se referem às múltiplas fases e transformações do processo de individuação, mas sim às imagens relacionadas direta e exclusivamente com a tomada de consciência do novo centro. Tais imagens pertencem a uma categoria especial, que chamo a *simbólica do mandala*. No livro *O segredo da flor de ouro*, em colaboração com Richard Wilhelm, descrevi essa simbólica com mais pormenores. No presente trabalho gostaria de apresentar em ordem cronológica uma série individual desses símbolos. O material de que disponho consiste em mais de mil sonhos e impressões visuais de um homem ainda jovem cuja formação científica deve ser sublinhada[1]. Neste estudo elaborei os 400 primeiros sonhos, distribuídos ao longo de um período de dez meses. Com o intuito de evitar qualquer influência de minha parte, incumbi uma de minhas alunas, que era então médica principiante, da observação do processo. Isto durou cinco meses. Depois, o sonhador prosseguiu as observações sozinho durante três meses. A não ser uma curta entrevista no início, antes de começar as observações, não encontrei o sonhador durante os oito primeiros meses. Assim, pois, 355 dos 400 sonhos foram sonhados independentemente de qualquer contato pessoal comigo. Apenas os últimos 45 sonhos ocorreram sob a minha observação. Não foram feitas em relação a estes interpretações dignas de nota, pois o sonhador não necessitava de minha ajuda devido à sua excelente formação científica e ao seu talento. As condições, portanto, eram ideais para uma observação e um registro isentos.

[46]   Em primeiro lugar, quero apresentar extratos dos 22 *sonhos iniciais*, a fim de mostrar como o simbolismo do manda-

---

1. Devo assinalar expressamente que não se trata de uma formação em História, Filologia, Arqueologia ou Etnologia. As referências ao material dessas áreas são inconscientes por parte do sonhador.

la aparece precocemente e como se ajusta ao material onírico restante. Posteriormente, seleciono em ordem cronológica os sonhos que se referem especialmente ao mandala[2].

Com poucas exceções, todos os sonhos são resumidos, quer extraindo a parte referente ao conteúdo principal, quer condensando o texto e o reduzindo ao essencial. Esta operação simplificadora não só os abreviou, como também afastou alusões e complicações pessoais, o que era necessário por motivos de discrição. Apesar desta interferência duvidosa evitei, obedecendo ao melhor de meu critério e consciência, qualquer arbitrariedade e distorção do significado. Tomei as mesmas precauções na interpretação, motivo pelo qual certas passagens de sonho parecem ter sido omitidas. Se não tivesse renunciado ao uso do material completo, não teria tido condições de publicar esta série que na minha opinião é inigualável do ponto de vista da inteligência, clareza e coerência. Sinto-me feliz, portanto, em exprimir minha gratidão sincera ao "autor", pelo serviço que prestou à ciência.

[47]

B. O método

Em meus trabalhos e conferências sempre fiz questão de assinalar a necessidade de renunciar a toda e qualquer opinião preconcebida, ao abordar a análise e a interpretação dos conteúdos da psique objetiva[3], isto é, do inconsciente. Não dispomos ainda de uma teoria geral do sonho, que nos permita proceder impunemente de um modo dedutivo,

[48]

---

2. Mandala (sânscrito) significa círculo e também círculo mágico. O seu simbolismo inclui todas as figuras dispostas concentricamente, circunvoluções em torno de um centro, redondas ou quadradas, e todas as disposições radiais ou esféricas – para mencionar apenas as principais formas encontradas.
3. A respeito deste conceito, cf. meu ensaio *Das Grundproblem der gegenwärtigen Psychologie* e WOLFF. *Einfuhrung in die Grundlagen der komplexen Psychologie*, p. 36s.

165

assim como também não dispomos de uma teoria geral da consciência que nos permita fazer inferências. As manifestações da psique subjetiva e, portanto, da consciência só são previsíveis num grau mínimo, e não há demonstração teórica que prove a necessidade de um suposto nexo causal entre elas. Pelo contrário, devemos contar com uma alta porcentagem de arbitrariedade e do acaso (quase 100%) das complexas ações e reações da consciência. De modo semelhante não há razões empíricas e menos ainda teóricas para supor que o mesmo também não ocorra com as manifestações do inconsciente. Estas últimas são tão diversas, imprevisíveis e arbitrárias quanto as primeiras e devem também ser submetidas a múltiplas abordagens. Nas manifestações conscientes encontramo-nos na situação privilegiada de sermos interpelados, confrontados com um conteúdo cujo propósito é ser reconhecido; das manifestações "inconscientes", pelo contrário, não há uma linguagem adaptada e endereçada aos nossos sentidos, mas apenas um fenômeno psíquico que aparentemente só tem várias relações com os conteúdos conscientes. Se uma expressão consciente for incompreensível, temos o recurso de indagar o que ela significa. A psique objetiva, porém, é estranha à consciência na qual ela se exprime. Devemos obrigatoriamente aplicar o mesmo método usado para a leitura de um texto fragmentário, ou que contenha palavras desconhecidas, isto é, a consideração do contexto. Pode ocorrer que o significado da palavra desconhecida seja descoberto quando comparado com uma série de passagens que a contém. O contexto psicológico de conteúdos oníricos consiste no tecido de associações em que a expressão onírica se acha naturalmente incluída. Teoricamente nunca podemos sabê-lo de antemão; na prática isto é às vezes possível quando se tem grande experiência e exercício. Mas uma análise cuidadosa nunca se fiará demasiadamente nas regras do ofício, uma vez que o perigo do erro e da sugestão é considerável. Na análise de sonhos isolados, por exemplo, este conhecimento antecipado e as pressuposições baseadas em expectativas práticas e probabilidades gerais são decididamente condenáveis. Deve-se então tomar como regra absoluta que, de início, todo sonho ou fragmento onírico seja considerado como algo desconhecido; além disso, deve-se fazer uma tentativa de interpretação apenas depois de captar o contexto. Pode-se então aplicar no texto do sonho o sentido encontrado graças à consideração do contexto, observando se disso resultará uma leitura fluente, ou se aparecerá um sentido satisfatório. Não se deve, no entanto, esperar de forma alguma que este sentido corresponda a qualquer esperança subjetiva; possivelmente e até com frequência o sonho diz algo espantosamente diverso daquilo que se espera. Se o sentido do sonho corresponder à expectativa, isso deveria até mesmo ser um motivo para desconfiança, pois, em geral, o ponto de vista do inconsciente é complementar ou compensatório em relação à consciência[4], sendo, portanto, algo de "diverso" e inesperado. Não contesto de modo algum a possibilidade de sonhos "paralelos", isto é, de sonhos cujo sentido coincida com a atitude da consciência ou venha em apoio desta última. Mas na minha experiência, pelo menos, estes últimos são relativamente raros.

O método que adoto neste estudo parece francamente hostil à atitude que preconizo em relação ao sonho. Parece que os sonhos são "interpretados" sem a menor consideração pelo contexto. Na realidade, não fiz de forma alguma o levantamento do contexto neste caso, pois a série

[49]

---

4. Omito intencionalmente a análise dos conceitos *complementar* e *compensatório*, por ser demasiado extensa.

de sonhos não transcorreu sob minha observação, tal como mencionei. Procedo de certo modo como se eu mesmo tivesse tido os sonhos, estando, portanto, em condições de fornecer-lhes o contexto.

Fig. 6. Uma figura materna hierarquicamente superior às deusas do destino.
THENAUD. *Traité de la cabale* (século XVI)

[50]   Este procedimento, aplicado a sonhos *isolados* de uma pessoa praticamente desconhecida para mim, seria um erro profissional grosseiro. Mas não se trata aqui de sonhos isolados, mas de *séries* conectadas entre si, em cujo decorrer o sentido se explicita pouco a pouco por si mesmo. A série representa o contexto fornecido pelo próprio sonhador. É como se dispuséssemos não de *um* único texto, mas de muitos, iluminando de todos os lados os termos desconhecidos, de modo que a leitura dos vários textos já basta para esclarecer as dificuldades de sentido de cada um deles. Além disto o terceiro capítulo desta pesquisa trata de um arquétipo bem definido, que já conhecemos há muito tempo a partir de outras fontes, o que facilita consideravelmente a interpretação. Certamente a interpretação de cada parte isolada é essencialmente uma conjetura, mas o desenrolar da série

completa nos dá todas as chaves necessárias para corrigir erros eventuais cometidos em passagens anteriores.

É óbvio que o sonhador, enquanto esteve sob observação de minha aluna, não tomou conhecimento destas interpretações e, portanto, não foi influenciado por ideias suscitadas por elas. Baseado em minha farta experiência, considero que a possibilidade e o perigo do preconceito são superestimados. Como a experiência mostra, a psique objetiva é autônoma em alto grau. Se assim não fosse, não poderia exercer sua função própria, que é a compensação da consciência. A consciência é passível de ser domesticada como um papagaio, mas isto não se dá com o inconsciente. Por isso Santo Agostinho agradeceu a Deus por não tê-lo responsabilizado por seus sonhos. O inconsciente é uma realidade psíquica que só aparentemente pode ser disciplinada, e isto em prejuízo da consciência. Ele é e permanece alheio a todo arbítrio subjetivo e representa um âmbito da natureza que não pode ser melhorado nem deteriorado; podemos auscultar seus segredos, mas não manipulá-lo.

[51]

Fig. 7. O Uróboro como símbolo do Aion.
HORAPOLLO. *Selecta hieroglyphica* (1597)

2. Os sonhos iniciais

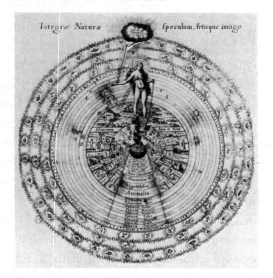

Fig. 8. A figura feminina é a "anima mundi" (lunar), guiada por Deus e a qual, por seu lado, guia o homem. FLUDD. *Utriusque cosmi* (1617)

SONHO 1

[52]   O *sonhador está numa reunião social. Ao despedir-se põe um chapéu que não é seu.*

[53]   O chapéu, sendo aquilo que cobre a cabeça, significa em geral o que *simboliza* a cabeça. Assim como numa expressão idiomática alemã diz-se que "se coloca todas as ideias debaixo de *um chapéu*", o chapéu recobre toda a personalidade como uma representação principal outorgando-lhe sua significação. A coroação confere ao soberano a natureza divina do Sol, o barrete doutoral, a dignidade do erudito, um chapéu *estranho,* uma natureza estranha. Meyrink utiliza este tema no *Golem,* onde o herói coloca o chapéu de

Athanasius Pernath, passando então por uma vivência estranha. No *Golem* é nítido que se trata do inconsciente, e o herói é envolvido em vivências fantásticas. Ressaltemos que o significado do paralelo com o Golem tem aqui um caráter hipotético: o chapéu de um Atanásio é o de um imortal, não submetido ao tempo, homem universal e eterno, que se distingue do indivíduo único, acidental. O chapéu que cinge a cabeça é redondo como o círculo solar da coroa, contendo por isso a primeira alusão ao mandala. O nono sonho mandálico [§ 134] e o trigésimo quinto sonho [§ 254] confirmam respectivamente o atributo da duração eterna e a natureza mandálica do chapéu. Como consequência geral da troca de chapéus podemos prever um desenvolvimento semelhante ao do *Golem,* isto é, uma emergência do inconsciente. Este, com suas figuras, já está como uma sombra atrás do sonhador, pressionando para entrar na consciência.

SONHO 2

O sonhador viaja de trem e, ao ocupar todo o espaço diante de uma janela, impede a visão dos outros passageiros. Ele deve dar-lhes espaço para que vejam. [54]

O processo desencadeou-se e o sonhador descobre que está privando de luz os que estão *atrás dele,* ou seja, os componentes inconscientes de sua personalidade. Não temos olhos nas costas; por isso "atrás" é a região do invisível, isto é, do inconsciente. Liberando o espaço da janela, ou seja, da consciência, os conteúdos inconscientes tornar-se-ão conscientes. [55]

IMPRESSÃO VISUAL HIPNAGÓGICA 3

Praia. O mar invade a terra, inundando tudo. O sonhador está sentado numa ilha solitária. [56]

[57]   O mar é o símbolo do inconsciente coletivo porque sob sua superfície espelhante se ocultam profundidades insondáveis[1]. Os que estão atrás do sonhador, representando uma personificação sombria do inconsciente, irrompem a modo de uma maré na terra firme da consciência. Tais irrupções são ameaçadoras por serem irracionais e inexplicáveis à pessoa em questão. Elas acusam uma alteração significativa da personalidade, na medida em que representam um penoso segredo pessoal, isolando a pessoa e alienando-a do seu ambiente. É algo que "não se pode contar a ninguém", devido ao receio de ser acusado de sofrer de doença mental e isto não sem razão, pois algo de semelhante ocorre com os doentes mentais. Mesmo assim, há uma distância enorme entre uma irrupção intuitivamente percebida e a subjugação patológica, mas um leigo não a avalia. O isolamento pelo segredo resulta em geral numa ativação da atmosfera psíquica, numa espécie de substitutivo do contato perdido com os demais. É também uma causa de ativação do inconsciente, dando origem a algo semelhante às ilusões e alucinações que a solidão suscita nos viajantes do deserto, nos navegantes e nos santos. Provavelmente, o mecanismo de tais fenômenos tem uma explicação energética. As relações normais com os objetos do mundo se fazem às expensas de uma certa quantidade de energia. Se essa relação com o objeto é interrompida há uma "retenção" de energia que forma, por seu lado, um substitutivo equivalente. Tal como a mania de perseguição resulta de um relacionamento envenenado

---

1. O mar é um lugar de predileção para a gênese de visões (isto é, irrupções de conteúdos inconscientes); por exemplo a grande visão da águia, no 4º Livro de Esdras (11,1) surge do mar e a visão do "homem" (ἄνθρωπος) 13,3, 25 e 51 surge "do coração do mar". Há uma passagem sobre o mar (13,51): "Como ninguém consegue explorar nem conhecer o que está nas profundezas do mar, assim também nenhum habitante da terra pode ver meu Filho" etc.

pela desconfiança, assim também uma realidade ilusória vem substituir a animação normal do meio ambiente e, em lugar de pessoas, começam a mover-se sombras aterradoras e fantasmagóricas. Este é o motivo pelo qual o homem primitivo povoava os lugares desertos e solitários de "diabos" e outros fantasmas.

SONHO 4

O sonhador está cercado por muitas formas femininas indistintas (fig. 33). Uma voz interior diz-lhe: "primeiro preciso separar-me do Pai" [58]

Aqui, a atmosfera psíquica foi ativada pelos "succubi", usando uma linguagem medieval. Lembremo-nos das visões de Santo Antão no Egito descritas com tanta erudição por Flaubert[2]. O elemento alucinatório manifesta-se através do *pensamento em voz alta*. As palavras "primeiro preciso separar-me" implicariam a complementação "para depois". Pode-se supor que este complemento corresponde mais ou menos a: "para depois seguir o inconsciente, isto é, a sedução das mulheres" (fig. 9). O Pai, enquanto representante do espírito tradicional, como nas religiões e concepções gerais do mundo, impede-lhe o caminho, retendo o sonhador na consciência e seus valores. O mundo tradicional masculino, com seu intelectualismo e racionalismo, manifesta-se como um obstáculo. A partir disto é possível concluir que o inconsciente, com o qual o sonhador está entrando em contato, acha-se em oposição significativa com as tendências da consciência. Por outro lado, o sonhador revela uma atração decisiva pelo inconsciente. Este último não deve, portanto, ser subordinado aos julgamentos racionais da [59]

---

2. *La tentation de Saint Antoine.*

consciência, mas tornar-se uma vivência *sui generis*. O intelecto não aceita isto facilmente, porque se trata de um "sacrificium intellectus" que, embora não sendo total, é pelo menos parcial. Além disso, o problema aqui proposto não é de fácil compreensão para o homem moderno; este tende a compreender o inconsciente como um apêndice inessencial e até mesmo um tanto irreal da consciência, e não como uma esfera própria de experiência, de caráter autônomo. No desenrolar-se dos sonhos seguintes, tal conflito surgirá muitas vezes até encontrar a fórmula adequada para a correlação consciente-inconsciente, que confira à personalidade a posição intermediária e correta. Um tal conflito não pode ser resolvido pela compreensão, mas só pela vivência. Cada estágio do processo deve ser vivido plenamente. Não há interpretação ou quaisquer subterfúgios que pudessem nos enganar se pretendêssemos contornar a dificuldade. A unificação da consciência e do inconsciente só pode se dar gradualmente.

Fig. 9. Trata-se provavelmente da ressurreição do rei adormecido sob a forma do julgamento de Paris, com Hermes no papel de psicopompo.
Tractatus qui dicitur Thomae Aquinatis de alchimia (1520)

A resistência do consciente contra o inconsciente, bem [60] como a depreciação deste último, é uma necessidade histórica do desenvolvimento da consciência, pois de outro modo ela nunca se teria diferenciado do inconsciente. A consciência do homem moderno, porém, distanciou-se demasiadamente da realidade do inconsciente. Ele acabou por esquecer-se que a psique não depende da nossa intenção, mas é em sua maior parte autônoma e inconsciente. Por isso o contato com o inconsciente provoca um terror pânico no homem civilizado, em boa parte devido à analogia ameaçadora que ele apresenta com a doença mental. O intelecto não tem qualquer objeção em "analisar" o inconsciente como um objeto passivo. Tal atividade corresponderia exatamente à expectativa racional. No entanto, dar livre-curso ao inconsciente e vivenciá-lo como uma realidade ultrapassa a coragem e o saber do europeu médio. Este prefere não compreender este problema e para os espíritos fracos assim deve ser, pois a coisa não é isenta de perigo.

Vivenciar o inconsciente é um segredo pessoal difícil [61] de ser comunicado e a poucos. Por isso, provoca isolamento, como já dissemos acima. O isolamento, porém, determina uma ativação compensatória da atmosfera psíquica e isto suscita o medo. As figuras que aparecem no sonho em questão são femininas, o que indica a natureza feminina do inconsciente. Trata-se de fadas, sereias tentadoras e lâmias (figs. 10,11,12 e fig. 157) que enganam o viajante solitário e o induzem ao erro. Encontram-se do mesmo modo virgens sedutoras no início da nekyia[3] de Polifilo[4] (fig. 33). A melusina de Paracelso[5] pertence à mesma espécie de figuras.

IMPRESSÃO VISUAL 5

[62] *Uma serpente traça um círculo em torno do sonhador, que está enraizado como uma árvore no chão.*

[63] Traçar um círculo protetor (fig. 13) é um antigo recurso usado por todos os que se propõem a realizar um projeto estranho e secreto. Desta forma protegem-se dos "perils of the soul" (perigos da alma) que ameaçam de fora quem quer que se isole por um segredo. Por outro lado, usa-se também tal recurso desde os tempos mais remotos, a fim de delimitar um território sagrado e inviolável; assim, o "sulcus primigenius", por exemplo, era traçado por ocasião da fundação das cidades[6] (fig. 31). O fato de o sonhador estar enraizado no centro é uma compensação de seu impulso quase irresistível de fugir do inconsciente. Depois desta visão, é tomado por uma sensação agradável de alívio e com razão, porquanto conseguiu criar um τέμενος[7] protegido, um espaço tabu, no

---

3. Nekyia νέκυια de νέκυς (cadáver), título do 11º Canto da *Odisseia*, é um sacrifício aos mortos para exorcizar os falecidos que se encontram no Hades. Nekyia é, portanto, um termo adequado para designar "a viagem para o Hades", a descida ao país dos mortos, também utilizado neste sentido por Dieterich em seu comentário do Codex de Akhmim, que contém um fragmento apocalíptico do evangelho segundo São Pedro *(Nekyia: Beiträge zur Erklärung der neuentdeckten Petrusapokalypse)*. A *Divina Comédia*, a "clássica Noite de Walpurgis" do *Fausto*, "2ª parte, e os apócrifos sobre a descida de Cristo aos infernos são exemplos típicos do conceito de Nekyia".

4. Cf. a edição francesa de Colonna. *Le Songe de Poliphile* [org. por Béroalde de Verville; fig. 4 deste vol.].

5. Mais pormenores em meu livro *Paracelsus als geistige Erscheinung* (Estudos alquímicos) [§ 179s. e 214s.].

6. KNUCHEL. *Die Umwandlung in Kult, Magie und Rechtsgebrauch.*

7. Um pedaço de terra delimitado, muitas vezes um bosque, consagrado a Deus.

qual poderá vivenciar o inconsciente. Assim, seu isolamento, antes tão inquietante, é assumido e adquire um sentido e objetivo que o livram de seu caráter aterrador.

Fig. 10. Melusina

Fig. 11. Melusina bicéfala ELEAZAR.
Uraltes chymisches Werk (1760)

Fig. 12. Sereia com máscara

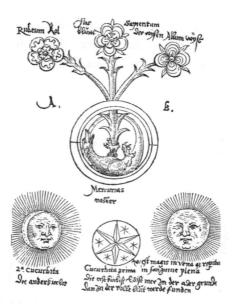

Fig. 13. O Uróboro devorando a cauda, como matéria-prima do processo alquímico, com a rosa vermelha e branca, "flos sapientum" (a flor dos sábios).
Embaixo: "coniunctio solis et lunae" (conjunção do sol e da lua).
No centro: o "lapis philosophorum" (pedra filosofal) como o filho.
Pandora (1588)

IMPRESSÃO VISUAL 6
(que se segue imediatamente à precedente)

[64]   *Uma figura feminina oculta em véus está sentada nos degraus de uma escada.*

[65]   O tema da mulher desconhecida que tecnicamente designamos por anima[8] aparece aqui pela primeira vez. É uma personificação da atmosfera psíquica ativada, tal como o grupo de figuras femininas indistintas do sonho 4. A partir deste momento, a figura da mulher desconhecida repetir-se-á

---

8. Sobre a definição da "anima", cf. JUNG. *O eu e o inconsciente* [§ 296s.].

em vários sonhos. A personificação significa sempre uma atividade autônoma do inconsciente. O aparecimento de figuras personificadas indica que o inconsciente começou a atuar. A atividade de tais figuras tem não raro um caráter *antecipador*, podendo prenunciar uma atividade que o sonhador exercerá no futuro. Neste caso, trata-se de uma escada que indica o movimento de subir ou descer (fig. 14).

Fig. 14. O sonho de Jacó.
Aquarela de Blake

Como o processo que se desenrola em tais sonhos tem uma analogia histórica com os *ritos de iniciação,* não seria supérfluo lembrar que a escada planetária de sete degraus desempenha um papel considerável nesses ritos, segundo nos relata por exemplo Apuleius. As iniciações do sincretismo no fim da Antiguidade, fortemente impregnadas pela alquimia (cf. as visões de Zósimo)[9], ocupam-se especialmente com o movimento "ascensional", isto é, com a

[66]

---

9. Zósimo viveu por volta do ano 300 d.C. Cf. REITZENSTEIN. *Poimandres*, p. 8s. e BERTHELOT. *Collection des anciens alchimistes grecs* III, I, 2.

sublimação. A ascensão é frequentemente representada por uma escada (fig. 15); daí, a oferenda funerária egípcia de uma pequena escada para o *ka* dos mortos[10]. A ideia da ascensão através dos sete círculos planetários significa o regresso da alma à divindade solar seu lugar de origem, tal como nos ensina Firmicus Maternus[11]. O mistério de Ísis descrito por Apuleius[12] culmina naquilo que a alquimia do começo da Idade Média (remontando diretamente à cultura alexandrina[13] como nos foi transmitida pela tradição árabe) designa como "solificatio" (solarização): o iniciado é então coroado como Helios.

IMPRESSÃO VISUAL 7

[67] *A mulher velada descobre seu rosto que é radiante como o sol.*

[68] Consuma-se a "solificatio" na anima. Este processo corresponde certamente à "illuminatio" (iluminação). Esta representação por assim dizer mística está em oposição extrema à atitude racional da consciência, a qual reconhece apenas a visão intelectual como forma suprema da compreensão e do conhecimento. Esta atitude não leva em conta o fato de que o conhecimento científico satisfaz apenas a pequena ponta emergente da personalidade que nos é contemporânea; não satisfaz, porém, a psique coletiva[14] cujas raízes mergulham

---

10. A referência ao tema da escada é confirmada nos sonhos 12 e 13. Cf. tb. com a escada de Jacó (fig. 14).

11. "Animo descensus per orbem solis tribuitur" [Diz-se que o espírito desce pela órbita do sol]. (*De errore profanarum religionum.*)

12. *O asno de ouro.*

13. Cf. RUSKA. *Turba Philosophorum.*

14. Cf. o conceito do inconsciente coletivo em JUNG. *Psychologische Typen.* Definição ["Inconsciente, o"].

na bruma da pré-história, sempre exigindo um rito especial para entrar em contato com a consciência contemporânea. É, pois, evidente que se prepara um *esclarecimento* do inconsciente, que tem mais o caráter da "illuminatio" do que o da "explicação" racional. A "solificatio" (solarização) está infinitamente distante da consciência que a julga uma quimera.

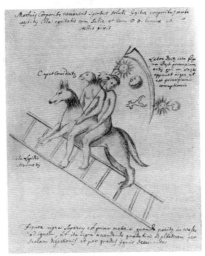

Fig. 15. A "scala lapidis" (a escada da pedra) representando os estágios do processo alquímico.
Emblematical Figures of the Philosophers' Stone (século XVII)

IMPRESSÃO VISUAL 8

Um arco-íris devia ser usado como ponte, mas não se deve passar por cima e sim por baixo dele. Quem passar por cima sofre uma queda mortal. [69]

Só os deuses conseguem caminhar sobre a ponte do arco-íris; os mortais sucumbiriam na queda, pois o arco-íris é apenas uma bela aparência traçada no céu e não um caminho para os seres humanos corpóreos. Estes devem passar "por baixo" (fig. 16). Mas sob as pontes a *água* flui, seguindo seu declive natural. Esta alusão será confirmada posteriormente. [70]

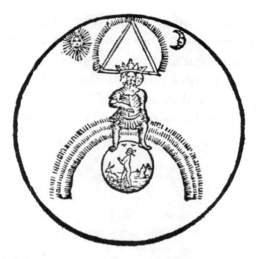

Fig. 16. O "mercurius tricephalus" representado como Anthropos; embaixo: o homem de olhos vendados guiado pelo animal. KELLEY. *Tractatus duo de Lapide philosophorum* (1676)

SONHO 9

[71] *Uma campina verde onde pastam muitas ovelhas. É o "país das ovelhas".*

[72] Este fragmento estranho e impenetrável à primeira vista poderia provir de impressões da infância, particularmente de representações religiosas (que não são muito alheias ao contexto do sonho), assim como, por exemplo, "O Senhor me apascenta em verdes campinas", ou a alegoria do pastor e das ovelhas no cristianismo primitivo[15] (fig. 18). O fragmento seguinte aponta algo semelhante.

---

15. A origem imediata do simbolismo cristão do carneiro encontra-se nas visões do Livro de Henoc 89, 10s. (O Apocalipse de Henoc remonta mais ou menos ao início do último século antes do nascimento de Cristo). [*Die Apokryphen und Pseudoepigraphen des Alten Testaments*, p. 291s.].

Fig. 17. O Artifex (ou Hermes) como pastor de "Aries" e "Taurus" que representam os impulsos primaveris, o começo do "opus".
Tractatus qui dicitur Thomae Aquinatis de alchimia (1520)

Fig. 18. Cristo, como pastor.
Mosaico do Mausoléu de Galla Placidia. Ravena (424-451)

IMPRESSÃO VISUAL 10

A mulher desconhecida está no país das ovelhas e mostra o caminho. [73]

A anima, que já antecipara a "solificatio" (solarização), apresenta-se aqui como o psicopompo que indica o caminho[16] (fig. 19). O caminho principia no país das crianças, [74]

---

16. Em Henoc o chefe e príncipe também aparece sob a forma de carneiro ou bode (op. cit., p. 89, 48).

isto é, no tempo em que a consciência racional do presente ainda não se separara da alma histórica, do inconsciente coletivo. Esta separação, na verdade, é indispensável, mas conduz a um tal distanciamento da psique pré-histórica nebulosa, que ocorre uma perda do instinto. Isto acarreta uma atrofia da vida instintiva e consequentemente uma desorientação nas situações humanas em geral. A separação mencionada faz com que o "país das crianças" permaneça definitivamente infantil, tornando-se uma fonte perpétua de tendências e impulsos infantis. É evidente que esses intrusos não são bem-vindos pela consciência, que se esforça por reprimi-los. Tal repressão serve apenas para estabelecer um distanciamento maior da origem, agravando a falta de vida instintiva a ponto de tornar-se uma ausência de alma. Como resultado disto, a consciência é inteiramente inundada pelo infantilismo ou então vê-se obrigada a defender-se constantemente e em vão deste último através de uma senilidade cínica ou mediante uma resignação amarga. É preciso reconhecer, portanto, que apesar do inegável sucesso da atitude racional da consciência hodierna, sob muitos aspectos ela é infantilmente inadequada e, portanto, hostil à vida. Esta, tendo sido dessecada e bloqueada, exige que se busque a fonte. Mas a fonte só será encontrada se a consciência resignar-se a retornar ao "país das crianças" a fim de nele receber, como antes, as diretivas do inconsciente. É infantil não apenas aquele que permanece criança por muito tempo, mas aquele que separando-se da infância pensa que ela não existe mais porque não a vê. Entretanto, quem retorna ao "país das crianças" receia tornar-se infantil, pois não sabe que tudo o que é autenticamente anímico tem uma dupla face: uma voltada para a frente, outra para trás. Ela é ambígua e, portanto, simbólica como toda realidade viva.

[75]   No estado consciente mantemo-nos num cume e pensamos puerilmente que o caminho que prossegue leva ainda a

maiores alturas. Esta é a quimérica ponte do arco-íris. Na realidade, para atingir o cume seguinte, teremos primeiro que descer àquele país onde os caminhos apenas começam a separar-se.

Fig. 19. A "alma" como guia do caminho.
Aquarela de Blake para o Purgatório de Dante. Canto IV

SONHO 11

Uma voz diz: "És ainda uma criança". [76]

Esse sonho impõe o reconhecimento de que mesmo [77] uma consciência diferenciada não é isenta de infantilidade e que, portanto, é necessária uma volta ao mundo da infância.

SONHO 12

Passeio perigoso com pai e mãe, subindo e descendo muitas escadas. [78]

A consciência infantil está sempre ligada a pai e mãe, [79] nunca está só. A volta à infância é sempre um regresso ao lar de pai e mãe, à carga do não ego psíquico representado pelos pais e toda sua longa e significativa história. A regressão significa uma dissolução nas determinantes históricas hereditárias, de cujo cerco só se escapa com grande esforço. A pré-história psíquica é o espírito da gravidade, que exige degraus e escadas porque não pode voar, a modo do intelecto, sem corpo e sem peso. A dissolução na multiplicidade das determinantes históricas se assemelha ao extravio e a um tipo de desorientação na qual até o que é certo parece um erro alarmante.

[80] Como afirmamos anteriormente, o tema dos degraus e das escadas (fig. 14 e 15) indica o *processo de transformação* anímica e suas peripécias. Zósimo dá-nos um exemplo clássico disso, com sua ascensão e descida pelos quinze degraus de luz e escuridão[17].

[81] Não podemos libertar-nos da infância sem trabalhar exaustivamente esse tema, o que sabemos desde as investigações de Freud. O simples conhecimento intelectual não basta, pois só é eficaz uma rememoração que seja ao mesmo tempo *vivenciada de novo*. Muitas coisas irresolvidas ficam para trás devido ao rápido escoar dos anos e ao afluxo invencível do mundo que acaba de ser descoberto. Mas não nos *livramos* dessas coisas, apenas nos *afastamos* delas. Se muito tempo depois evocarmos novamente a infância, nela encontraremos muitos fragmentos vivos da própria personalidade, que nos agarram, e somos invadidos pelo sentimento dos anos transcorridos. Esses fragmentos permanecem num estágio infantil e por isso são intensos e imediatos. Só através de sua religação com o consciente adulto poderão ser corrigidos, perdendo seu aspecto infantil. O "inconsciente pessoal" deve sempre ser resolvido em primeiro lugar, isto é,

---

17. BERTHELOT. Op. cit. III, I, 2. Cf. a minha dissertação: *Einige Bemerkungen zu den Visionen des Zosimos*.

deve ser integrado na consciência. De outro modo, o acesso ao inconsciente coletivo tornar-se-ia impossível. A viagem com pai e mãe, subindo e descendo muitas escadas, corresponde a esta conscientização de conteúdos infantis ainda não integrados.

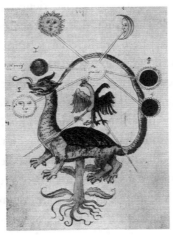

Fig. 20. Os seis planetas unificados no sétimo. Mercúrio, representado pelo Uróboro, e a águia dupla vermelha e branca (hermafrodita).
Tractatus qui dicitur Thomae Aquinatis de alchimia (1520)

Fig. 21. Os sete deuses dos planetas no Hades.
MYLIUS. *Philosophia reformata* (1622)

SONHO 13

[82] *O pai grita ansioso: "Este é o sétimo!"*

[83] No passeio pelas escadas deve ter ocorrido um acontecimento ao qual o pai se refere como sendo "o sétimo" (fig. 20). O "sete" corresponde ao degrau mais elevado e seria, do ponto de vista iniciático, a meta almejada (fig. 28). No sentido do espírito tradicional, porém, a "solificatio" (solarização) é uma ideia excêntrica, mística, nos limites da loucura, uma vez que tais absurdos só eram pensados antigamente, nos tempos da superstição nebulosa. O mundo mental, lúcido e purificado da nossa época esclarecida já superou essas brumas há muito tempo e a tal ponto, que só nos hospícios se albergam iluminados dessa natureza. Não admira, pois, que o pai se encontre ansioso, como a galinha que chocou ovos de pata e entra em desespero, constatando as tendências aquáticas de sua prole. Se for correta a interpretação de que o "sétimo" corresponde ao degrau máximo da iluminação, o processo da integração do inconsciente pessoal deveria em princípio estar concluído. No estágio seguinte começaria a abertura do inconsciente coletivo, o que explica a ansiedade do pai no sonho, como representante do espírito tradicional.

[84] A volta às brumas originárias do inconsciente, porém, não implica que se deva renunciar inteiramente à conquista valiosa dos antepassados, isto é, à diferenciação da consciência. Trata-se mais da questão de o *homem* ocupar o lugar do intelecto, mas não aquele que o sonhador imagina e sim alguém mais "arredondado" ou completo. Isto significa que muita coisa deve ser assimilada no âmbito da personalidade, ainda que no momento tal coisa pareça penosa ou mesmo impossível. O pai que grita tão ansiosamente: "Este é o sétimo!" é um componente psíquico do sonhador, e a ansiedade

também é sua. Consequentemente, a interpretação deve levar em consideração que o "sétimo" não é apenas um ápice, mas também pode significar algo de desfavorável. Encontramos este tema, por exemplo, no conto do Pequeno Polegar e do Ogre. O Pequeno Polegar é o caçula de sete irmãos. Sua estatura de anão e sua esperteza são inofensivas, mas é ele quem conduz seus irmãos à cabana do Ogre, demonstrando sua dupla natureza, portadora de sorte ou de infortúnio. Em outras palavras, ele é também o Ogre. Desde a Antiguidade, o "sete" representa os sete deuses planetários (fig. 20); estes últimos formam aquilo que as inscrições das pirâmides designam por "paut neteru", uma sociedade de deuses[18] (figs. 21, 23). Se bem que uma sociedade signifique os "nove", frequentemente não se trata de nove, mas de dez ou mais componentes. Maspero[19] afirma que principalmente o primeiro e o último da série são capazes de desenvolvimento ou de desdobramento, sem alterar o número nove. Algo de semelhante ocorreu ao "paut" clássico dos deuses greco-romanos ou babilônicos na época pós-clássica, quando os deuses se retiraram: uma parte, em direção aos astros distantes e outra, que se degradou ao nível de demônios, nos metais dentro da terra. Tornou-se então claro que Hermes-Mercúrio, enquanto deus ctônico da manifestação e espírito do mercúrio, possuía uma natureza dupla, razão pela qual era considerado um hermafrodita (fig. 22). Enquanto planeta Mercúrio ele é o mais próximo do sol, o que indica também sua maior afinidade com o ouro. Enquanto metal, o mercúrio dissolve o ouro e apaga seu brilho solar. Durante toda a Idade Média constituiu o objeto misterioso da especulação

---

18. Budge (*The Gods of the Egyptians* I, p. 87) a designa por "company of the gods".
19. *Études de mythologie* II, p. 245.

dos filósofos da natureza: ora era um espírito serviçal e útil, um πάρεδρος (paredros: literalmente, o assistente, o companheiro) ou "familiaris" (espírito familiar); ora era o "servus" ou o "cervus fugitivus" (o escravo ou o cervo fugitivo), um duende que levava os alquimistas ao desespero, evasivo, enganador e trocista[20], multiplicidade de atributos que tinha em comum com o diabo; citemos, dentre eles, o dragão, o leão, a águia, o corvo, que são os principais. Na hierarquia alquímica dos deuses, ele é o mais baixo, como "prima materia", e o mais alto, como "lapis philosophorum". O "spiritus mercurialis" (fig. 23) é o guia (Hermes psicopompo; fig. 146) e o sedutor dos alquimistas, sua boa sorte e sua perdição. Sua natureza dupla o torna apto para ser não só o sétimo, como também o oitavo, ou seja, o oitavo no Olimpo, "no qual ninguém ainda pensara" (*Fausto*, 2ª parte).

Fig. 22. Mercúrio no "ovo dos filósofos" (vaso alquímico) está de pé sobre o sol e a lua, enquanto "filius", o que alude à sua dupla natureza. Os pássaros indicam a espiritualização e os raios ardentes do sol fazem amadurecer o "homunculus" no vaso.
Mutus liber (1702)

---

20. Cf. o divertido diálogo entre o alquimista e Mercurius no *Dialogus* (*Theatrum chemicum*, 1613, IV, p. 509s.).

O leitor talvez achará estranho que lancemos mão de um campo tão distante como a alquimia medieval. A "arte negra", porém, não é tão remota quanto se pensa; o sonhador, como homem culto, devia ter lido o *Fausto*. Este último é um drama alquímico do começo ao fim, embora o homem culto de hoje tenha apenas uma vaga ideia disto. Apesar de nossa consciência estar longe de uma compreensão total, o inconsciente percebe "os arcanos sagrados imemoriais" e à primeira ocasião os evoca. Talvez tenha ocorrido ao nosso paciente, com a leitura do *Fausto*, o mesmo que aconteceu ao jovem Goethe ao ler Theophrastus Paracelsus, em companhia de Fräulein von Klettenberg, em Leipzig[21]. Como podemos supor, foi nessa época que o misterioso quiproquó do sete e do oito gravou-se em sua consciência, sem que esta o tenha decifrado. A ligação com o *Fausto* não é despropositada, tal como revela o sonho seguinte. [85]

SONHO 14

O sonhador encontra-se na América, procurando um empregado de cavanhaque. Diz-se que todas as pessoas têm um empregado assim. [86]

A América é um país onde as coisas são encaradas de um ponto de vista prático e direto, sem a sofisticação europeia. Lá, procura-se manter o intelecto em seu papel de empregado. Isto soa como um crime de lesa-majestade, que poderia suscitar escrúpulos, mas é algo tranquilizador constatar que todas as pessoas (na América) fazem o mesmo. [87]

---

21. *Dichtung und Wahrheit* [GOETHE].

O "cavanhaque", ou melhor, o "barbicha" é o velho e conhecido Mefistófeles, "empregado" de Fausto. A ele, porém, não é dado triunfar decisivamente de Fausto, apesar deste último ter ousado descer ao caos sinistro da alma histórica, assumindo as vicissitudes e precariedades da vida que irrompem da plenitude do caos.

[88] Questionando posteriormente o sonhador, este reconheceu a natureza mefistofélica do "homem de cavanhaque". A versatilidade intelectual, bem como os dons criativos e as tendências científicas são atributos do Mercúrio astrológico. O homem de cavanhaque representa, portanto, o intelecto e é apresentado pelo sonho como o "familiaris", isto é, o espírito serviçal, que não deixa de ser um pouco perigoso. Desta forma, o intelecto é degradado de sua posição inicial suprema, passando para o segundo lugar, e marcado a fogo pelo demoníaco. Isto não significa que só agora se tivesse tornado demoníaco – já o era antes, mas o sonhador não percebera que estava possuído pelo intelecto, tacitamente reconhecido como instância suprema. Assim lhe fora dada a possibilidade de examinar mais de perto a função que até então dominara incontestavelmente e de modo decisivo sua vida anímica. Com Fausto, ele poderia dizer: "Então era esse o cerne da questão!" Mefistófeles é o aspecto diabólico de toda função psíquica que escapa à hierarquia da totalidade, assumindo a autonomia e o domínio absolutos (fig. 36). Este aspecto, porém, só será percebido quando a função se separa e se objetiva, ou seja, personificando-se tal como no sonho em questão.

Fig. 23. O vaso místico, no qual se unem as duas naturezas (Sol e Lua, Caduceu), gerando o "filius hermaphroditus", o Hermes Psicopompo; de cada lado, os seis deuses planetários. *Figurarum aegyptiorum secretarum...* (século XVIII)

É curioso constatar que o "homem de cavanhaque" também aparece na literatura alquímica, como por exemplo no *Güldener Tractat vom Philosophischen Stein*[22], escrito em 1625; numa "parábola" que nele figura, elaborada do ponto de vista psicológico por Herbert Silberer[23], aparece um jovem filósofo de cavanhaque preto entre velhos filósofos barbudos. Silberer hesita em reconhecer o diabo nesta figura.

[89]

Mercúrio, enquanto mercúrio químico, presta-se perfeitamente à caracterização do elemento "líquido", isto é, da mobilidade da mente (fig. 24). Para os alquimistas, portanto, o mercúrio ora é um "espírito", "spiritus", ora água, "aqua permanens", que nada mais é do que o "argentum vivum".

[90]

---

22. Publicado em *Geheime Figuren der Rosenkreuzer*.
23. *Probleme der Mystik und ihrer Symbolik*.

SONHO 15

[91] *A mãe do paciente derrama água de uma bacia para outra.* (Somente no 28° sonho o paciente se lembra de que essa bacia era da irmã.) *Esta ação é realizada com a maior solenidade; seu significado é de importância para o mundo circunstante. Depois, o sonhador é rejeitado pelo pai.*

[92] Defrontamo-nos aqui de novo com o tema da troca (v. sonho 1). Uma coisa é colocada em lugar de outra. O "pai" é eliminado e então começa a ação da "mãe". Assim como o primeiro representa a consciência coletiva, o espírito tradicional, a mãe figura o inconsciente coletivo, a fonte da água da vida[24] (fig. 25). (v. o significado materno da πηγή[25], do "fons signatus"[26] como atributo de Maria etc. – fig. 26). O inconsciente troca a localização das forças vitais, o que indica uma mudança do ponto de vista. A associação feita posteriormente pelo sonhador permite-nos reconhecer quem se torna agora a origem da fonte da vida: é a "irmã". O filho é subordinado à mãe e está em pé de igualdade com a irmã. A degradação do intelecto o liberta da dominação do inconsciente e, portanto, do infantilismo. A irmã é um remanescente do passado, mas sabemos através de sonhos posteriores que ela era a portadora da imagem da anima. Temos, portanto, o direito de supor que a transferência da água da vida para a irmã significa no fundo *a substituição da mãe pela anima*[27].

---

24. Água como origem, cf., por exemplo a cosmogonia egípcia.
25. WIRTH. *Aus orientalischen Chroniken*, p. 199.
26. [fonte selada] *Cântico dos Cânticos* 4,12.
27. Na verdade, é um processo de vida normal, que no entanto em geral se desenvolve de modo totalmente inconsciente. A anima é um arquétipo, que está sempre presente. (Cf. JUNG. *Psychologische Typen*. Definições ["Alma", "imagem anímica"] e *O eu e o inconsciente*.) A mãe é a primeira portadora

Fig. 24. Todas as atividades subordinadas ao Mercúrio.
Manuscrito de Tübingen (cerca de 1400)

Fig. 25. A fonte da vida como "Fons mercuriallis".
Rosarium philosophorum (1550)

A anima torna-se assim um fator dispensador de vida, [93] uma realidade anímica em profunda oposição ao mundo

---

desta imagem e isso lhe confere um poder de fascínio sobre o filho. Via irmã e outras figuras semelhantes, este poder se transfere à mulher amada.

paterno. Quem poderia – sem pôr em risco sua saúde mental – confiar a direção de sua vida às diretivas provindas do inconsciente? E isso, supondo que alguém fosse capaz de entender o que isso representaria. Quem quer que o faça compreenderá sem dificuldade a ofensa monstruosa que uma tal mudança significa para o espírito tradicional, e em primeiro lugar para aquele espírito que, na Igreja, revestiu um corpo terrestre. Foi esse deslocamento sutil, do ponto de vista psíquico, que motivou no caso dos alquimistas um tipo de comportamento propositalmente misterioso, o qual determinou por sua vez todos os tipos de heresia. É lógico, portanto, que o pai rejeite o filho, sinal de *excomunhão* (convém notar que o sonhador é católico). Mas quem quer que reconheça a realidade da psique e a tome pelo menos como um fator ético e codeterminante ofende o espírito tradicional que há muitos séculos vem regulamentando o ser anímico a partir de fora, através de instituições e também da razão. Não que o instinto irracional se rebele por si mesmo contra a ordem solidamente estabelecida e é bom ressaltar que ele mesmo é, por sua lei interna, a estrutura mais sólida e o fundamento originário criador de toda ordem vigente. Mas justamente pelo fato de este fundamento ser criador, toda a ordem que dele promana – mesmo em sua forma mais divina – é passagem e transitoriedade. O estabelecimento da ordem e a dissolução do já estabelecido, contra toda aparência externa, escapam no fundo à arbitrariedade humana. O segredo reside no fato de que só tem vida *aquilo* que por sua vez pode suprimir-se a si mesmo. É bom que tais coisas sejam de difícil compreensão e que usufruam de um estado salutar de ocultação; os espíritos fracos são facilmente perturbados e confundidos por elas. O dogma, quer seja de natureza confessional, filosófica ou científica, oferece uma proteção eficaz contra tais perigos e a excomunhão é uma consequência necessária e útil, do ponto de vista social.

A água, isto é, *o inconsciente*, que a mãe derrama na [94] bacia da anima, é um símbolo excelente da vitalidade do ser anímico (cf. tb. fig. 152). Os velhos alquimistas não se cansavam de inventar sinônimos expressivos que a designassem. A "aqua nostra" (nossa água) também era chamada "mercurius vivus" (mercúrio vivo), "argentum vivum" (prata viva), "vinum ardens" (vinho ardente), "aqua vitae" (água da vida), "succus lunariae" (suco lunar) etc., termos mediante os quais pretendiam caracterizar um ser vivo e não alheio à materialidade, em oposição à incorporalidade obrigatória do espírito abstrato. A expressão "succus lunariae" indica com suficiente clareza sua origem noturna, e "aqua nostra", assim como "mercurius vivus" apontam para o caráter terrestre da fonte. O "acetum fontis" (ácido da fonte) é uma poderosa água corrosiva que por um lado dissolve todas as coisas criadas e por outro conduz à mais durável de todas as criações: o misterioso "lapis" (a pedra).

Tais analogias podem parecer muito remotas. Remeto, [95] portanto, o leitor aos sonhos 13 e 14 da seção seguinte, onde este simbolismo é retomado[28]. A importância da ação "para o ambiente", percebida pelo próprio sonhador, mostra o alcance coletivo do sonho, importância que se exprime também na decisão que influenciará fortemente a atitude do sonhador.

---

28. Os paralelos citados provêm principalmente da literatura latina dos séculos XII a XVII. Um dos textos mais interessantes é o *Rosarium Philosophorum*. Seu autor é anônimo. É manifestamente um "filósofo", que parece consciente do fato de não se tratar de uma vulgar fabricação de ouro, mas de um segredo "filosófico". O *Rosarium* foi editado pela primeira vez sob o título *Rosarium philosophorum. Secunda pars alchimiae de lapide philosophorum vero modo praeparando*, continens exactam eius scientiae progressionem. Foi reproduzido em *Bibliotheca chemica curiosa* [org. por MANGET(US)] II, p. 87s.; e também em *Artis auriferae* II, p. 204s. As minhas citações foram tiradas em sua maioria desta última.

Fig. 26. Maria, cercada de seus atributos. (O jardim fechado quadrangular, o templo redondo, a torre, a porta, o poço e a fonte, assim como a palmeira e o cipreste; árvores da vida, símbolos do feminino.)
Pequena imagem de devoção do século XVII

Fig. 27. A influência regeneradora da conjunção sol-lua sobre o banho.
Biblioteca Ambrosiana, Codex I

A opinião segundo a qual "extra ecclesiam nulla salus" [96] (fora da Igreja não há salvação) repousa sobre o fato de que uma instituição é um caminho seguro e viável, que possui uma meta certa, visível ou definível, e que, portanto, fora dela não é possível encontrar caminhos, nem metas. Não podemos subestimar o tremendo significado do sentimento de se estar perdido no caos, embora se saiba que esse estado é a "conditio sine qua non" de toda renovação do espírito e da personalidade.

SONHO 16

Diante do sonhador, um Ás de paus. Ao lado deste aparece [97] *um sete.*

O ás, sendo 1, é a carta mais baixa do baralho, e a mais [98] alta pelo valor. O ás de paus, por ser cruciforme, indica o símbolo cristão[29]. No dialeto suíço-alemão, o naipe de paus também é chamado "Chrüüz" (cruz). As três folhas aludem também à tríplice natureza do Deus *uno*. O mais baixo e o mais alto significam princípio e fim, o A e o Ω.

O sete aparece depois do ás de paus, e não antes. Assim [99] sendo, o enunciado deve ser o seguinte: primeiro, o conceito cristão de Deus e a seguir os sete (degraus). Estes significam a transformação (fig. 28). A transformação começa com o símbolo da trindade e da cruz e, de acordo com as alusões arcaizantes dos sonhos anteriores 7 e 13, culminaria na "solificatio" (solarização). No entanto, aqui não há referência a esta solução. Conhecemos uma passagem, de origem medieval, diversa do retorno ao Hélio clássico, tentado sem êxito por Juliano o Apóstata. Trata-se da passagem para a *rosa,* expressa pela fórmula "per crucem ad rosam" (pela

---

29. Cf. o Sonho 23 [§ 212 e 220].

cruz à rosa), que foi condensada no fim da Idade Média pela "Rosa-Cruz". A essência solar do sol celeste desce para a flor, réplica terrestre da face do sol (fig. 29). (A qualidade solar também está contida no símbolo da "flor de ouro" da alquimia chinesa[30].) Uma última reminiscência nostálgica da "rosa" pode ter sido a "flor azul" dos românticos: ela volta a olhar, de um modo tipicamente romântico, para as ruínas dos claustros medievais, mas ao mesmo tempo em seu gracioso caráter terreno, representa uma modesta Novidade. Entretanto, o próprio brilho dourado do sol teve que submeter-se à descida, encontrando sua analogia no brilho do ouro terrestre; o "aurum nostrum", pelo menos para os espíritos mais sutis, distanciava-se da materialidade grosseira do simples metal[31]. Para eles, sem dúvida alguma, tratava-se da natureza simbólica do ouro, distinguindo-se por isso mediante atributos como "vitreum", ou "philosophicum". Sua clara analogia com o sol foi provavelmente o fator que o impediu de alcançar a suprema dignidade filosófica, cabendo esta ao "lapis philosophorum". Acima do transformado está

---

30. Igualmente na "Flor de ouro" da alquimia (fig. 30). Cf. SENIOR ADOLPHUS, *Occulta philosophia*. A flor de ouro vem do grego χρυσάνθιον (BERTHELOT, op. cit. III, XLIX, 19) χρυσάνθεμον = flor de ouro, planta mágica como μῶλυ de Homero, frequentemente mencionada pelos alquimistas. A flor de ouro é o que há de mais nobre e puro no ouro. O mesmo nome é dado à pirita. (Cf. VON LIPPMANN. *Entstehung und Ausbreitung der Alchemie* I, p. 70). A força da "aqua permanens" [água eterna] também é denominada "flor" (do fruto) (*Turba,* org. por RUSKA, p. 204, 20). O termo "flos" (flor) também foi utilizado pelos alquimistas posteriores para exprimir a substância mística da transformação. (Cf. "flos citrinus" [flor amarela] em *Aurora consurgens*; "flos aeris aureus" [flor de ouro do ar] em *Consilium coniugii* em: *Ars chemica,* p. 167; "flos est aqua nummosa" [a flor é a água rica] <mercurius> na *Allegoria sapientum* no *Theatr. chem.* V, p. 81; "flos eius <operis> est lapis" [a flor da obra é a pedra] em MYLIUS. *Philosophia reformata,* p. 30.)

31. "Aurum nostrum non est aurum vulgi" [o nosso ouro não é o ouro vulgar], diz o *Rosarium* [*Art. aurif.* II, p. 220].

aquilo que transforma e isto é uma das qualidades mágicas da pedra prodigiosa. O *Rosarium* diz: "Pois a nossa pedra, isto é, o mercúrio vivo ocidental, que foi colocado acima do ouro, superando-o, é aquilo que mata e vivifica"[32] (p. 221). Em relação ao significado "filosófico" do "lapis" o seguinte texto do tratado atribuído a Hermes é particularmente esclarecedor: "Compreendei, ó filhos dos Sábios, o que diz esta pedra extremamente preciosa; [...] e a minha luz supera a toda luz, e as minhas virtudes são superiores a todas as virtudes ... Eu gero a luz, mas a escuridão também pertence à minha natureza..."[33]

Fig. 28. A pesca do Leviatã com a vara de sete elementos da tribo de Jessé, tendo por isca o crucifixo.
HERRAD VON LANDSBERG. *Hortus deliciarum* (ca. 1180)

---

32. "Quia lapis noster scilicet argentum vivum occidentale quod praetulit se auro et vicit illud, est illud quod occidit et vivere facit" (op. cit., p. 223).
33. "Intelligite, filii sapientum, quod hic lapis preciosissimus clamat; [...] et lumen meum omne lumen superat ac mea bona omnibus bonis sunt sublimiora [...] Ego gigno lumen, tenebrae autem naturae meae sunt [...]" (op. cit., p. 239). Com referência à qualidade peculiar das citações de Hermes do *Rosarium,* cf. § 140, nota 18 [deste volume].

Fig. 29. A rosa de sete pétalas, enquanto alegoria dos sete planetas, dos sete degraus da transformação etc.
FLUDD. *Summum bonum* (1629)

SONHO 17

[100] *Uma longa caminhada. No caminho o sonhador encontra uma flor azul.*

[101] A caminhada é um andar por sendas sem fim e, portanto, simultaneamente busca e transformação. De repente o sonhador depara com uma flor azul, filha casual da natureza que se abre despretensiosamente para ele, no caminho. É como que uma gentil evocação de tudo o que era romântico e lírico e desabrochara em sua juventude, quando a visão científica do mundo ainda não o separara dolorosamente da experiência real do mundo, ou melhor, quando esta separação ainda estava no início, mas o olhar já se voltava para trás, divisando as coisas passadas. Na verdade, a flor parecia um aceno amável, emanação numinosa do inconsciente, indicando, para quem fora despojado daquele caminho que para o homem significa segurança e salvação, o lugar e o momento da história em que poderia encontrar amigos e irmãos espirituais e onde poderia achar o germe prestes a desenvolver-se em seu seio. Entretanto, o sonhador

ainda não tem a menor suspeita do ouro solar que une a flor inocente aos escândalos da alquimia e à blasfêmia pagã da "solificatio". A "flor de ouro da alquimia" (fig. 30) pode também ser ocasionalmente uma flor *azul,* "a flor de safira do hermafrodita"[34].

Fig. 30. A rosa vermelha e branca, a "flor de ouro" da alquimia como lugar de nascimento do "filius philosophorum".
Ripley Scrowle (1588)

Fig. 31. A cidade simbólica, como centro da terra, representa um témenos com seus muros protetores dispostos em retângulo.
MAIER. *Viatorium* (1651)

---

34. *Epistola ad Hermannum Archiepiscopum Coloniensem* em: *Theatr. chem.* V, p. 899.

SONHO 18

[102] Um homem estende a mão, oferecendo um punhado de moedas de ouro ao sonhador que, indignado, atira-as ao chão, mas logo se arrepende profundamente. Depois, numa área delimitada, começa um espetáculo de variedades.

[103] Aqui a flor azul já começa a revelar sua história. O "ouro" que é oferecido é recusado com indignação. A má interpretação do "aurum philosophicum" é compreensível. Mas logo aparece o remorso por haver rejeitado o precioso segredo, respondendo erroneamente à indagação da esfinge. Algo de semelhante ocorre ao herói do *Golem* de Meyrink, quando o fantasma lhe oferece um punhado de grãos e ele se recusa a aceitá-los. A materialidade bruta do metal amarelo, com sua odiosa conotação monetária e a insignificância dos grãos, tornam o repúdio compreensível. É esse precisamente o motivo pelo qual é tão difícil encontrar o "lapis": por ser "exilis" (vil), insignificante, "in via eiectus invenitur" (por ter sido jogado fora e encontrado na rua), por ser o mais barato e encontrar-se por toda parte, "in planitie, in montibus et aquis" (na planície, nas montanhas e na água)[35]. Tal como o tesouro de Spitteler[36] em seu *Prometheus und Epimetheus*, tem um aspecto "ordinário", razão pela qual não será também reconhecido pelos homens de inteligência voltada para os valores mundanos. No entanto, o "lapis in via eiectus" (o "lapis" jogado na rua) poderia tornar-se o "angularis" (a pedra angular) e ao intuir essa possibilidade o sonhador é tomado por remorsos violentos.

---

35. No *Tractatus aureus* de Hermes lê-se: "in stercore eiectus [...] vilis et vilissimus" [jogado no esterco vil e vilíssimo].
36. Cf. JUNG. *Psychologische Typen* [OC, 6, p. 189s.].

A banalidade do aspecto exterior faz com que o ouro seja cunhado, isto é, moldado, estampado e avaliado. No plano anímico tratar-se-ia daquilo que Nietzsche se recusa a fazer no *Zarathustra*, isto é, dar nome às virtudes. Ao receber forma e nome, o ser psíquico é dissolvido em unidades cunhadas e avaliadas. No entanto, isto só é possível porque ele é uma multiplicidade inata, um acúmulo de unidades hereditárias não integradas. O homem natural não é o Si-mesmo, mas uma partícula da massa e a própria massa; é a tal ponto coletivo que nem sequer tem a certeza de seu próprio eu. É esse o motivo pelo qual necessitou desde os primórdios dos mistérios de transformação, que o tornam "algo", arrancando-o da psique coletiva de caráter animalesco, isto é, pura multiplicidade. [104]

No entanto, se a multiplicidade depreciada do homem natural for rejeitada, sua integração, ou melhor, o processo de autorrealização também será impossibilitado[37]. Isto equivale à morte espiritual. A vida, em seu verdadeiro sentido, não é apenas um deixar acontecer, mas também torná-la consciente: Somente a personalidade unificada é capaz de experimentar a vida, contrariamente àquele evento cindido em aspectos parciais que também se chama homem. A perigosa multiplicidade a que o sonho 4 já aludira é compensada pelo sonho 5, onde a serpente traça o círculo mágico protetor, delimitando desse modo a área tabu (cf. tb. fig. 13), ou seja, um temenos (fig. 31). O símbolo do temenos aparece aqui numa situação análoga, reunindo o múltiplo numa ação conjunta: a reunião é agradável em seu aspecto superficial, mas logo perderá seu caráter prazeroso. A briga dos bodes [105]

---

37. Esta formulação não afirma que o si-mesmo é criado no decorrer da existência, mas apenas é conscientizado. O si-mesmo existe anteriormente e desde todo o sempre, porém, de modo latente, isto é, inconsciente. Cf. minhas explicações posteriores.

que se confrontam evoluirá para a "tragédia". As analogias conhecidas, tais como a luta dos sátiros, por exemplo, é um ritual dos mistérios, cuja finalidade deve ser como sempre a religação do homem com a linhagem natural de seus ancestrais e, consequentemente, com a fonte da vida. Lembremos as palavras obscenas (αἰσχρολογία) das damas atenienses durante os mistérios de Elêusis, que serviam supostamente para aumentar a fertilidade da terra[38] (cf. o relato de Heródoto[39] acerca das exibições durante as festividades de Ísis, em Bubástis).

[106] A alusão ao significado compensatório do temenos, porém, ainda permanece obscura para o sonhador. Este preocupa-se muito mais com o perigo da morte espiritual provocado pela rejeição das conexões históricas, o que é bastante compreensível.

IMPRESSÃO VISUAL 19

[107] *Uma caveira. O sonhador quer chutá-la, mas não o consegue. Pouco a pouco o crânio transforma-se numa bola vermelha; depois, numa cabeça de mulher, que emite luz.*

[108] Os monólogos da caveira, no *Fausto* e em *Hamlet*, evocam o absurdo aterrador da existência quando é apenas considerada pelo "pálido esboço do pensamento". Foram opiniões e julgamentos tradicionais que levaram o sonhador a rejeitar a oferta desprezível e equívoca. Mas à medida em que ele tenta esquivar-se da visão sinistra da caveira, esta se transforma numa bola vermelha, alusão possível ao sol nascente, e depois se transmuta numa cabeça luminosa de mulher, o que lembra de imediato a visão 7. Trata-se aqui

---

38. FOUCART. *Les Mystères d'Eleusis*.
39. [Nove livros das Histórias, 11, 58].

evidentemente de *uma enantiodromia*[40]: após a rejeição atrás mencionada, o inconsciente se manifesta com maior força, primeiro através do antigo símbolo da unidade e divindade do Si-mesmo – o sol – passando depois para o tema da mulher desconhecida, personificação do inconsciente. Esse tema inclui naturalmente não só o arquétipo da anima, como também a relação com a mulher real, a qual por um lado é uma pessoa humana e, por outro, um receptáculo de natureza psíquica (a "bacia da irmã", tal como no sonho 15).

Na filosofia neoplatônica a alma mantém uma relação nítida com a forma esférica. A substância da alma configura-se em torno das esferas concêntricas dos quatro elementos sobre o céu incandescente[41]. [109]

IMPRESSÃO VISUAL 20

Um globo; a mulher desconhecida está de pé sobre ele, adorando o sol. [110]

Esta impressão é uma ampliação da visão 7. A rejeição significa certamente vim aniquilamento de todo o desenvolvimento do paciente, até a ocorrência do sonho 18. Por isso reaparecem os símbolos iniciais, mas de forma ampliada. Tais enantiodromias são características nas sequências dos sonhos em geral. Se o consciente não interviesse, o inconsciente permaneceria num movimento ondulatório infrutífe- [111]

---

40. Cf. este conceito em JUNG. *Psychologische Typen*. Definição ["Einstellung" (atitude)].
41. Cf. FLEISCHER. *Hermes Trismegistus an die menschliche Seele*, p. 6. E também a forma redonda do homem original platônico, e o σφαῖρος (esférico) de Empédocles. Como no Timeu de Platão, a "anima mundi", bem como a "alma do corpo" tem para os alquimistas a forma esférica; o ouro igualmente (fig. 209). Cf. MAIER. *De circulo physico quadrato*, p. 11s. Quanto à relação entre o "elemento redondo" e o crânio ou a cabeça, cf. as minhas explicações em *O símbolo da transformação na missa* [OC, 11/3, p. 219s.].

ro, tal como o tesouro que segundo a lenda leva nove anos, nove meses e nove noites para aflorar; no caso de não ser encontrado na última noite submergirá novamente e tudo recomeçará, a partir do início.

[112] O globo deve originar-se da ideia da bola vermelha. Esta representa o sol, ao passo que o globo é uma imagem da terra sobre a qual a anima está adorando o sol (fig. 32). Assim, pois, a anima se distingue do sol, alusão ao fato de que este é um princípio distinto da anima. Esta última, personifica o inconsciente. O sol, porém, é um símbolo da fonte da vida e da totalidade última do homem (tal como é indicado na "solificatio"). Ora, o sol é um símbolo antigo, ainda que muito próximo de nós. Sabemos igualmente que os cristãos dos primeiros séculos tinham uma certa dificuldade em distinguir ἥλιος ἀνατολῆς (o sol nascente) do Cristo[42]. Ao que tudo indica, a anima do sonhador ainda é uma adoradora do sol, pertencendo essencialmente ao mundo antigo, uma vez que o consciente, com sua atitude racional, preocupa-se muito pouco ou quase nada com ela, impossibilitando sua modernização (ou melhor, cristianização). Parece mesmo que o processo de diferenciação do intelecto, iniciado na Idade Média cristã graças à formação escolástica, induziu a anima a regredir ao mundo da Antiguidade. A Renascença fornece-nos provas suficientes disto; a mais nítida é a "hypnerotomachia" de Polifilo, que encontra sua anima – a dama Polia – na corte de Vênus; Polia não tem preocupações de ordem cristã, mas é agraciada com todas as "virtudes" da Antiguidade. (Com toda a razão o sé-

---

42. Cf. o argumento de Agostinho, segundo o qual este sol não é Deus, mas aquele que o criou (*In Ioannis evangelium* XXXIV, 2) e o testemunho de Eusébio, que ainda achava que entre os "cristãos" havia adoração ao sol (*Constantini oratio ad sanctorum coelum*, VI).

culo XVI considerou *Polifilo* como um livro de mistérios[43].) Esta anima faz com que mergulhemos diretamente na Antiguidade. Não consideraria errônea uma interpretação da enantiodromia acima descrita "ex effectu" como uma tentativa de escapar a essa preocupante e inverossímil regressão à Antiguidade. Ensinamentos básicos essenciais da filosofia alquimista remontam diretamente ao sincretismo greco-romano tardio, o que foi suficientemente demonstrado por Ruska em seu livro *Turba*, por exemplo. Consequentemente, a simples alusão à alquimia faz-nos sentir a atmosfera do mundo antigo e ao mesmo tempo induz-nos a suspeitar de uma regressão a níveis pagãos.

Fig. 32. A "coniunctio solis et lunae".
A virgem branca está de pé sobre a lua (?).
TRISMOSIN. Splendor solis (1582)

---

43. A introdução de Béroalde de Verville à edição francesa da *Hypnerotomachia* de 1600 demonstra este ponto de vista claramente. Cf. tb. as minhas explanações em *Estudos alquímicos*.

Fig. 33. Polifilo rodeado de ninfas.
Le songe de Poliphile (1600)

[113] Não é demais sublinhar aqui, com toda a ênfase, que o sonhador não tem a menor consciência destas coisas. Seu inconsciente, porém, está mergulhado nessas conexões que também se exprimem historicamente, fazendo-o comportar-se como se fosse um grande conhecedor desses estranhos fenômenos da história do espírito. Na realidade, inconscientemente, ele é um porta-voz da evolução anímica autônoma, tal como o alquimista medieval ou os neoplatônicos da Antiguidade. Seria, pois, possível escrever a história a partir do inconsciente "cum grano salis", da mesma forma que a partir dos textos objetivamente disponíveis.

IMPRESSÃO VISUAL 21

[114] *O sonhador está rodeado de ninfas. Uma voz diz: "estivemos aqui, mas não o notaste".* (fig. 33)

Fig. 34. O "negro" (nigredo) de pé sobre o redondo (sol niger).
MYLIUS. *Philosophia reformata* (1622)

Aqui, aumenta a regressão, chegando a representações da [115] Antiguidade. Ao mesmo tempo é retomada a situação do sonho 4 e através dela reaparece a situação de rejeição do sonho 18, onde o repúdio levou à enantiodromia compensatória do sonho 19. Entretanto, a imagem é ampliada pelo reconhecimento alucinatório de que se trata de uma realidade que sempre existira, embora não tivesse sido notada. Com essa constatação a psique inconsciente é conectada à consciência como elemento coexistente. O fenômeno da "voz" sempre tem um caráter definitivo e indiscutível para o sonhador, como o αὐτὸς ἔφα[44] isto é, a voz enuncia uma verdade ou condição que já não pode ser posta em dúvida. O fato de que se estabeleceu um contato com o passado remoto, isto é, com as camadas profundas da psique, é aceito pela personalidade inconsciente do sonhador e comunica-se também à consciência sob a forma de uma sensação de relativa segurança.

A visão que aparece no sonho 20 representa a anima [116] como adoradora do sol. Ela sai, por assim dizer, da esfera (ou da forma esférica) (fig. 32). A primeira forma esférica é a do crânio. Segundo uma antiga concepção, a cabeça ou o cérebro é a sede da "anima intellectualis" (alma intelectual). Por isso o vaso alquímico deve ser redondo como a cabeça, a fim de que aquilo que nele for produzido também seja "redondo", isto é, simples e perfeito, tal como a "anima mundi" (alma do mundo)[45]. A coroação da obra é a produção do "redondo" presente no início (como "materia globosa": fig. 34; cf. tb. figs. 115, 164, 165) e no fim (como ouro).

---

44. "Ele próprio <o> disse". Esta frase é uma alusão à autoridade de Pitágoras.
45. Cf. *Liber Platonis quartorum* em *Theatr. chem.* V, p. 149s. e 174. Este tratado é um texto harranítico de grande importância para a história da alquimia, com edições em árabe e em latim. Esta última foi infelizmente aviltada. O original foi provavelmente redigido no século X. Cf. STEINSCHNEIDER. *Die europäischen Übersetzungen aus dem Arabischen*, p. 44.

Provavelmente a frase: "sempre estivemos aqui" refere-se a isso. O caráter regressivo da visão manifesta-se pelo fato de aparecerem de novo uma pluralidade de figuras femininas, tal como no sonho 4. Agora, porém, elas são caracterizadas como imagens da Antiguidade, o que indica uma regressão histórica (tal como a adoradora do sol, no sonho 20). A decomposição da anima numa multiplicidade equivale a uma dissolução no indiferenciado, isto é, no inconsciente. Isto leva à conjetura de que, paralelamente à regressão histórica, opera-se uma relativa dissolução da consciência (processo que em seu grau máximo pode ser observado na esquizofrenia). A dissolução da consciência, o "abaissement du niveau mental" – na expressão de Pierre Janet – aproxima-se de um estado mental primitivo. A "regio nymphidica" (região das ninfas), mencionada no tratado *De vita longa* de Paracelso como sendo a situação originária e inicial do processo de individuação[46], constitui um paralelo da cena onírica das ninfas.

IMPRESSÃO VISUAL 22

[117]   *Floresta virgem. Surge um elefante ameaçador. Um antropoide enorme, urso ou homem das cavernas com sua clava ameaça atacar o sonhador (fig. 35). De repente aparece o "homem de cavanhaque" e fixa o olhar no agressor de tal forma que este fica enfeitiçado. O sonhador, porém, entra em pânico. A voz diz: "Tudo deve ser regido pela luz".*

[118]   A pluralidade de ninfas fragmentou-se em componentes ainda mais primitivas; isto significa que a animação da atmosfera psíquica intensificou-se consideravelmente, motivo pelo qual podemos concluir que o isolamento do indivíduo em relação a seus contemporâneos acentuou-se na mesma proporção.

---

46. Recomendo ler os meus comentários em *Estudos alquímicos* [§ 214].

Não é difícil reportar o isolamento intensificado ao sonho 21, no qual a conexão com o inconsciente foi de fato constatada e aceita. Este dado, altamente irracional do ponto de vista da consciência, constitui um segredo a ser ciosamente guardado, pois seria difícil justificar sua existência a uma pessoa de senso comum. Caso o revelasse, seria tachado como um indivíduo completamente louco. A descarga da energia sobre o ambiente é, pois, cerceada, disso resultando um excedente energético que pesa do lado do inconsciente: isso explica o aumento anormal da autonomia das figuras inconscientes, culminando na agressão e no pavor. Aquilo que fora o divertido teatro de variedades das figuras inconscientes começa a ser algo perturbador. As ninfas da Antiguidade podem ser aceitas mais facilmente, por representarem elementos estéticos. Por detrás dessas graciosas figuras, nem de longe se suspeita do mistério dionisíaco, do jogo dos sátiros com suas trágicas implicações, inclusive o estraçalhamento sangrento do deus feito animal. Foi preciso que um Nietzsche viesse desnudar em toda a sua fragilidade a concepção ginasiana que o homem europeu nutria em relação à Antiguidade! Sabe-se o quanto Dioniso significou para ele! Devemos levar a sério o que o filósofo alemão disse a respeito do deus – e mais ainda: tudo o que lhe aconteceu. Sem dúvida alguma, no estágio preliminar de sua doença fatal, já previra que a lúgubre sorte de Zagreu lhe estava destinada. Dioniso significa o abismo da diluição passional, onde toda a singularidade humana se dissolve na divindade da alma animalesca primordial. Trata-se de uma experiência ao mesmo tempo abençoada e terrível. A humanidade, protegida pela cultura, acredita ter escapado a essa experiência, até o momento em que se desencadeia uma nova orgia de sangue, provocando o espanto dos "bem-pensantes" que não tardam a acusar como culpados o capitalismo, o armamentismo, os judeus e os maçons[47].

[119]   No fim do sonho aparece em cena, frente ao sonhador, o amigo de cavanhaque, qual um "deus ex machina" prestativo, que exorciza o insólito antropoide ameaçador. Quem sabe quanto a curiosidade imperturbável de Fausto diante dos fantasmas da noite de Walpurgis devia à presença prestativa de Mefisto, com sua atitude "matter-of-fact"! Oxalá muitos se lembrem ainda a tempo, nos momentos cruciais da reflexão científica e filosófica, do intelecto tão denegrido. Aqueles que o denigrem talvez jamais hajam vivenciado algo que lhes demonstre o valor do intelecto e a razão pela qual a humanidade forjou tal arma, com esforço tão admirável. O fato de não perceber tal coisa demonstra uma enorme alienação da vida. O intelecto, sem dúvida, é o diabo (fig. 36), um "estranho filho do caos", e o primeiro a quem podemos confiar a tarefa de lidar eficazmente com sua própria mãe. A experiência dionisíaca dá muito o que fazer ao diabo, sempre à procura de trabalho; o confronto com o inconsciente, que a isto se segue – segundo me parece – ultrapassa de longe os trabalhos de Hércules: um mundo de problemas que o intelecto não consegue resolver, nem mesmo em centenas de anos, o que explica por que a razão já entrou em férias diversas vezes a fim de recuperar-se, realizando tarefas mais simples. Por isso talvez a alma tenha caído tantas vezes e durante longos períodos no esquecimento, e o intelecto precisou recorrer com frequência a palavras apotropaicas, tais como "oculto" e "místico", na esperança de que até as pessoas inteligentes acreditassem que ele dissera alguma coisa.

---

47. Escrevi esta passagem na primavera de 1935.

Fig. 35. Interpretação medieval do "homem selvagem". (Vaticano, século XV)

Fig. 36. O diabo, como espírito do ar e do intelecto contrário a Deus. Ilustração do Fausto, 1ª parte, de Delacroix (1789-1863)

A voz declara categoricamente: "Tudo deve ser regido pela luz", que deve significar a consciência *capaz de discernimento,* da "illuminatio" (iluminação) verdadeira e honestamente obtida. As profundezas obscuras do inconsciente não devem ser negadas por um sofisma ou pela ignorância provenientes de um medo comum mal disfarçado e também não devem ser explicadas apressadamente por racionalizações pseudocientíficas. O que forçosamente devemos admitir é a existência na alma de coisas sobre as quais pouco ou nada

[120]

sabemos e que possuem um grau de realidade pelo menos semelhante ao dos fenômenos do mundo físico, os quais também não compreendemos totalmente, embora afetem nossos corpos de modo mais persistente. Nenhuma pesquisa, afirmando que seu objeto não possui caráter próprio ou é "nada mais do que [...]", contribuiu para o conhecimento.

[121]   Com a intervenção ativa do intelecto inicia-se uma nova fase no processo inconsciente, a saber, o confronto da consciência com as imagens da mulher desconhecida (anima), do homem desconhecido ("sombra"), do velho sábio ("personalidade mana")[48] e com os símbolos do si-mesmo. O próximo capítulo será dedicado a este assunto.

Fig. 37. A flor de sete pétalas.
BOSCHIUS. *Symbolographia* (1702)

Fig. 38. Mercúrio como Virgem, de pé sobre a fonte de ouro (sol) e de prata (lua), com o filho dragão.
Tractatus qui dicitur Thomae Aquinatis de alchimia (1520)

---

48. Cf. estes termos com JUNG. *O eu e o inconsciente*.

3. O simbolismo do mandala

A. Sobre o mandala

Como já disse anteriormente, extraí de uma série concatenada de 400 sonhos todos aqueles que considero de natureza mandálica. A palavra mandala foi escolhida por designar o círculo ritual ou mágico utilizado especialmente no lamaísmo e também na ioga tântrica, como yantra ou instrumento de contemplação (fig. 39). Os mandalas orientais usados nos cultos são configurações estabelecidas pela tradição; costumam ser desenhadas ou pintadas e em festas especiais[1] podem ser expressas pelos movimentos do corpo.

Em 1938, no mosteiro de Bhutia Busty[2], tive a oportunidade de conversar com um "rimpoche" lamaísta, chamado Ungdam Gomchen, sobre o mandala (khilkor). Ele explicou-me que ela é um "dmigs-pa" (pronuncie-se migpa), imagem mental (imago mentalis) que só pode ser construída através da imaginação de um lama que concluiu sua instrução. Nenhum mandala é igual a outro, sendo individualmente diferentes. Acrescentou que os mandalas encontradas nos mosteiros e nos templos não têm significado particular, por serem meras representações exteriores. O verdadeiro mandala é sempre uma imagem interior, construída pouco a pouco através da imaginação (ativa) somente em períodos

[122]

[123]

---
1. Remeto o leitor à exposição de Zimmer em *Kunstform und Yoga im indischen Kultbild*, e também a WILHELM & JUNG. *O segredo da flor de ouro*.
2. Nas vizinhanças de Darjeeling.

de distúrbio do equilíbrio anímico, ou quando se busca um pensamento difícil de ser encontrado por não figurar na doutrina sagrada. O acerto desta afirmação tornar-se-á evidente no decorrer dos esclarecimentos que se seguirão. A configuração aparentemente livre e individual deve ser compreendida "cum grano salis", uma vez que em todos os mandalas lamaístas domina não somente um estilo inconfundível, como também uma estrutura tradicional. Assim, por exemplo, ela é sempre um sistema quaternário, uma "quadratura circuli" (quadratura do círculo), cujos conteúdos procedem invariavelmente da dogmática lamaísta. Há textos como o Shri-Chakra- Sambhara Tantra[3], que contêm instruções para a construção da "imagem mental". O "khilkor" distingue-se estritamente do "sidpe-korlo", da roda do mundo (fig. 40), que representa todo o percurso das formas humanas de existência, segundo a concepção budista. Contrariamente ao "khilkor", a roda da vida é composta de um sistema ternário, sendo que os três princípios do mundo se encontram no centro, a saber: o galo, que representa a concupiscência, a serpente, que representa o ódio ou a inveja e o porco, que representa a ignorância ou inconsciência (avidya). Deparamos aqui com o *dilema do três e do quatro*, que também desempenha um papel no budismo. Encontraremos novamente este problema no decorrer da nossa série de sonhos.

Fig. 39. Shri-Yantra.

---

3. [AVALON. *The Serpent Power* VII.]

Parece-me fora de dúvida que esses símbolos orientais [124] surgiram originalmente de sonhos e visões e não da fantasia de qualquer monge mahayana. Pelo contrário, pertencem aos símbolos religiosos mais antigos da humanidade (figs. 41, 42, 43, 44), e talvez já tivessem existido na era paleolítica (cf. desenhos rupestres rodesianos). Além disto, são universalmente difundidos, fato este que não aprofundarei aqui. Quero apenas sublinhar que os mandalas são produzidos, usando material empírico.

Fig. 40. A "roda da Vida" tibetana (sidpe-korlo).

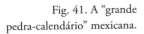

Fig. 41. A "grande pedra-calendário" mexicana.

219

[125] Em seu uso cultual, os mandalas são extremamente significativos, pois seu centro contém em geral uma figura de supremo valor religioso: às vezes é o próprio Shiva, frequentemente abraçado à Shakti, ou então Buda, Amitaba, Avalokiteshvara, ou ainda um dos grandes mestres do Mahayana, ou simplesmente o "dorje", símbolo de todos os poderes divinos, de natureza criativa ou destrutiva (fig. 43). O texto da *Flor de ouro,* que procede do sincretismo taoista, atribui a este centro propriedades alquímicas especiais, no sentido das qualidades do "lapis", assim como as do "elixir vitae" (elixir da vida), e, portanto, de um φάρμακον ἀθανασίας (bebida que dá a imortalidade)[4].

[126] É essencial conhecer esta valorização máxima do símbolo, porquanto coincide com o significado central dos símbolos mandálicos individuais, caracterizados pelas mesmas qualidades de natureza por assim dizer "metafísica"[5]. Se não estivermos completamente enganados, eles representam um centro psíquico da personalidade que não é idêntico ao "eu". Observei tais processos e imagens ao longo de vinte anos, através de um material empírico relativamente abundante. Durante quatorze anos não divulguei, nem escrevi sobre tais observações, receando distorcê-las. No entanto, em 1929, no momento em que Richard Wilhelm confiou-me o texto da *Flor de ouro,* resolvi publicar pelo menos algumas alusões aos resultados de minhas observações. Em casos como esses, a cautela nunca é excessiva, pois o impulso da imitação e a avidez mórbida de apoderar-se da plumagem alheia, pavoneando-se com ela, leva muita gente a fazer uso desse tipo de temas "mágicos", para uso externo, como se fosse

---

4. Cf. REITZENSTEIN. *Die hellenistischen Mysterienreligionen.*

5. As aspas significam que nada "afirmo" com a expressão "metafísico", mas a utilizo apenas impropriamente, no sentido psicológico, a fim de caracterizar a estranha afirmação dos sonhos.

unguento. Na realidade, não hesitamos em fazer as coisas mais absurdas a fim de escapar à própria alma. Pratica-se a ioga indiana de qualquer escola, seguem-se regimes alimentares, aprende-se de cor a teosofia, rezam-se mecanicamente os textos místicos da literatura universal – tudo isto porque não se consegue mais conviver consigo mesmo e porque falta fé em que algo de útil possa brotar de nossa própria alma. Pouco a pouco esta última tornou-se aquela Nazaré da qual nada de bom se pode esperar; vai-se, portanto, procurá-la nos quatro cantos da terra: quanto mais distante e exótico, melhor. Não pretendo perturbar essas pessoas em suas ocupações prediletas. No entanto, se houver alguém que queira ser levado a sério, mas se iluda, pensando que emprego métodos e doutrinas da ioga e sugiro a meus pacientes que desenhem mandalas para conduzi-los ao "ponto exato", então preciso protestar e recriminar as pessoas que leem meus trabalhos com uma desatenção verdadeiramente condenável. A doutrina segundo a qual todo mau pensamento provém do coração, sendo a alma humana o recipiente de toda a iniquidade, deve estar arraigada até à medula dessas pessoas. Se tivessem razão, a obra criativa de Deus representaria um lamentável fracasso e seria o caso de se aderir ao gnóstico Marcião e expulsar o demiurgo incompetente. De ponto de vista ético, é extremamente prático delegar a Deus a responsabilidade exclusiva pela existência desse asilo de crianças débeis mentais, incapazes de levar a colher à boca. O ser humano é suficientemente dotado para preocupar-se consigo mesmo, uma vez que possui na própria alma o germe de sua transformação[6]. Vale a pena observar pacientemente o que se processa em silêncio na alma. A maioria das transformações e as melhores ocorrem quando não se

---

6. Como diz Mestre Eckhart: "ez ist zemâle inne, niht ûze, sunder allez inné" (não está fora, mas dentro, todo dentro) (*Deutsche Mystiker* II, p. 8,37).

é regido pelas leis vindas de cima e do exterior. Admito de bom grado que é tal o meu respeito pelo que acontece na alma humana, que receio perturbar e distorcer a silenciosa atuação da natureza, mediante intervenções desajeitadas. Por isso renunciei a observar pessoalmente o caso que nos ocupa, confiando a tarefa a um principiante, livre do peso do meu saber – tudo isto, para não perturbar o processo. Os resultados que aqui apresento são simples auto-observações conscienciosas e exatas, de uma pessoa de grande firmeza intelectual, que ninguém jamais sugestionou e que não seria passível de ser sugestionada. Os verdadeiros conhecedores do material psíquico reconhecerão facilmente a autenticidade e espontaneidade dos resultados aqui expostos.

Fig. 42. Cristo-menino, carregando a cruz no mandala.
Afresco de ALBERTUS PICTOR.
Igreja de Härkeberga. Suécia (aprox. 1480)

Fig. 43. Vajramandala lamaísta.

Fig. 44. Calendário mexicano.

Fig. 45. Hermes como psicopompo.
Pedra de anel romano

Fig. 46. Dragão coroado, devorando a própria cauda.

Fig. 47. Círculo formado por dois dragões; nos quatro cantos, os sinais dos quatro elementos.
ELEAZAR. *Uraltes chymisches Werk* (1760)

B. Os mandalas nos sonhos

[127]   Recapitulemos, para concluir, o simbolismo do mandala dos sonhos iniciais já discutidos:

1. Impressão visual 5: *Serpente que traça um círculo em torno do sonhador.*
2. Sonho 17: *A flor azul*
3. Sonho 18: *O homem com as moedas de ouro na palma da mão. Espaço delimitado para o teatro de variedades.*
4. Impressão visual 19: *A esfera vermelha.*
5. Sonho 20: *O globo terrestre.*

[O símbolo mandálico seguinte aparece no primeiro sonho da nova série.][7]

SONHO 6

[128]   *Uma mulher desconhecida persegue o sonhador. Ele corre sempre em círculo.*

[129]   A serpente do primeiro sonho mandálico foi uma antecipação. Frequentemente uma figura personifica certo aspecto do inconsciente, antecipando uma experiência ou ação que o próprio sujeito fará no futuro. A serpente indica um movimento circular, no qual o próprio sujeito se envolverá futuramente. Isto quer dizer que algo concebido como um movimento circular está em processo no inconsciente, pressionando de tal forma o consciente de modo a atingir o sonhador. A mulher desconhecida ou anima representa o inconsciente que importuna o sonhador, a ponto de fazê-lo

---

7. Visto que os cinco sonhos e visões listados no § 127 figuram necessariamente nesta nova série (embora, de fato, façam parte da primeira série de sonhos), o autor iniciou a nova série de sonhos – isto é, os mandalas – com eles. – EDITORES.

girar em círculo. Disso resulta pura e simplesmente um centro potencial, que não é idêntico ao eu. Este último gira em torno do centro.

SONHO 7

A anima acusa o sonhador de não preocupar-se suficientemente com ela. Há um relógio marcando cinco para as...? [130]

A situação é semelhante: o inconsciente o importuna como se fosse uma mulher exigente. Isto explica o relógio, cujos ponteiros se movem em círculo. Para qualquer pessoa que vive atenta ao relógio cinco para as... representa um estado de certa tensão, uma vez que dentro de cinco minutos é hora de fazer isto ou aquilo. Talvez até se esteja com pressa. (O símbolo do movimento circular – cf. fig. 13 – está sempre ligado a uma certa tensão, conforme constataremos mais adiante.) [131]

SONHO 8

A bordo de um navio. O sonhador está ocupado com um novo método de orientação. Ora está longe demais, ora demasiado perto: o lugar certo está no meio. Há um mapa e nele está desenhado um círculo com o seu centro. [132]

A tarefa aqui apresentada é claramente a de estabelecer o centro, o lugar correto. Este último é o centro de um círculo. Ao anotar o sonho, ele lembrou-se que pouco antes havia sonhado que praticava tiro ao alvo (fig. 48); ora atirava alto demais, ora demasiado baixo. O alvo estava no meio. Ambos os sonhos pareciam-lhe muito significativos. O alvo é um círculo com um centro. A posição no mar é determinada de acordo com os astros que aparentemente giram em redor da terra. O sonho descreve, portanto, uma atividade [133] que tem por fim construir ou determinar um centro objetivo. Trata-se de um centro fora do sujeito.

Fig. 48. A "putrefactio" (putrefação), sem a qual a meta do "opus" (obra) não pode ser atingida (daí, o tiro ao alvo).
STOLCIUS DE STOLCENBERG. *Viridarium chymicum* (1624)

SONHO 9

[134] *Um relógio de pêndulo que não para de funcionar, embora os seus pesos não desçam.*

[135] Trata-se de um tipo de relógio cujos ponteiros avançam ininterruptamente e, como não há nenhuma perda por atrito, ele é nada mais nada menos do que um "perpetuum mobile", em eterno movimento circular. Deparamos aqui com um atributo "metafísico". Como já foi dito antes, utilizo esta expressão em sentido psicológico, portanto figurativamente. Isto quer dizer que o atributo da eternidade é um testemunho do inconsciente, e não uma hipóstase. De qualquer modo, a mensagem do sonho perturba os critérios científicos do sonhador, mas é precisamente isto que confere ao mandala seu significado peculiar. Coisas importantíssimas não são aceitas por contradizerem aparentemente a razão, submetendo esta última a uma prova demasiadamente árdua. O movimento perpétuo, por não haver perda pelo atrito, indica que o reló-

gio é cósmico e até mesmo transcendente. Em todo o caso, a questão aqui levantada é a de saber se o fenômeno psíquico expresso no mandala está sujeito às leis espaçotemporais ou não. Isto denota uma diferença frente ao eu empírico, difícil de ser resolvida; em outras palavras, o outro centro da personalidade encontra-se num plano diferente do plano do eu, pois, contrariamente a este, possui o atributo da eternidade, ou seja, de uma relativa intemporalidade.

SONHO 10

O sonhador encontra-se na Peterhofstatt em Zurique, juntamente com o médico, o homem de cavanhaque e a mulher-boneca. Esta é uma desconhecida que não fala e com quem ninguém fala. A questão é de saber a qual dos três homens a mulher pertence. [136]

A torre da Igreja de São Pedro em Zurique tem um mostrador de tamanho surpreendente. A Peterhofstatt é uma praça bem delimitada, um temenos, no mais verdadeiro sentido da palavra. Um espaço que pertence à Igreja. Os quatro personagens encontram-se nesse espaço. O círculo do relógio é dividido em quatro partes, tal como o horizonte. O sonhador representa seu próprio eu, o homem de cavanhaque, o intelecto como "empregado" (Mefisto) e a mulher-boneca, a anima. A boneca é o objeto da criança e, portanto, uma excelente expressão para a natureza não ego da anima. Ela também é caracterizada como objeto pelo fato de ninguém dirigir-lhe a palavra. Esta negação – também presente nos sonhos 6 e 7 [§ 128 e 130] – denota uma falta de relação entre o consciente e o inconsciente; o mesmo se dá em relação à dúvida: a quem pertencerá a "desconhecida"? O "médico" também pertence ao não ego e deve conter uma leve alusão a mim mesmo, embora naquela épo- [137]

ca o sonhador não estivesse em relação comigo[8]. O homem de cavanhaque, pelo contrário, pertence ao ego. Esta situação lembra imediatamente as relações descritas no esquema das funções (fig. 49). Ao conceber as funções de consciência[9] dispostas em círculo, a função mais diferenciada é, em geral a portadora do eu; ela está sempre ligada a uma função auxiliar. A função "inferior" por seu lado é inconsciente, sendo por isso projetada no não ego. Ela liga-se também a uma função auxiliar. Logo, não seria impossível ver nas quatro pessoas do sonho uma representação das quatro funções como componentes da personalidade total, inclusive o inconsciente. A totalidade compreende o ego e o não ego. O centro do círculo, enquanto expressão de uma totalidade, não coincidiria, pois com o eu, mas sim com o Si-mesmo, enquanto síntese da personalidade total. (O centro marcado no círculo é uma alegoria bastante conhecida da natureza de Deus.) Na filosofia dos Upanixades, o Si-mesmo é inicialmente o atman pessoal, possuindo ao mesmo tempo uma qualidade cósmica-metafísica enquanto atman suprapessoal[10].

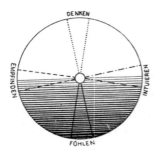

Fig. 49. Representação esquemática das quatro funções da consciência.

O pensamento é aqui considerado como a função principal, ocupando o meio do semicírculo claro; o sentimento, enquanto função inferior, ocupa o semicírculo escuro, ao passo que as duas funções auxiliares ficam parcialmente no claro e parcialmente no escuro.

---

8. Como o sonho não se "referiu" a mim "nominalmente", mas apenas insinuando, o inconsciente não tem, pelo visto, a intenção de salientar a minha importância pessoal.

9. Cf. JUNG. *Psychologische Typen* [cap. X].

10. DEUSSEN. *Allgemeine Geschichte der Philosophie* I.

Na gnose encontramos ideias semelhantes. Menciono [138] aqui a ideia do Anthropos, do pleroma, da mônada e da centelha de luz (spinther), num tratado do *Codex Brucianus:* "This same is he (Monogenes) who dwelleth in the Monad (μόνας) which is in the Setheus (σηθεύς), and which came from the place of which none can say where it is [...] From him it is the Monad (μόνας) came, in the manner of a *ship*, laden with all good things (άγαωόν), and in the manner of a *field*, filled, or (ή) planted with every kind (γένος) of tree, and in the manner of a city (πόλις), filled with all races (γένος) of mankind [...] This is the fashion of the Monad (μόνας) – all these being in it: there are twelve Monads (μονας) as a crown upon its head [...] And to its veil (Καταπέτασμα) surroundeth it in the manner of a defence (πυργός) there are twelve Gates (πύλη) [...] This same is the Mother-city (μητρόπολις) of the Only-begotten (μονογενής)." (Ele é *o* próprio Monogenes, o qual habita a mônada que está em Setheus e proveio de um lugar que ninguém sabe dizer onde fica [...] Dele procedeu a mônada a modo de um *barco* carregado de toda espécie de boas coisas e a modo de um *campo* repleto ou plantado de toda espécie de árvores e a modo de uma *cidade* com todas as raças da humanidade [...] Esta é a maneira de ser da Mônada – uma vez que tudo isso nela se encontra: há doze mônadas em forma de coroa sobre a sua cabeça [...] E há doze portões que dão para o véu que a circunda a modo de proteção [...] Esta é a cidade-mãe do Unigênito)[11].

---

11. [Destacado por JUNG.] (BAYNES. *A Coptic Gnostic Treatise* [p. 89]).

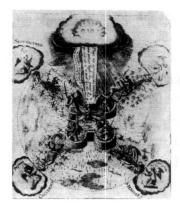

Fig. 50. O castelo que protege contra os espíritos da doença.
FLUDD. *Summum bonum* (1629)

Fig. 51. O santuário do lapis circundado pelas órbitas dos planetas.
Ele representa também um labirinto.
VAN VREESWYK. *De Groene Leeuw* (1672)

Fig. 52. Harpócrates sentado sobre a flor de lótus.
Gema gnóstica

Acrescento à guisa de esclarecimento que Setheus é um nome de Deus, que designa o Criador. O Monogenes é o Filho de Deus. A comparação da mônada com um campo e uma cidade corresponde à ideia do temenos (fig. 50). A mônada também é coroada (cf. nesse contexto o "chapéu" do sonho 1 [§ 52] e do sonho 35 [§ 254]). Considerada como metrópole, a mônada é feminino, semelhante ao padma (lótus), forma básica do mandala lamaísta. (No contexto chinês corresponde à flor de Ouro e, no Ocidente, à Rosa e à Flor de Ouro.) Nela habita o Filho de Deus, o Deus que se manifestou[12]. No Apocalipse encontramos o Cordeiro no centro da Jerusalém celeste. Em nosso texto diz-se igualmente que Setheus habita o santíssimo do Pleroma, cidade de quatro portas (que se assemelha à cidade de Brahman sobre o Meru, a Montanha do Mundo, na Índia). Em cada porta há uma mônada[13]. Os membros do Anthropos, nascido do Autogenes (Monogenes), correspondem às quatro portas da cidade. A mônada é uma centelha de luz (spinther) e uma imagem do Pai idêntica ao Monogenes. Há uma invocação que diz: "Thou art the House and the Dweller in the House[14]" (Vós sois a Casa e o Habitante da Casa). O Monogenes está de pé sobre um tetrapeza[15], mesa

[139]

---

12. Buda, Shiva etc. no lótus (fig. 52); Cristo na rosa, no colo de Maria (existe um rico material sobre este tema em SALZER. *Die Sinnbilder und Beiworte Mariens*); o lugar germinativo do corpo diamantino na flor de ouro. Cf. a circumambulatio no espaço quadrado, sonho 16, §164.
13. BAYNES, op. cit., p. 58. Cf. a Vajra-Mandala (fig. 43), em cujo centro se encontra o grande Dorje, cercado por doze dorjes menores, bem como a mônada única coroada com doze mônadas. Além disso, em cada um dos quatro portais encontra-se um dorje.
14. Op. cit., p. 94
15. Op. cit., p. 70.

ou estrado de quatro colunas correspondentes à quaternidade dos quatro evangelistas[16].

[140] A ideia do lapis "relaciona-se intimamente com estas representações. Em Hermes, o "lapis" diz: "Me igitur et filio meo coniuncto, nil melius ac venerabilius in Mundo fieri potest." (Nada há no mundo de melhor e mais digno de veneração do que minha união com meu Filho[17].) O Monogenes também é denominado "a luz escura"[18]. Segundo o *Rosarium*, Hermes diz: "Ego 'lapis' gigno lumen, tenebrae autem naturae meae sunt." (Eu gero a luz; no entanto, as trevas também pertencem à minha natureza[19].) A alquimia conhece igualmente o "sol niger" (sol negro)[20] (fig. 34).

[141] A seguinte passagem do *Tractatus aureus,* capítulo IV, é um paralelo interessante do Monogenes que habita o seio da cidade-mãe e é idêntico à mônada coroada e envolta num véu: "O soberano reina, tal como é testemunhado por seus irmãos (e) diz: 'Serei coroado e adornado com o diadema e revestido com as vestes do Reino, dou alegria aos corações e, acorrentado aos braços e seios de minha mãe e à

---

16. Cf. IRENEU *[Adversus haereses]*, III, XI, e CLEMENTE, *Stromata* V, VI. Semelhante ao tetramorfo como montaria da Igreja (fig. 53).
17. *Rosarium* [*Art. aurif.* II, p. 240). As citações de Hermes foram tiradas do cap. IV do *Tractatus aureus* [*Ars chem.*, p. 23s., e *Bibl. chem.* I, p. 427s.].
18. BAYNES, op. cit., p. 87.
19. As citações de Hermes do autor anônimo do *Rosarium* contêm alterações intencionais que são muito mais do que falhas de leitura. São propriamente criações novas às quais confere maior autoridade pelo uso do nome de Hermes. Comparei as três edições impressas do *Tractatus aureus*, de 1566 e 1610 e 1692, e achei que todas elas concordam entre si. As citações do *Rosarium* (p. 239) no *Tractatus aureus* (p. 23s.) dizem o seguinte: "Iam Venus ait: Ego genero lumen, nec tenebrae meae naturae sunt [...] me igitur et fratri iunctis nihil melius ac venerabilius." [Pois Vênus diz: Gero a luz, mas a escuridão não pertence à minha natureza [...] por isso não há nada melhor e mais digno do que a união de mim mesma com meu irmão.]
20. Cf. MYLIUS. *Phil. ref.*, p. 19.

sua substância, mantenho coesa e em repouso a minha substância, e componho o invisível a partir do visível; assim aparecerá o que está oculto, e tudo o que os filósofos ocultaram será gerado a partir de nós. Compreendei, observai e meditai estas palavras, ó vós que escutais, e não busqueis mais nada. Desde o princípio, o homem foi gerado pela natureza cujas entranhas são de carne e não de outra substância'".

Fig. 53. O Tetramorfo como montaria da Igreja.
HERRAD VON LANDSBERG. *Hortus deliciarum.*
Crucifixão (aprox. 1180)

O "rei" é uma referência ao lapis. Este último é o "Senhor", conforme se depreende da seguinte passagem do *Rosarium*[21]: "Et sic Philosophus non est Magister lapidis, sed potius minister." (E assim, o filósofo não é o senhor da pedra, mas sim o seu servidor.) Da mesma forma, a realização definitiva do lapis na forma do hermafrodita coroado é designada por "Aenigma Regis" (Enigma do Rei)[22]. Um poema alemão que se refere a este enigma diz[23].

[142]

---

21. *Art. aurif.* II, p. 356.
22. Op. cit., p. 359.
23. Op. cit., p. 359s.

Hie ist geboren der Kayser aller ehren
Kein höher mag uber jn geboren werden.
Mit kunst oder durch die natur
Von keiner lebendigen creatur.
Die Philosophy heisen jn jhren Suhn
Er vermag alles was sie thun. (fig. 54)
(Aqui nasceu o Imperador digno de todas as honras
Ninguém superior a ele poderá nascer
Pela arte ou pela natureza
De nenhuma criatura viva.
Os Filósofos chamam-no seu Filho
Ele torna possível tudo o que eles fazem.)

[143] Os dois últimos versos poderiam ser uma referência direta à citação já mencionada de Hermes.

[144] É como se os alquimistas tivessem começado a vislumbrar que o Filho – o qual, segundo a concepção clássica (e cristã) é eternamente inerente ao Pai, manifestando-se como dádiva divina à humanidade – fosse algo que o homem pudesse produzir ("Deo concedente") a partir de sua própria natureza. A heresia deste pensamento é óbvia.

[145] A natureza feminina da função inferior se deve à sua contaminação com o inconsciente. Por suas características femininas, o inconsciente é personificado pela anima, no homem; na mulher, dá-se o contrário[24].

Fig. 54. O Hermafrodita, com três serpentes de um lado e uma do outro; embaixo, o Dragão-Mercúrio tricéfalo.
Rosarium philosophorum.
In: *Artis auriferae* II (1593)

---

24. Cf. JUNG. *O eu e o inconsciente* [§ 296s.].

Admitindo-se que este sonho e os que o antecederam significem realmente algo que suscita no sonhador uma sensação de suma importância e admitindo-se também que tal importância corresponde, digamos assim, aos pontos de vista referidos no comentário, atingiríamos então o ponto culminante de uma intuição introspectiva de grande audácia. Em todo o caso, para uma consciência despreparada, o eterno relógio de pêndulo já é difícil de digerir e poderia facilmente paralisar voos intelectuais demasiadamente altos. [146]

SONHO 11

O sonhador, o médico, um piloto e a mulher desconhecida viajam num avião. De repente uma bola de croqué despedaça o espelho, instrumento de navegação indispensável, e o avião cai. Reaparece a dúvida: a quem pertence a mulher desconhecida. [147]

O médico, o piloto e a mulher desconhecida são caracterizados como pertencendo ao não ego. Os três são estranhos. Logo, o sonhador possui unicamente a função diferenciada portadora do eu e isto significa que o inconsciente ganhou muito terreno. A bola de croqué pertence a um jogo em que a bola é impelida com um taco, para passar sob um arco de arame. O sonho 8 [§ 69] diz que não se deve (voar?) por cima do arco-íris, mas que se deve *passar por baixo* dele. Quem quiser passar por cima cairá. O voo é alto demais. O jogo de croqué é jogado na terra e não no ar. Não devemos elevar-nos acima da "terra", ou seja, acima da dura realidade, o que acontece frequentemente ao sermos tomados por intuições geniais. Nunca estamos à altura de nossos pressentimentos e, portanto, jamais devemos identificar-nos com eles. Somente os deuses passam sobre a ponte do arco-íris; os mortais, porém, caminham sobre a terra, estando sujeitos às suas leis (fig. 16). A natureza terrestre do ser humano, [148] apesar de sua capacidade de intuição, é lamentavelmente imperfeita. Esta imperfeição, no entanto, é inata ao seu ser, à sua realidade. O homem não consiste apenas de suas melhores intuições, ideias e aspirações mais altas, mas também de suas condições odiosas, tais como a hereditariedade e aquela série indelével de recordações, gritando: "Você fez isso, então você é isso!" O homem já perdeu a cauda dos sáurios pré-históricos, mas em compensação pende de sua alma uma corrente que o prende à terra: uma corrente homérica[25] de "condições" tão pesadas, que o melhor é ficar preso a elas, mesmo com o risco de não tornar-se herói, nem santo. (A história dá-nos o direito de não atribuir um valor absoluto a estas normas coletivas.) O fato de estarmos ligados à terra não significa que não possamos crescer. Muito pelo contrário, tal fato é uma "conditio sine qua non" desse crescimento. Não há árvore alguma, por mais alta e nobre que seja, que tenha renunciado às suas raízes obscuras. Cresce tanto para cima como para baixo. A questão de se saber para onde vamos é, sem dúvida, da maior importância; entretanto, saber quem vai para onde é igualmente importante. O "quem" sempre implica um "de onde vem". É preciso ter uma verdadeira grandeza para permanecer na altura. Mas ser presunçoso é fácil. Difícil é atingir o centro verdadeiro (cf. sonho 8 [§ 132]). Nesse sentido, é indispensável ter consciência dos dois lados da personalidade humana, de suas metas e de sua origem. Esses dois aspectos nunca devem ser separados, seja pela soberba (hybris), seja pela covardia.

---

25. [A edição anglo-americana tem a seguinte nota de rodapé: "A 'cadeia áurea de Homero' é na alquimia uma corrente de grandes sábios, a começar por Hermes Trismegistus, que conecta o céu com a terra. Ao mesmo tempo é uma corrente de substâncias e diversos estados químicos, que aparecem ao longo do processo alquímico. Cf. *Aurea catena Homeri*]".

Fig. 55. Fausto diante do espelho mágico.
Água-forte de Rembrandt (aprox. 1652)

Enquanto "instrumento de navegação indispensável", o "espelho" provavelmente é uma referência ao intelecto que é sempre capaz de pensar e nos persuade a identificarmo-nos com suas percepções (qualidade espelhante). O "espelho" é, para Schopenhauer, uma das metáforas prediletas do intelecto. No sonho, é adequadamente caracterizado pela expressão "instrumento de navegação", por ser o guia indispensável para o homem através do mar sem rumo. No entanto, quando o homem sente faltar o chão debaixo dos pés e começa a especular, seduzido pela intuição que alça voo para o infinito, a situação torna-se perigosa (fig. 55). [149]

O sonhador forma de novo uma quaternidade com as três pessoas do sonho. A mulher desconhecida, a anima, representa invariavelmente a função "inferior", isto é, a função indiferenciada. No caso do nosso sonhador, trata-se do *sentimento*. A bola de croqué pertence ao tema do "redondo", sendo, portanto, um símbolo da totalidade, ou seja, do si-mesmo, que se mostra neste contexto *hostil* ao intelecto (ao espelho). Pelo visto, o sonhador "navega" demais com o intelecto, perturbando assim o processo de individuação. No tratado *De vita longa*, Paracelso descreve o quatro como [150]

"Scaiolae", e o si-mesmo como "Adech" (Adão, homem primordial). Como é sublinhado por Paracelso, ambos dificultam a "obra" a tal ponto que quase se poderia falar de uma hostilidade por parte de Adech[26].

SONHO 12

[151] *O sonhador encontra-se numa plataforma de bonde junto ao pai, à mãe e à irmã, em situação de perigo.*

[152] Aqui também o sonhador constitui uma quaternidade com as demais personagens do sonho. A queda leva-o de volta à infância, quando o ser humano ainda está longe de seu estado de totalidade. O grupo familiar representa a totalidade, cujos componentes ainda são projetados sobre os membros da família, sendo por eles personificados. Tal estado é perigoso para o adulto, por ser regressivo; no fundo, significa uma cisão de sua personalidade, fato este que é sentido pelo primitivo como uma ameaça de "perda da alma". Na cisão, os componentes da personalidade integrados com tanta dificuldade são novamente impelidos para fora. Perde-se a culpa, que é substituída por uma inocência infantil; reaparece então o pai mau responsável por isto e a mãe pouco amorosa responsável por aquilo e nesses inegáveis nós causais fica-se preso como uma mosca em teia de aranha, sem perceber que se perdeu a liberdade moral[27]. Tudo o que os pais e os antepassados fizeram de errado contra a criança,

---

26. Cf. *Estudos alquímicos* [§ 209s.].
27. Mestre Eckhart diz: "[...] 'Eu não vim à terra para trazer a paz, mas a espada para cortar todas as coisas, para te separar do teu irmão, do teu filho, da tua mãe e do teu amigo, que na verdade são teus inimigos'. Pois, na verdade, aquele que te adoça a vida é teu inimigo. Se o teu olho vê todas as coisas, teu ouvido ouve todas as coisas, e o teu coração se lembra de todas as coisas, na verdade, em todas essas coisas a tua alma é destruída" (*Deutsche Mystiker* II, p. 14, 23s.).

o adulto declara ser sua *condição dada* (Gegebenheit), com a qual terá de conviver. Somente a um tolo interessa a culpa do outro, frente à qual nada se pode fazer. O homem inteligente aprende através de sua própria culpa. A pergunta poderia ser esta: Quem sou eu, a quem sucedem todas essas coisas? Olhando para dentro de seu coração ele encontrará certamente a resposta a esta pergunta crucial.

No sonho anterior, o veículo era um avião; neste, é um bonde elétrico. O tipo de veículo, num sonho, ilustra o tipo de movimento, ou a maneira pela qual se avança no tempo – em outras palavras, como se vive sua vida psíquica, individual ou coletivamente, por seus próprios meios ou por meios emprestados, espontaneamente ou mecanicamente. No avião, o sonhador é conduzido por um piloto desconhecido, isto é, por uma intuição de origem inconsciente. (A falta, aqui, é a utilização excessiva do "espelho" para a navegação.) No sonho de que tratamos agora, ele está num bonde elétrico que pode ser usado por qualquer pessoa; isto significa que ele se movimenta ou se comporta como qualquer pessoa. Mesmo assim, no sonho em questão, ele continua a ser uma dentre quatro pessoas, o que quer dizer que ele se encontra nos dois veículos por causa de sua aspiração inconsciente para a totalidade.

[153]

Fig. 56. A fonte da juventude do Codex de Sphaera (século XV).

SONHO 13

[154] *Um tesouro jaz no fundo do mar. É preciso mergulhar por uma abertura estreita. É perigoso, mas lá embaixo encontrar-se--á um companheiro. O sonhador ousa pular no escuro e descobre lá embaixo um belo jardim disposto simetricamente, com uma fonte no meio* (fig. 56).

[155] No mar do inconsciente jaz oculto o "tesouro de difícil acesso", que só é alcançado pelo corajoso. Conjeturo que a joia também pode ser o "companheiro", alguém que anda ao nosso lado e junto de nós através da vida – provavelmente uma analogia ao eu solitário que encontra um tu no si-mesmo, pois este último é inicialmente um não ego estranho. Este é o tema do companheiro mágico. Citarei três exemplos famosos: os discípulos no caminho de Emaús, Krishna e Arjuna no *Bhagavadgîta* e Moisés e El-Khidr na sura 18 do *Corão*[28]. Levo além a conjectura: o tesouro no mar, o companheiro e o jardim são uma e a mesma coisa, isto é, *o* si-mesmo. O jardim é de novo o temenos, e a fonte, a nascente da "água viva" mencionada por *João* 7,38, a qual também foi procurada e encontrada pelo Moisés do *Corão*, com El-Khidr a seu lado[29], um de "nossos servidores, dotado de nossa graça e sabedoria" (sura 18). E segundo a lenda, no chão do deserto, em torno de El-Khidr, brotaram flores primaveris. A imagem do temenos com a fonte, inspirada na antiga arquitetura cristã, tornou-se o pátio da mesquita islâmica, tendo ao centro a casa de banhos ritualística (por exemplo, Ahmed Ibn-Tulun, no Cairo). No claustro ocidental também encontramos algo semelhante: a fonte no jardim. Acrescente-se o "jardim das rosas dos Filósofos", que

---

28. Cf. o meu trabalho *Über Wiedergeburt* [§ 135s.].
29. VÖLLERS. *Chidher* II, p. 235s.

conhecemos através dos tratados de alquimia, representado mais tarde em belas gravuras em cobre. "O Habitante da Casa" ("The Dweller in the House") – (cf. comentário do sonho 10 [§ 139]) representa o "companheiro". O centro e o círculo aqui figurados como fonte e jardim são analogias do "lapis" que entre outras coisas é um ser vivente (figs. 25 e 26). No *Rosarium,* Hermes põe em sua boca as seguintes palavras: "Protege me, protegam te. Largire mihi ius meum, ut te adiuvem"[30] (Protege-me, e eu te protegerei. Dá-me o que é meu, a fim de que eu te ajude). O "lapis", neste contexto, é como um bom amigo e auxiliar que nos ajuda quando o ajudamos, o que indica uma relação compensatória. (Lembro neste ponto o que foi dito no comentário do sonho 10 [§ 138s.], sobretudo no que diz respeito ao paralelo Monogenes – "lapis" – si-mesmo.)

Fig. 57. O banho imperial na água da fonte milagrosa, sob a influência do Sol e da Lua.
Biblioteca Angelica (século XIV)

---

30. *Art. aurif.* II, p. 239. Esta citação do *Tractatus aureus* segundo a edição de 1566 (*Ars chemica*) diz: "Largiri vis mihi meum ut adiuvem te". [Queira dar-me o que é meu, para que eu te ajude.]

[156]   A queda por terra leva, portanto, ao fundo do mar, logo, ao inconsciente. Com isto, o sonhador obtém a proteção do temenos contra a cisão da personalidade causada pela regressão à infância. A situação assemelha-se à dos sonhos 4 e 5 [§ 58 e 62], na qual o círculo mágico representava a proteção contra a atração da multiplicidade do inconsciente. (Do mesmo modo, os perigos da tentação acometem Polifilo, quando este inicia sua Nekyia [descida]).

Fig. 58. O Cristo, fonte do fogo, com os estigmas "chamejantes".
Vitral do Coro da Igreja do antigo Mosteiro da Königsfelden.
(Suíça, século XIV)

[157]   A fonte da vida é, como El Khidr, uma boa companheira, mas nem por isso isenta de perigos. Segundo o *Corão*, o velho Moisés precisou enfrentar provações penosas por causa dessa fonte – que é o símbolo da força vital em incessante renovação (figs. 57 e tb. 25, 26, 27 e 84), como o relógio que nunca para. Uma palavra não canônica do Senhor diz: "Quem está perto de mim está perto do fogo"[31]. Este Cristo esotérico é uma fonte de fogo (fig. 58), que provavelmente

---

31. Uma citação de Aristóteles no *Rosarium* (*Art. aurif.* II, p. 317) diz: "Elige tibi pro lapide, per quem reges venerantur in Diadematibus suis [...] *quia ille est propinquus igni*" [Elege por tua pedra aquilo que faz com que os reis sejam venerados em suas coroas [...] *pois esta "pedra" está junto do fogo.*]

tem alguma relação com o πῦρ ἀεὶ ζῶον (eterno fogo da vida) de Heráclito – e assim também a "aqua nostra" (nossa água) é "ignis" (fogo), segundo a concepção dos filósofos alquimistas[32]. A fonte não é apenas o fluir da vida, mas também o seu calor, isto é, o seu ardor, o segredo da paixão, cujos sinônimos têm sempre as características do fogo[33]. A "aqua nostra", que tudo dissolve, é um ingrediente indispensável para a produção do lapis. No entanto, a fonte surge na parte inferior, razão pela qual o caminho passa por baixo. A fonte ardente da vida só é encontrada *embaixo*. Este embaixo é a história natural do homem, de sua ligação causal com o mundo dos instintos (fig. 16). Sem esta ligação, nem o 'lapis", nem o Si-mesmo poderão cumprir-se.

SONHO 14

O *sonhador entra com o pai numa farmácia. Lá há ofertas de coisas de valor a preço baixo, sobretudo de uma água especial. O pai conta-lhe acerca do país de onde essa água provém. Em seguida, atravessa o Rubicão, de trem.* [158]

Nas "farmácias" tradicionais, com seus vidros e potes, suas águas, seu "lapis divinus" e "infernalis" (pedra divina e infernal) e seus magistérios, ainda se conserva uma reminiscência sensível da parafernália da cozinha alquímica daqueles que viam no "donum spiritus sancti" (dom do espírito [159]

---

32. Cf. o texto de Komarios, em que Cleópatra explica o significado da água (BERTHELOT. *Alch. grecs.* IV, XX, 8s.).
33. *Rosarium* (*Art. aurif.* II, p. 378): "Lapis noster hic est ignis ex igne creatus et in ignem vertitur, et anima eius in ignem moratur." [Essa nossa pedra é fogo criado do fogo e em fogo se transformará e sua alma habita no fogo.] Esta passagem poderia ter sido inspirada no seguinte: "Item lapis noster, hoc est ignis ampulla, ex igne creatus est, et in eum vertitur". [Assim também a nossa pedra é o frasco de fogo criado do fogo e que a ele retorna] (*Allegoria Sapientum* em *Bibl. chem.* I, p. 468a).

santo) – o "dom precioso" – apenas a quimera da fabricação do ouro. A "água especial" é por assim dizer a "aqua nostra non vulgi" (nossa água que não é vulgar)[34]. Não é difícil compreender que o pai o conduz à fonte da vida, uma vez que é seu procriador natural. Ele representa de certo modo a terra ou o solo de onde jorrou a fonte de sua vida. Em sentido figurado, porém, é o "espírito que ensina", que o inicia no sentido da vida, explicando-lhe os segredos, segundo o ensinamento dos antigos. É um mediador da sabedoria tradicional. Na realidade, porém, o educador paterno em nossa época apenas preenche esta função no sonho do filho sob a figura arquetípica do pai: o "Velho Sábio".

[160] A água da vida pode ser obtida a baixo preço, pois todos a possuem embora desconheçam seu valor. Ela "spernitur a stultis" (é desprezada pelos tolos), pois eles acreditam que tudo o que é bom sempre está fora e em outro lugar, e que a fonte dentro de sua própria alma nada mais é do que [...] Como o lapis, é de "pretio quoque vilis" (de baixo preço) e, como no *Prometheus* de Spitteler, "in viam eiectus" (atirado à rua) por todos, desde o sumo sacerdote e a Academia até o camponês. E na rua, Ahasverus encontra a joia e a guarda no bolso. O tesouro mergulha de novo no inconsciente.

---

34. A "aqua nostra" também é chamada "permanens"(eterna) e corresponde ao ὕδωρ θεῖον dos gregos: "aqua permanens, ex qua quidem aqua lapis noster preciosissimus generatur" [água eterna da qual se origina a nossa pedra preciosíssima], lê-se na *Turba philosophorum* (*Art. aurif.* I, p. 13). "Lapis enim est haec ipsa permanens aqua, et dum aqua est, lapis non *est*" [A pedra é esta água eterna, que enquanto permanece água não é pedra] (op. cit., p. 16). O preço baixo da "água" é ressaltado de várias maneiras, como em op. cit., p. 28: "Quod quaerimus publice minimo pretio venditur, et si nosceretur ne tantillum venderent mercatores". [O que nós procuramos será vendido publicamente por um preço mínimo, e se fosse reconhecido, os comerciantes não o venderiam tão barato.]

Mas o sonhador percebe algo, e com enérgica determi- [161]
nação atravessa o Rubicão. Compreendeu que o fluir e o
fogo da vida não podem ser subestimados, por serem indispensáveis à realização da totalidade. Quem passa o Rubicão
não pode voltar atrás.

SONHO 15

Quatro pessoas descem rio abaixo: o sonhador, o pai um [162]
determinado amigo e a mulher desconhecida.

Na medida em que o "amigo" é uma personalidade de- [163]
terminada e bem conhecida, pertence ao mundo consciente
do eu, tal como o pai. Algo de essencial aconteceu: no sonho 11 [§ 147], o inconsciente estava numa relação três por
um; agora a relação se inverteu; o sonhador é que está na
relação três por um, que é a mulher desconhecida. Logo, o
inconsciente despotenciou-se. A razão disto está no fato de
que o inferior se ligou ao superior pela imersão, isto é, o sonhador resolveu viver não só como ser mental incorpóreo,
mas também aceitando o corpo e o mundo dos instintos,
a realidade dos problemas da vida e do amor, vivendo-os
concretamente[35]. Foi este o Rubicão transposto. A individuação, a realização própria, não é apenas um problema
espiritual, e sim o problema geral da vida.

---

35. Os alquimistas referiam-se em geral veladamente a isto. Por exemplo
a citação de Aristóteles no *Rosarium* (*Art. aurif.* II, p. 318): Fili, accipere
debes de pinguiori carne" [Filho, tu deves servir-te da carne mais gorda.]
No *Tractatus aureus* (cap. IV) lê-se: "Homo a principio naturae generatur,
cuius viscera carnea sunt [...]" [Desde os primórdios, o homem é criado da
natureza, e as suas vísceras são de carne.]

SONHO 16

[164] *Há muitas pessoas presentes. Todas caminham da direita para a esquerda, em torno de um quadrado. O sonhador não está no centro, mas sim num dos lados. Dizem que vão reconstruir o macaco gibão.*

[165] O quadrado aparece aqui pela primeira vez. Deve ter-se originado do círculo, mediante as quatro pessoas (isto será confirmado mais tarde). O problema da quadratura do círculo, assim como o "lapis", a "tinctura rúbea" (tintura rubra) e o "aurum philosophicum" (ouro filosofal), intrigava os espíritos medievais. A quadratura do círculo é um símbolo do "opus alchymicum" (trabalho alquímico) (fig. 59), na medida em que decompõe a unidade caótica originária nos quatro elementos, recompondo-os novamente numa unidade superior. A unidade é representada pelo círculo e os quatro elementos, pelo quadrado. A produção do uno a partir do quatro é o resultado de um processo de destilação, ou melhor, de sublimação, que se dá numa forma "circular"; em outras palavras, o destilado foi submetido a diversas destilações[36], a fim de extrair-se "alma" ou o "espírito" em sua forma mais pura. Em geral, o resultado é designado como "quintessência", mas este não é o único nome dado ao "uno" sempre desejado e nunca atingido. Ele tem "mil nomes" como a materia prima, dizem os alquimistas. Em sua *Confession*[37], Heinrich Khunrath diz a respeito da destilação circular: "Durch Circumrotation oder Circularische Philosophische umblauffung des Quaternarii [...] widerumb bracht werden zur höchsten unnd aller reinsten Simplicitet oder Einfalt [...] Monadis Catholicae plusquamperfectae [...]

---

36. Cf. JUNG. *Estudos alquímicos* [§185s.]
37. *Von hylealischen Chaos*, p. 204s.

Aus dem unreinen groben Eins wird ein höchstreines subtiles Eins" etc. (Pela circum-rotação ou revolução filosófica circular do quaternário [...] a suprema e puríssima simplicidade ou inocência é restabelecida [...] a mais que perfeita "monadis catholicae" (mônada católica) [...] Do uno grosseiro e impuro resulta o uno puríssimo e sutil etc.). A alma e o espírito devem separar-se do corpo, como se fosse uma morte: "Dahero sagt auch Paulus Tarsensis: Cupio dissolvi, et esse cum Christo[38] [...] darumb, mein lieber Philosophe, mustu allhier den Geist und die Seele Magnesiae[39] auffangen". (Por isso diz Paulo de Tarso: Desejo dissolver-me e ser com Cristo [...] portanto, meu caro filósofo, deves captar aqui o espírito e a alma da Magnésia.) O espírito (ou seja, o espírito e a alma) corresponde ao "ternarius" (ternário) – o número três, o qual deve ser primeiramente separado de seu corpo e, depois de purificado, ser novamente nele infundido[40]. Pelo visto, o corpo é o quarto. É por isso que Khunrath refere-se à citação do Pseudo-Aristóteles[41], segundo a qual o círculo ressurge no quadrado, a partir do triângulo[42]. A figura do

---

38. Fl 1,23.
39. A "magnésia" dos alquimistas nada tem a ver com a magnésia (MgO). Em Khunrath (op. cit., p. 161) ela é "materia caelestis atque divina" [celeste e mesmo divina], logo a "materia lapidis philosophorum", a substância arcana ou da transformação.
40. KHUNRATH, op. cit., p. 203s.
41. Op. cit., p. 207.
42. Uma representação figurativa deste motivo em MAIER. *Scrutinium chymicum:* Emblema XXI. No entanto, Maier concebe o ternarius de modo diferente (cf. fig. 60). Ele diz (p. 63): "Similiter volunt philosophi quadrangulum in triangulum ducendum esse, hoc est, in corpus, spiritum & animam, quae tria in trinis coloribus ante rubedinem praeviis apparent, utpote corpus seu terra in Saturni nigredine, Spiritus in lunari albedine, tanquam aqua, anima sive aër in solari citrinitate. Tum triangulus perfectus erit, sed hic vicissim in circulum mutari debet, hoc est, in rubedinem invariabilem". [Da mesma forma os filósofos afirmam que o quadrado deve transformar-se

círculo representa, ao lado do Uróboro – o dragão que devora a própria cauda –, o mandala básico da alquimia.

Fig. 59. "Todas as coisas estão contidas somente no três / no quatro elas se alegram" (Quadratura do círculo).
JAMSTHALER. *Viatorium spagyricum* (1625)

[166] O mandala oriental, sobretudo o lamaísta, contém em geral um plano básico de estupa em forma de quadrado (fig. 43). Note-se que a estupa se refere a uma construção. Pelos mandalas executados em forma de corpo sólido, juntamente com o quadrado é sugerida a ideia de uma casa ou templo, ou seja, de um espaço interior cercado de muros[43]. Segundo o ritual, as estupas devem ser sempre percorridas em movimento "circum-ambulatório", da esquerda para a direita, pois o movimento contrário é maléfico. A esquer-

---

em triângulo, isto é, em corpo, espírito e alma, os quais antes do vermelho aparecem em três cores, ou seja, o corpo ou a terra num negro saturnino, o espírito num branco lunar como água, a alma ou o ar, amarelo como o sol. Então o triângulo estará completo, todavia, por sua vez, ele deve transformar-se num círculo, isto é, num vermelho inalterável.] Aqui o quarto é o fogo, um fogo perpétuo.

43. Cf. "cidade" e "fortaleza" no comentário do sonho 10 no § 137s. (Cf. tb., figs. 31, 50 e 51). Os alquimistas também entendem o "rotundum" que se origina do quadrado, como "oppidum" [cidade]. Cf. AEGIDIUS DE VADIS. *Dialogus inter naturam et filium philosophiae* em *Theatr. chem.* (1602) II, p. 115.

da ("sinister") significa o lado inconsciente. O movimento para a esquerda equivale, portanto, a um movimento em direção ao inconsciente, enquanto que o movimento para a direita é "correto", tendo por meta a consciência. No Oriente, através de uma longa prática, os conteúdos inconscientes assumiram gradativamente formas definidas. Tais formas exprimem o inconsciente, e devem ser aceitas e mantidas pelo consciente. A ioga, com sua prática estabelecida, procede de maneira semelhante. Imprime formas definidas na consciência. Seu paralelo mais importante no Ocidente são os *Exercitia spiritualia* (Exercícios espirituais) de Inácio de Loyola, os quais também imprimem representações bem definidas da salvação. Este procedimento é "correto", uma vez que o símbolo é uma expressão válida da situação inconsciente. A validade psicológica da ioga, tanto no Oriente como no Ocidente, perdura até o momento em que o processo inconsciente – que antecipa futuras transformações da consciência – esteja desenvolvido a ponto de apresentar nuanças, as quais não são satisfatoriamente expressas pelo símbolo tradicional ou estão em desacordo com ele. Neste caso, e somente neste caso, podemos dizer que o símbolo perdeu a sua "validade". Tal processo representa provavelmente um deslocamento lento e secular da imagem inconsciente do mundo e nada tem a ver com o criticismo intelectual. Os símbolos religiosos são fenômenos da vida, simples fatos, e não opiniões. Quando a Igreja insiste por tão longo tempo na ideia de que o Sol gira em torno da Terra, abandonando este ponto de vista no século XIX, pode muito bem invocar a verdade psicológica de que, para milhões de seres humanos, o Sol girava realmente em torno da Terra; só no século XIX um número suficiente de pessoas atingiu a firmeza da função intelectual, podendo reconhecer as provas da natureza planetária da Terra. Infelizmente, não há verdade alguma que seja independente das pessoas que a reconheçam.

Fig. 60. A quadratura do círculo, compreendendo os dois sexos numa totalidade.
MAIER. *Scrutinium chymicum* (1687)

[167] A "circumambulatio" (circum-ambulação) do quadrado, da direita para a esquerda, poderia estar indicando que a quadratura do círculo é uma etapa do caminho para o inconsciente; tratar-se-ia assim de uma passagem, de um instrumento que possibilita alcançar uma meta além, ainda não formulada. É um dos caminhos em direção ao centro do não ego, que os pesquisadores da Idade Média também percorreram para produzir o lapis. Diz o *Rosarium philosophorum*[44]: "Com o homem e a mulher traça um círculo e extrai deste o quadrado; do quadrado extrai o triângulo. Traça um círculo e então terás a pedra dos filósofos"[45] (fig. 60 e tb. fig. 59).

---

44. Trata-se de uma citação atribuída ao Pseudo-Aristóteles; no entanto não pode ser comprovada no *Tractatus Aristotelis alchemistae ad Alexandrum Magnun* (*Theatr. chem.* V, p. 880s.).

45. Nos escólios do *Tractatus aureus* (*Hermetis Trismegisti tractatus vere aureus de lapidis philosophici secreto cum scholiis Dominici Gnosii*) lê-se (p. 43): "quadrangulum secretum sapientum" [o quadrado secreto dos sábios]. No centro do quadrado há um círculo com raios. O escólio explica-o da seguinte maneira:

O intelecto do homem moderno considera tudo isto [168] o maior dos absurdos. No entanto, este juízo de valor não impede que tais associações de ideias existam há muitos séculos, desempenhando um papel de suma importância. É função da psicologia entender estas coisas, e deixar que o leigo vocifere contra tantos absurdos e contra o obscurantismo. (Muitos de meus críticos, que se dizem "cientistas", reagem exatamente como aquele bispo que excomungou os besouros por proliferarem desavergonhadamente.)

Do mesmo modo que as "estupas" contêm relíquias de [169] Buda em seu santuário mais recôndito, assim também encontramos no interior do quadrado lamaísta e no ideograma chinês da terra, que corresponde a um quadrado, o santo dos santos ou algo que tem propriedades mágicas: a fonte cósmica de energia, o deus Shiva, o Buda, um Bodhisattva, ou um grande Mestre; em chinês, trata-se do Ch'ien, o Céu, com suas quatro forças cósmicas irradiantes (fig. 61). No mandala do cristianismo medieval do Ocidente, a divindade

---

"Divide lapidem tuum in quatuor elementa [...] et coniunge in unum et totum habebis magisterium". [Divide a tua pedra nos quatro elementos e une-os em um só, e terás todo o magistério.] (Citação do Pseudo-Aristóteles.) O círculo no centro é chamado "mediator, pacem faciens inter inimicos sive elementa imo hic solus 'mediator' efficit quadraturam circuli" [o mediador que estabelece a paz entre os inimigos ou entre (os quatro) elementos; aliás é aquele que realiza a quadratura do círculo] (op. cit., p. 44). A circum-ambulação tem seu paralelo em "circulatio spirituum sive distillatio circularis, hoc est exterius intro, interius foras: item inferius et superius, simul in uno circulo conveniant, neque amplius cognoscas, quid vel exterius, vel interius, inferius vel superius fuerit: sed omnia sint unum in uno *circulo sive vase*. Hoc enim vas est Pelecanus verus Philosophicus, nec alius est in toto mundo quaerendus". [... Na circulação dos espíritos ou na destilação circular, isto é, do exterior para o interior e do interior para o exterior: e também quando o inferior e o superior se encontram em um e o mesmo círculo, tu não discernirias mais o exterior e o interior, o inferior e o superior:

mas tudo seria um só num único círculo ou vaso. Pois este vaso é o verdadeiro Pelicano Filosófico, não havendo outro no mundo inteiro.] Este processo é elucidado pelo desenho ao lado. A divisão em quatro é o "exterius": quatro rios que entram e saem do "Oceano" interior (op. cit., p. 262s.).

reina no centro, não raro sob a forma do Salvador triunfante, juntamente com as quatro figuras simbólicas dos Evangelistas (fig. 62). O símbolo do sonho que estamos comentando contrasta violentamente com estas ideias metafísicas supremas: o "gibão", que é um gênero de macaco, deve ser reconstruído no centro. Encontramos novamente o macaco que surgira pela primeira vez no sonho 22 [§ 117]. Naquele sonho, ele provocara pânico e a intervenção auxiliadora do intelecto. No sonho em questão, ele deve ser "reconstruído", o que significa o restabelecimento do antropoide, do "ser humano" como realidade arcaica. O caminho para a esquerda, evidentemente, não conduz para cima, para o reino dos deuses e das ideias eternas, mas sim para baixo, para a história natural, para os fundamentos instintivos animais do ser humano. Trata-se, por conseguinte, de um mistério dionisíaco na linguagem da Antiguidade.

[170] O quadrado corresponde ao temenos (cf. fig. 31), onde é representada uma peça de teatro: uma peça de macacos e não de sátiros. O interior da "Flor de ouro" é um "lugar de germinação", e nele é concebido o "corpo diamantino". Seu sinônimo, "terra dos ancestrais"[46], talvez indique que esta criação é o resultado de uma integração dos estágios ancestrais.

[171] Nos ritos primitivos de renovação, os ancestrais representam um papel significativo. Os aborígenes da Austrália Central identificam-se com seus antepassados míticos do período *alcheringa,* espécie de era homérica. Do mesmo modo, os índios Pueblo de Taos identificam-se, na preparação de suas danças ritualísticas, com o Sol, do qual são os filhos. A retroidentificação com os ancestrais humanos e animais significa, no plano psicológico, uma integração do inconsciente, um verdadeiro banho de renovação na fonte

---

46. WILHELM & JUNG. *O Segredo da flor de ouro* (edição 1939), p. 112.

da vida, onde se é novamente peixe, isto é, inconsciente, como no sono, na embriaguez e na morte; daí o sono de incubação, a consagração orgiástica dionisíaca e a morte ritualística na iniciação. Tais procedimentos realizam-se sempre no lugar sagrado. Podemos transpor facilmente estas ideias para o concretismo freudiano: o temenos seria o útero materno, e o rito, uma regressão ao incesto. No entanto, neste caso, trata-se de equívocos de neuróticos, os quais permaneceram parcialmente infantis. Ignoram que essas práticas foram exercidas pelos adultos desde os primórdios, sendo, portanto, impossível explicá-las como simples regressões ao estágio infantil. Caso contrário, as mais altas conquistas da humanidade não significariam mais do que desejos infantis pervertidos, e a expressão "infantil" perderia a sua razão de ser.

Fig. 61. A pérola como símbolo do Ch'ien, rodeado por quatro emanações energéticas (dragões). *Espelho de bronze chinês do período Tang* (séculos VII-IX)

Fig. 62. Mandala retangular com cruz, em cujo centro figura o Cordeiro de Deus, cercado pelos quatro evangelistas e pelos quatro rios do Paraíso. Nos quatro medalhões: as quatro virtudes cardeais. *Mosteiro de Zwiefalten*. Breviário (século XII)

[172]   Uma vez que a alquimia, em seu aspecto filosófico, preocupou-se com problemas muito afins aos que interessara a psicologia mais moderna, talvez valeria a pena aprofundar mais um pouco o tema onírico do macaco a ser reconstruído no espaço quadrado. Na grande maioria dos casos, a alquimia identifica a substância transformadora com o "argentum vivum" ou Mercúrio. Do ponto de vista químico, este termo designa o mercúrio (metal), mas do ponto de vista filosófico ele significa o "spiritus vitae" (espírito da vida), ou ainda a alma do mundo (fig. 91), assumindo igualmente o significado de Hermes, deus da revelação. Não cabe aqui discutir este assunto em profundidade. Retomaremos o mesmo tema em outra ocasião[47]. Hermes associa-se à ideia do redondo e do quadrado, tal como é demonstrado no Papyrus V, linha 401, dos *Papyri Graecae magicae*[48.] Lá, é descrito como στρογγύλος καὶ τετράγωνος (redondo e quadrado). Também é chamado τετραγλώχιν (quadrangular). De qualquer modo ele se relaciona com o número quatro; por isso também existe um Hermes quadricéfalo, Ἑρμῆς τετρακέφαλος[49]. Tais atributos eram conhecidos na Idade Média, como mostra a obra de Cartari. Nela, podemos ler o seguinte[50]:

"Davantage, les figures quarres de Mercure (fig. 63), qui n'avait seulement que la teste et le membre viril, signifoient que le soleil est le Chef du monde, et qui seme toutes choses, mesmes les quatre costez de la figure quarree, designent ce que signifie la sistre à quatre chordes, qui fut aussi donnee à Mercure, c'est a dire, les quatre parties du monde, ou autre-

---

47. JUNG. *O Espírito Mercurius.*
48. Org. por PREISENDANZ, p. 195.
49. Cf. BRUCHMANN. *Epitheta Deorum, quae apud poetas Graecos leguntur,* cf. v.
50. *Les Images des dieux des anciens,* p. 403.

ment, les quatre saisons de l'année ou bien que les deux equinocces, et les deux solstices, viennent à faire les quatre parties de tout le Zodiaque". (Além disso, as imagens quadradas de Mercúrio (fig. 63), o qual tinha apenas a cabeça e o membro viril, significam que o Sol é o Senhor do mundo, semeador de todas as coisas; os quatro lados da imagem quadrada designam o sistro de quatro cordas, que também foi dado a Mercúrio, as quatro partes do mundo ou, em outras palavras, as quatros estações do ano ou ainda os dois equinócios e os dois solstícios, formando as quatro partes do zodíaco.)

Fig. 63. Hermes. Pintura de vaso grego.

É fácil compreender que tais propriedades tornaram o Mercúrio um símbolo adequado para representar a misteriosa substância transformadora da alquimia, uma vez que ela é redonda e quadrada, isto é, uma totalidade constituída de quatro partes (quatro elementos). Assim sendo, o homem originário gnóstico que consta de quatro partes"[51] (fig. 64), bem como o Cristo Pantocrator são uma "imago lapidis" (imagem da pedra) (fig. 65). Sendo a alquimia ocidental em grande parte de origem egípcia, dirigimos nossa atenção, em primeiro lugar, para a figura helenísti-

[173]

---
51. JUNG. Estudos alquímicos [§ 168 e 206s.].

ca do Hermes Trismegistos que, por um lado, é o padrinho do Mercúrio medieval e, por outro, procede do Thoth do Antigo Egito (fig. 66). O atributo de Thoth era o babuíno, sendo às vezes representado diretamente como símio[52]. Esta ideia foi preservada mediante inúmeras edições do Livro dos Mortos até os tempos atuais. É verdade que na alquimia – cujos textos disponíveis pertencem, com raras exceções, à Era Cristã – esta antiquíssima relação entre Thoth-Hermes e o macaco desapareceu, apesar de ter sido vigente no Império Romano. No entanto, uma vez que o Mercúrio tem algo em comum com o diabo (questão que não aprofundaremos agora), o macaco surge novamente junto a Mercúrio na figura do "simia Dei" (macaco de Deus) (fig. 67). Pertence à essência da substância transformadora o fato de que, por um lado, ela é uma coisa de pouco valor e até mesmo desprezível, expressa por uma série de alegorias do diabo: serpente, dragão, corvo, leão, basilisco e águia; por outro lado é também algo valioso, chegando ao divino. A transformação conduz da maior profundidade às maiores alturas, do nível animal, infantil e arcaico até o "homo maximus" místico.

Fig. 64. Cristo (como Anthropos) de pé no globo terrestre, cercado pelos quatro elementos (fogo, água, terra e ar).
DE GLANVILLE. *Le propriétaire des choses* (1487)

---

52. BUDGE. *The Gods of the Egyptians* I, p. 21 e 404.

Fig. 65. O Tetramorfo (símbolo do Anthropos) de pé sobre duas rodas (símbolos do Antigo e do Novo Testamento). *Do Mosteiro Watopädi.* Monte Athos (1213)

O simbolismo dos ritos de renovação, quando levado a sério, ultrapassa o aspecto meramente infantil e arcaico, em direção àquela disposição psíquica inata, resultado e celeiro de toda a vida ancestral, que remonta até à animalidade; daí, o simbolismo ancestral e animal. Trata-se de tentativas de abolir o hiato entre a consciência e o inconsciente, sendo este último a própria fonte da vida, a fim de realizar uma reunificação do indivíduo com o solo materno da disposição instintiva herdada. Se esses ritos de renovação não produzissem resultados efetivos, não só teriam desaparecido na pré-história, como nem mesmo teriam surgido. Nosso caso demonstra que mesmo quando a consciência está a milhas de distância das representações arcaicas dos ritos de renovação, o inconsciente procura reaproximá-los da consciência, mediante os sonhos. Sem dúvida alguma a autonomia e autarquia da consciência representam qualidades sem as quais esta última não existiria; no entanto, tais qualidades podem constituir também um perigo de isolamento e de aridez, por criarem uma *alienação* insuportável do *instinto,* resultante da cisão entre consciência e inconsciente. Esta perda de instinto é fonte de infindáveis extravios e confusões.

[174]

[175]   O fato de o sonhador não ocupar a posição "do centro", mas encontrar-se num dos lados, é um indício eloquente do que vai ocorrer com seu eu: ele não poderá exigir o lugar central, tendo provavelmente que contentar-se com a posição de um satélite ou, pelo menos, de um dos planetas na órbita do sol. O lugar central, que é o mais importante, está claramente reservado para o gibão que vai ser reconstruído. O gibão pertence à categoria dos antropoides e, em razão de seu parentesco com o homem, é um símbolo adequado para exprimir a parte da psique que desce às esferas subumanas. Além disso, no exemplo do cinocéfalo (babuíno) associado a Thoth-Hermes (fig. 68) e que era o macaco hierarquicamente superior aos outros, no Antigo Egito, vimos como sua afinidade com o divino o tornou um símbolo adequado para exprimir a parte do inconsciente que ultrapassa o nível da consciência. A hipótese segundo a qual a psique humana possui camadas que se encontram abaixo do nível da consciência provavelmente não causará sérios conflitos. No entanto, o fato de que também existam camadas, por assim dizer, acima da consciência, afigura-se a muitos como uma presunção que toca as raias de um "crimen laesae maiestatis humanae" (crime de lesa-majestade humana). Minha experiência, entretanto, testemunha que a consciência só pode pretender a uma posição relativamente central, devendo aceitar o fato de que de certa forma é ultrapassada e cercada pela psique inconsciente por todos os lados. "Para trás", mediante os conteúdos inconscientes, está conectada com as condições fisiológicas e com os pressupostos arquetípicos. Contudo, também pretende "para frente", através de intuições que por sua vez são parcialmente condicionadas por arquétipos e por percepções subliminares, ligadas à relatividade espaçotemporal do inconsciente. Deixo ao critério do leitor que examine a possibilidade de uma tal hipótese, após uma ponderação

cuidadosa sobre esta série de sonhos e sobre a temática por ela levantada.

Fig. 66. Amon-Ra, o espírito dos quatro elementos dos egípcios. CHAMPOLLION. *Panthéon égyptien*

Fig. 67. Demônio simiesco. *Speculum humanae salvationis* (século XIV)

O sonho que se segue é reproduzido na íntegra, no texto original: [176]

SONHO 17

Todas as casas têm alguma coisa que lembra um palco, algo de teatro: bastidores e decorações. Ouve-se alguém pronunciar o nome de Bernard Shaw. A peça será levada num futuro distante. Num dos bastidores estão escritas as seguintes palavras em inglês e alemão:

Esta é a Igreja católica universal
Ela é a Igreja do Senhor.
Queiram entrar todos aqueles que se sentem instrumentos do Senhor.

Mais abaixo está escrito em caracteres menores: "A Igreja foi fundada por Jesus e por Paulo" – como que para recomendar a antiguidade de uma firma. Eu disse a meu amigo: "Venha, vamos ver do que se trata". Ele respondeu: "Não entendo por que tantas pessoas precisam reunir-se quando têm sentimentos religiosos". Ao que eu replico: "Como protestante, você jamais compreenderá isso". Uma mulher concorda vivamente comigo. Vejo uma espécie de proclamação na parede, cujo conteúdo é o seguinte:

"Soldados!

Quando sentirdes que estais em poder do Senhor, evitai dirigir-lhe diretamente a palavra. O Senhor não pode ser atingido pelas palavras. Além disso, recomendo-vos encarecidamente que não discutais entre vós a respeito dos atributos do Senhor, porque as coisas preciosas e importantes são inexprimíveis".

Assinado: Papa (nome ilegível).

Entramos. O interior da igreja parece o de uma mesquita, sobretudo o de Santa Sofia. Não há bancos. O recinto, como tal, produz belo efeito. Não há imagens. Na parede, a modo de ornamentação há sentenças emolduradas (como os provérbios do Corão). Um desses provérbios diz o seguinte: "Não aduleis os vossos benfeitores". A mulher que antes havia concordado comigo prorrompe em prantos e exclama: "Então já nada mais resta". Respondo-lhe: "Tudo isto me parece muito certo", mas ela desaparece. Primeiramente me vejo diante de uma das pilastras, de tal modo que nada consigo enxergar. Troco então de lugar e percebo que há diante de mim uma multidão. Não faço parte dela e me sinto só. Mas todos estão diante de mim e vejo *seus rostos. Dizem em uníssono: "Confessamos estar em poder do Senhor. O Reino dos Céus está dentro de nós". Dizem isto três vezes, com grande solenidade. Depois, ouve-se o órgão tocando uma fuga de Bach, com acompanhamento de coro. Mas o texto original foi suprimido. Às vezes ouve-se apenas uma espécie de trinado e logo, em seguida, ouve-se diversas vezes as seguintes palavras: "O resto é papel" (significando: não atua como vida sobre mim). Terminado o coro, começa de um modo por assim dizer estudantil a parte íntima da reunião. Todos os participantes são alegres e equilibrados. Passeiam, falam uns com os outros, saúdam-se, serve-se vinho (de um seminário episcopal destinado à formação de padres) e refrescos. Deseja-se o florescimento da Igreja e, como que para exprimir a alegria pelo aumento de participantes na festa, um alto-falante transmite uma canção da moda, com o seguinte estribilho: "Agora Carlos é também dos nossos". Um padre me explica: "Estas diversões de segunda ordem foram aprovadas e permitidas oficialmente. Temos que adaptar-nos um pouco aos métodos americanos. Numa organização de massa como a nossa isto é inevitável. Distinguimo-nos fundamentalmente das igrejas americanas por uma orientação nitidamente antiascética".* Em seguida despertei. Sensação de grande alívio.

Fig. 68. Thoth como cinocéfalo.
(Do túmulo de Amenherchopschef,
perto de Dêr-el-Mêdina, 20a.
Dinastia 1198-1167.)

[177]   Infelizmente devo renunciar ao comentário deste sonho como um todo[53] e restringir-me ao nosso tema. O *temenos* tornou-se um edifício sagrado (de acordo com a alusão anterior). As ações são, portanto, caracterizadas como "religiosas". O lado grotesco e humorístico do mistério dionisíaco manifesta-se na parte agradável da cerimônia, quando é servido o vinho e se brinda à saúde da Igreja. Uma inscrição no piso do santuário órfico-dionisíaco dá uma definição adequada da situação: μόνον φὴ ὕδωρ (é proibido tomar água)[54]. Os vestígios dionisíacos que se encontram na Igreja, tais como o simbolismo do peixe e do vinho, o cálice de Damasco e o selo cilíndrico com o crucifixo e a inscrição ΟΡΦΕΟΣ ΒΑΚΚΙΚΟΣ [55] (Orfeu báquico) etc., só serão mencionados de passagem.

[178]   A orientação "antiascética" marca nitidamente o ponto de divergência com a Igreja cristã aqui definida como "americana" (v. comentário do sonho 14 [§ 86]. A América é o país ideal do bom-senso, do intelecto prático, que gostaria de mudar o mundo por meio de um "brain trust"[56]. Este modo de ver as coisas concorda com a fórmula moderna intelecto = espírito; no entanto, esquece completamente o fato de que o

---

53. Este sonho mereceu atenção especial em minhas conferências sobre *Psicologia e religião*.
54. Mosaico órfico de Tramithia (EISLER. *Orpheus the Fisher*, p. 271s.). Seria fácil tomar esta inscrição por brincadeira, sem ofender o espírito dos antigos mistérios. Compare-se, por exemplo, com os afrescos da Villa dei Misteri em Pompeia (MAIURI. *La Villa dei misteri*), onde a ebriedade e o êxtase não estão apenas lado a lado, mas até significam uma e a mesma coisa. Mas, uma vez que desde os tempos mais remotos as iniciações também significavam cura, este conselho poderia eventualmente ser interpretado como um aviso para se ter cuidado ao beber água, na medida em que se sabe que a água bebida nas regiões meridionais é mãe de disenterias e da febre tifoide.
55. EISLER. Op. cit.
56. As opiniões do sonhador são *grosso modo* estas.

"espírito" nunca foi uma "atividade" humana, e muito menos uma "função". O movimento para a esquerda é assim confirmado como sendo um afastamento do mundo atual das ideias e uma regressão ao culto de Dioniso pré-cristão, que desconhece a ascese. Portanto, o movimento geral do sonho não conduz diretamente para fora do lugar sagrado, mas permanece dentro dele, isto é, não perde seu caráter sacral. Não submerge no caos e na anarquia e relaciona a Igreja diretamente com o santuário dionisíaco, tal como se deu no processo histórico, embora em sentido inverso. Poderíamos dizer que este desenvolvimento regressivo percorre novamente e com fidelidade o percurso histórico a fim de alcançar o nível pré-cristão. Logo, não se trata de uma recaída, mas de uma espécie de descida sistemática "ad inferos" (fig. 69), de uma nekyia psicológica[57].

Fig. 69. Dante e Virgílio a caminho do mundo subterrâneo.
DANTE. *Inferno* (Vaticano, século XV)

Encontrei algo de semelhante no sonho de um sacerdote que tinha problemas de fé: *Ele chega de noite à sua igreja e encontra totalmente desmoronada a parede do coro. O altar e as ruínas estão recobertos por um emaranhado de videiras carregadas de uvas. Por uma fenda entra o luar.*

[179]

---

57. Cf. tb. com figs. 170, 171, 172, 174, 176 e 177.

[180]   Num contexto semelhante encontramos também uma relação do culto de Mitra e de Dioniso com a Igreja primitiva. Eis outro sonho de uma personalidade preocupada com problemas de ordem religiosa: *Uma gigantesca catedral gótica, quase completamente às escuras. Nela se celebra uma missa solene. De repente desaba quase toda a parede da nave lateral. A luz ofuscante do sol, juntamente com um rebanho de touros e de vacas, invade o interior da igreja.* Este sonho tem um caráter evidentemente mitraico.

[181]   Notemos o fato interessante de que a igreja, no sonho em questão, é uma construção sincrética, porquanto a Hagia Sofia é uma igreja cristã antiquíssima, tendo servido até há pouco tempo como mesquita. Isto parece convir à meta do sonho: tentar uma combinação de ideias religiosas cristãs e dionisíacas. Manifestamente, isto deve ocorrer sem que uma exclua a outra, de forma a não destruir valor algum. Tal tendência é extremamente importante, pois é no espaço sagrado que deve se dar a reconstrução do "gibão". Um tal sacrilégio levaria facilmente à suposição perigosa de que o movimento para a esquerda poderia ser uma "diabólica fraus" (astúcia diabólica), e o gibão, o diabo, uma vez que este último é considerado o "macaco" de Deus. O movimento para a esquerda seria neste caso uma deturpação da verdade de Deus, com a finalidade de substituí-lo pela "Majestade Negra". No entanto, o inconsciente não alimenta tais intenções blasfemas, procurando unicamente restituir ao mundo religioso o Dioniso perdido, que de certa forma faz falta ao homem moderno (pensemos em Nietzsche!). O sonho 22 [§ 117], onde o macaco aparece pela primeira vez, termina pelas palavras: "Tudo deve ser regido pela luz" – e assim podemos acrescentar: e também o Senhor das Trevas, com seus chifres e pés de bode: um coribante dionisíaco que chegou inesperadamente à glória de um grande príncipe.

O episódio dionisíaco tem a ver com a emocionalidade [182] ou a afetividade humana que não encontrou uma forma religiosa adequada de expressão na ética e no culto cristãos, predominantemente apolíneos. As festas carnavalescas medievais e o jogo da pela na igreja foram abolidos relativamente cedo; consequentemente, o carnaval foi secularizado, desaparecendo a ebriedade divina do espaço sagrado. Restaram na igreja o luto, a severidade, o rigor e a alegria espiritual temperada. Mas a embriaguez, essa forma de possessão imediata e perigosa, desligou-se dos deuses, envolvendo por isso o mundo dos homens em seu excesso e seu "pathos". As religiões pagãs enfrentavam este perigo, dando lugar no culto a esse êxtase da embriaguez. Heráclito percebia o que se ocultava atrás disso ao dizer: "É o próprio Hades que eles festejam em seu entusiasmo delirante". Por este mesmo motivo, as orgias eram aprovadas no culto, a fim de exorcizar os perigos que provinham ameaçadoramente do Hades.

SONHO 18

Um espaço quadrado. Neste, são celebradas cerimônias [183] *complexas, cuja finalidade é a de transformar animais em seres humanos. Duas serpentes, movimentando-se em direções opostas, devem ser imediatamente afastadas. Há animais, como por exemplo raposas e cães. Anda-se de novo em torno do quadrado e deve-se permitir que os animais mordam a barriga da perna dos participantes, cada vez que passam pelos quatro cantos do quadrado (fig. 118). Quem fugir estará perdido. Aparecem então animais mais nobres: touros e bodes. Quatro serpentes dirigem-se para os quatro cantos. Depois, a assembleia sai. Dois oficiantes do sacrifício trazem um réptil enorme e com ele tocam a fronte de uma massa animal ou vital ainda informe. Imediatamente surge uma cabeça humana transfigurada. Soa uma voz: "Eis as tentativas do vir a ser".*

Fig. 70. Ritos pagãos de transformação com serpentes, na Idade Média.

[184]   A continuação do sonho trata, por assim dizer, do "esclarecimento" daquilo que ocorre no espaço quadrado. Animais devem ser transformados em seres humanos, uma "massa de vida" ainda informe, mediante o contato de um réptil, deve transformar-se numa cabeça humana "transfigurada" (iluminada). A massa animalesca provavelmente significa a totalidade do inconsciente inato, que deve ser unido pela consciência. Isto se dá mediante o uso ritualístico do réptil, provavelmente uma serpente. A ideia de transformação e renovação pela serpente (fig. 70) é um arquétipo comprovado. Trata-se da serpente da cura, que representa um deus (figs. 203, 204). Diz-se acerca dos mistérios de Sabazios: "Coluber aureus in sinum demittitur consecratis et eximitur rursus ab inferioribus partibus atque imis"[58] (Uma serpente cor de ouro é colocada no peito do iniciado e depois retirada pela parte inferior). Para os ofitas, Cristo era a serpente. O desenvolvimento mais significativo do simbolismo da serpente, em seu aspecto de renovação da personalidade, encontra-se na kundalini-ioga[59]. A experiência do pastor com a serpente no *Zarathustra* de Nietzsche foi, sob

---

58. ARNOBIUS. *Adversus gentes* V, 21. Com referência a costumes semelhantes na Idade Média, cf. HAMMER-PURGSTALL. *Mémoire sur deux coffrets gnostiques du moyen âge* (fig. 70).
59. AVALON. *The Serpent Power;* WOODROFFE. *Shakti and Shakta.*

esse aspecto, um augúrio fatal (aliás não é o único – veja-se a profecia relativa à morte do equilibrista).

Fig. 71. A criação de Adão a partir da massa de argila da "materia prima".
SCHEDEL. *Das Buch der Chroniken und Geschichten* (1493).

A "massa de vida informe" lembra diretamente a ideia do "chaos"[60] alquímico, a "massa" ou "materia informis" (matéria informe) ou "confusa" que contém os germes divinos da vida desde a criação. Segundo a interpretação do Midrash, Adão foi criado de modo semelhante: na primeira hora. Deus junta o pó; na segunda, constitui uma massa informe; na terceira, cria os membros e assim por diante[61] (fig. 71). [185]

Mas para que tal transformação seja possível, é indispensável que haja a "circumambulatio" (circum-ambulação), isto é, que haja uma concentração exclusiva no *centro*, lugar da transformação criativa. No processo, a pessoa é "mordida" por animais; isto significa que devemos expor-nos aos impulsos animais do inconsciente, sem que nos identifiquemos com eles e sem deles "fugirmos", uma vez que a [186]

---

60. Os alquimistas referem-se a LACTANTIUS. *Opera* I, p. 14, 20: "a chao quod est rudis inordinataeque materiae confusa congeries" [do caos que é um amontoado confuso de matéria crua e desorganizada].

61. DREYFUSS. *Adam und Eva nach Auffassung des Midrasch,* apud REITZENSTEIN. *Poimandres,* p. 258.

fuga do inconsciente tornaria ilusória a meta do processo. É preciso perseverar; no caso em questão, o processo iniciado pela auto-observação deve ser vivido em todas as suas peripécias, para depois incorporar-se à consciência através da melhor compreensão possível. Naturalmente, isto provoca muitas vezes uma tensão quase insuportável, devido à falta de proporção entre a vida consciente e a incomensurabilidade do processo inconsciente, o qual só pode ser vivenciado no mais íntimo da alma, sem tocar em ponto algum a superfície visível da vida. O princípio da vida consciente é: "Nihil est in intellectu, quod non antea fuerit in sensu"[62]. O princípio do inconsciente, porém, é a autonomia da própria psique, a qual no jogo de suas imagens não reflete o mundo, mais a si mesma. Não obstante, utiliza as possibilidades representativas fornecidas pelo mundo dos sentidos, a fim de tornar claras as suas imagens. O dado sensorial, no entanto, não é a "causa efficiens" (causa eficiente), mas é escolhido e tomado de empréstimo de modo autônomo, o que lesa dolorosamente a racionalidade do cosmos. Entretanto, por seu lado, o mundo dos sentidos atua com a mesma destrutividade sobre os processos psíquicos mais profundos, quando neles irrompe como "causa efficiens". Se nem a razão deve ser ultrajada e nem o jogo criativo das imagens reprimido de um modo desajeitado e violento, então é necessário utilizar um método sintético, cauteloso e prudente, capaz de resolver o paradoxo da união dos inconciliáveis (fig. 72); daí, os paralelos alquímicos em nossos sonhos.

---

62. [Nada há no entendimento que antes não tivesse existido nos sentidos, literalmente: no sentido].

Fig. 72. A "união dos inconciliáveis": as núpcias da água e do fogo. As duas figuras são dotadas de quatro mãos cada uma, a fim de caracterizar suas múltiplas possibilidades.
Segundo uma representação indiana

A concentração exigida de atenção ao centro e a advertência quanto à "fuga", no sonho, possuem paralelos inconfundíveis no "opus alchymicum": os alquimistas insistem na necessidade de concentrar-se na obra e de meditar sobre ela. A tendência à fuga, por outro lado, não é atribuída ao operador e sim à substância transformadora: o mercúrio é evasivo e descrito como "servus" (servo), ou "cervus fugitivus" (cervo fugitivo). O vaso deve ser cuidadosamente fechado, a fim de impedir que escape o que ele contém. Eirenaeus Philalethes[63] observa acerca deste "servus": "[...] deveis ser muito cautelosos no modo de conduzi-lo, pois se encontrar uma oportunidade ele vos deixará a ver navios e escapará, abandonando-vos em meio a muitas desgraças"[64]. Não ocorreu a esses filósofos o fato de que poderiam estar perseguindo uma projeção, e que, quanto mais confiassem

[187]

---

63. Ele viveu no início do século XVII na Inglaterra [o pseudônimo significa "o amante pacífico da verdade"].
64. *Erklärung der Hermetisch-Poetischen Werke*. Herrn Georgii Riplaei, p. 133s.

na matéria, mais estariam se afastando da fonte psicológica de suas expectativas. Podemos reconhecer o progresso psicológico pela diferença que há entre o fragmento do sonho citado e seus predecessores medievais: a fuga aparece agora nitidamente como uma característica do sonhador, isto é, não está mais projetada na matéria desconhecida. A fuga torna-se então uma questão moral. Entretanto, tal aspecto era também familiar aos alquimistas, na medida em que sublinhavam a necessidade de uma devoção religiosa particular durante a obra; não podemos, porém, livrá-los da suspeita de que hajam utilizado orações e exercícios piedosos a fim de forçar o milagre – alguns até mesmo desejavam ter o Espírito Santo como "familiaris"[65]! Mas não devemos omitir, para sermos justos, que em sua literatura há várias passagens que testemunham o conhecimento que os alquimistas tinham da própria transformação. Um dentre eles exclama, por exemplo: "Transmutemini in vivos lapides philosophicos!" (Transformai-vos em pedras filosofais vivas!)

[188]   Logo que a consciência e o inconsciente entram em contato, os opostos que eles contêm se repelem. É este o motivo pelo qual as serpentes que fogem em direções opostas devem ser afastadas desde o início do sonho. Isto significa que o conflito entre consciente e inconsciente é suprimido por uma decisão, e a consciência é exortada à "circumambulatio" a fim de suportar a tensão. Ao andar, formando esse círculo protetor, impede-se que o inconsciente irrompa no exterior; esta irrupção equivaleria à psicose. "Nonnulli perierunt in opere nostro" (Vários pereceram durante a nossa obra), podemos dizer com o filósofo do *Rosarium*. O sonho mostra que a operação difícil de pensar em paradoxos, possível apenas para um intelecto superior, foi bem-sucedida. As

---

65. [Cf. JUNG. *Mysterium Coniunctionis* II, p. 34, nota 121].

serpentes já não fogem, mas se dispõem ordenadamente nos quatro cantos, e com isto o processo de transformação ou integração se realiza com êxito. A "transfiguração" e iluminação, isto é, a tomada de consciência do centro é alcançada pelo menos na antecipação do sonho. Esta conquista potencial significa – no caso de confirmar-se – a renovação da personalidade, com a condição da consciência não perder novamente sua conexão com o centro[66]. Tratando-se de um estado subjetivo, cuja existência não pode ser legitimada por nenhum critério exterior, nenhuma tentativa posterior de descrição e explicação será bem-sucedida, pois só quem fez tal experiência poderá compreender e testemunhar tal realidade. A "felicidade", por exemplo, é uma realidade importante e não há quem não a deseje; no entanto, não há qualquer critério objetivo para testemunhar a existência indubitável dessa realidade. Assim, justamente nas coisas mais importantes, é que devemos contentar-nos com nosso julgamento subjetivo.

A disposição das serpentes nos quatro cantos indica uma ordenação do inconsciente. É como se houvesse um projeto preexistente, uma espécie de tétrade pitagórica. Observei com extraordinária frequência a presença do número quatro neste contexto. Provavelmente, isto explica a incidência universal e o significado mágico da cruz ou do círculo dividido em quatro partes. No caso em questão, parece tratar-se da necessidade de capturar e ordenar os instintos animais, a fim de exorcizar o perigo de sua submersão no inconsciente. Talvez seja esta a base empírica da cruz, que vence os poderes das trevas (fig. 73).

[189]

---

66. Cf. o comentário do sonho 10, § 141; e também com: "et ego vinctus ulnis et pectori meae matris et substantiae eius, continere, et quiescere meam substantiam facio" [e, estando acorrentado aos braços e aos seios de minha mãe e à sua substância, faço com que a minha substância se una e fique em repouso]. (*Tractatus aurem*, IV [*Ars chem.*, p. 24]).

Fig. 73. O homem salvo do poder do dragão (Vaticano, século XV).

[190] O inconsciente avançou bastante com este sonho ao aproximar, não sem perigo, os seus conteúdos da esfera consciente. O sonhador parece estar muito envolvido na misteriosa cerimônia de síntese e conservará uma vívida lembrança deste sonho em sua vida consciente. A experiência mostra que isto suscita um considerável conflito no nível consciente, porquanto nem sempre a consciência está desejosa ou em condições de fazer o extraordinário esforço intelectual e moral necessário para suportar seriamente um paradoxo. Nada é tão ciumento quanto uma verdade.

[191] A história do espírito medieval mostra-nos como toda a mentalidade moderna foi moldada pelo cristianismo. (Isto nada tem a ver com a crença ou falta de crença nas verdades cristãs.) A reconstituição do macaco no espaço sagrado sugerida pelo sonho é de tal forma chocante, que a maioria das pessoas se nega a compreendê-la. Outros pretenderão ignorar os abismos profundos do mistério dionisíaco, saudando o núcleo racional darwinista do sonho como uma tábua de salvação contra a exaltação mística. Só uma minoria sentirá a colisão de dois mundos, e compreenderá que no fundo é disso mesmo que se trata. Aliás, o sonho exprime com clareza que o macaco deve surgir lá, onde segundo uma

antiga tradição mora a divindade. Tal substituição é quase tão grave quanto uma missa negra.

O espaço quadrado que no simbolismo oriental significa terra (na China) e Padma (lótus, na Índia) tem o caráter da "yoni", da feminilidade. O inconsciente do homem também é feminino e personificado pela anima[67]. Esta última representa sempre a "função inferior"[68] e por isso possui não raro um caráter moral duvidoso; às vezes representa o próprio mal. Geralmente, é a quarta pessoa (comparar sonhos 10, 11, 15 [§ 136, 147, 162]). É o ventre materno, escuro e temido (fig. 74) e, enquanto tal, de natureza ambivalente. A divindade cristã é una, em três pessoas. A quarta pessoa no drama celeste é indubitavelmente o diabo. Na versão psicológica, mais amena, é a função inferior. Do ponto de vista moral, é o pecado do homem, e por conseguinte uma função que lhe é atribuída: provavelmente ela é masculina. O elemento feminino é silenciado na divindade, pois a interpretação do Espírito Santo como Sophia-Mater é considerada herética. O drama metafísico cristão, o "Prólogo no Céu", só conhece atores masculinos, tendo isso em comum com múltiplos mistérios originários.

[192]

---

67. A ideia de "anima" segundo a minha definição não é novidade, mas sim um arquétipo que encontramos nos mais diversos lugares. Também era conhecida pelos alquimistas como prova o escólio seguinte: "Quemadmodum in Sole ambulantis corpus continuo sequitur umbra [...] sic hermaphroditus noster Adamicus, quamvis in forma masculi appareat, semper tamen in corpore *occultatam Evam sive foeminam suam secum circumfert*". [Assim como a sombra sempre segue aquele que anda no Sol [...], o nosso Adão hermafrodita, ainda que apareça em sua forma de homem, sempre carrega consigo a sua Eva ou mulher, oculta em seu corpo.] (*Tractatus aureus* em *Bibl. chem.* I, p. 417b).
68. Cf. JUNG. *Psychologische Typen*. Definições ["Função inferior"].

O elemento feminino deverá obviamente estar em algum lugar, presumivelmente no escuro. Em todo caso, a antiga filosofia chinesa localizou-o no "yin"[69]. Apesar de se unirem, homem e mulher representam opostos irreconciliáveis, os quais, quando ativados, degeneram em hostilidade mortal. Este par primordial de opostos é o símbolo de todos os opostos possíveis e imagináveis: quente-frio, claro-escuro, sul-norte, seco-úmido, bom-mau etc., e também consciente-inconsciente. Na psicologia das funções há duas funções conscientes e, portanto, masculinas: a função diferenciada e a respectiva função auxiliar. Nos sonhos, podem ser representadas por pai e filho, ao passo que as funções inconscientes o serão por mãe e filha. Devido ao fato de a oposição entre as duas funções auxiliares ser bem menor do que a oposição entre a função diferenciada e a função inferior, a terceira função, ou seja, a função "auxiliar" inconsciente poderá ser trazida à consciência, tornando-se assim masculina. No entanto, ela trará consigo vestígios de sua contaminação com a função inferior, constituindo por conseguinte uma certa mediação com a obscuridade do inconsciente. A interpretação herética do Espírito Santo como Sophia corresponde a esta realidade psicológica, pois foi ele o mediador do nascimento na carne, possibilitando a manifestação, visível da divindade luminosa na escuridão do mundo. Sem dúvida, foi esta associação que valeu ao Espírito Santo a suspeita de feminilidade; Maria era a terra escura a ser lavrada, "illa terra virgo nondum pluviis rigata" (aquela terra virgem que ainda não fora regada pela chuva), tal como Tertuliano a chamava[70].

---

69. *Tractatus aureus* em *Ars chem*. (p. 17): "verum masculus est coelum foeminae et foemina terra masculi" [pois o homem é o céu da mulher e a mulher é a terra do homem].
70. *Adversus Judaeos*, XIII.

Fig. 74. O céu (o espiritual) fecunda a terra e gera o homem.
THENAUD. *Traité de la cabale* (século XVI)

A quarta função é contaminada pelo inconsciente, e ao ser conscientizada arrasta consigo todo o inconsciente. Isto acarreta o confronto com o inconsciente e a tentativa de estabelecer uma síntese dos opostos[71]. De início, irrompe um conflito violento, semelhante ao de qualquer pessoa de bom-senso que deve engolir as mais absurdas superstições. Sua reação é de resistência e de defesa desesperada contra o que lhe parece uma insensatez criminosa. Os sonhos que se seguem são explicados a partir desta situação.

[193]

SONHO 19

Uma guerra feroz entre dois povos.   [194]

Este sonho representa o conflito. A consciência defende sua posição e tenta reprimir o inconsciente. Disso resulta,   [195]

---

71. A alquimia considera esta síntese como uma das suas tarefas principais: "Coniugite ergo masculinum servi rubei filium suae odoriferae uxori et iuncti artem gignent" [Uni, pois, o filho másculo do escravo vermelho à sua esposa perfumada, e unidos produzirão a Arte]. (RUSKA, *Turba*, p. 62). Esta síntese foi muitas vezes representada como um incesto de irmão e irmã, versão esta que remonta certamente à *Visio Arislei* (*Art. aurif.* I). (Cf. tb. fig. 167, que representa a coabitação de Gabricus e Beya, os filhos do "Rei Marinho".)

em primeiro lugar, a expulsão da quarta função; como ela está contaminada pela terceira função, esta última também fica ameaçada de desaparecer, o que restabeleceria a situação precedente: duas funções conscientes e as outras duas mergulhadas no inconsciente.

SONHO 20

[196] *Dois meninos estão numa caverna. Um terceiro cai junto a eles, como que jorrando de um cano.*

[197] A caverna representa a escuridão e o isolamento do inconsciente. Os dois meninos correspondem a duas funções do inconsciente. Teoricamente, o terceiro seria a função auxiliar, indicando que a consciência se restringiu totalmente à função diferenciada. Assim, pois, o jogo é de um a três, o que confere ao inconsciente uma grande vantagem. Podemos então esperar um novo avanço do inconsciente e uma recuperação de sua posição anterior. Os "meninos" aludem ao tema do anão (fig. 77). Retomaremos o tema mais adiante.

SONHO 21

[198] *Uma grande esfera transparente, contendo várias esferas pequenas. Em cima, cresce uma planta verde.*

[199] A esfera é uma totalidade que abrange todos os conteúdos; isto possibilita a renovação de uma vida paralisada por uma luta inútil. Na kundalini-ioga, o "regaço verde" designa o Ishvara (Shiva) que emerge de sua condição latente.

Fig. 75. A imagem da Trimurti. O triângulo simboliza a convergência do todo para a ponta da unidade; a tartaruga representa Vishnu e o lótus sobre o crânio e as duas chamas, Shiva. Ao fundo, o sol radiante de Brahman – o todo corresponde ao "opus" alquímico, em cujo contexto a tartaruga simboliza a "massa confusa", o crânio, o "vaso" da transformação e a flor, o "Si-Mesmo", isto é, a totalidade.
Segundo uma representação indiana

SONHO 22

Num hotel americano, o sonhador toma o elevador e sobe até o terceiro ou quarto andar. Lá, deverá aguardar, com muitas outras pessoas. Um amigo (isto é, uma pessoa determinada), que está entre elas, diz que ele (o sonhador) não devia ter deixado a mulher escura e desconhecida lá embaixo por tanto tempo, pois ele a confiara a seus cuidados. O amigo entrega-lhe então um bilhete aberto, endereçado à mulher escura. No bilhete se lê: "A salvação não pode ser obtida através da não participação ou da fuga. A inércia também de nada serve. A salvação vem de uma entrega total, e o olhar deve estar voltado para um centro". Há um desenho na margem do bilhete, representando uma roda ou coroa de oito raios. O ascensorista chega, dizendo que o quarto dele (do sonhador) fica no oitavo andar. Ele sobe com o elevador um pouco mais até o sétimo ou oitavo andar. Lá, ele encontra um homem desconhecido, ruivo,

[200]

que o cumprimenta amavelmente. Dá-se então uma mudança de cenário. Dizem que há uma revolução na Suíça: um partido militar propõe que se "sufoque completamente a esquerda". À objeção de que a esquerda já é bastante fraca, diz-se que por isso mesmo ela deve ser completamente sufocada. Aparecem soldados, em uniformes antiquados, parecidos com o homem ruivo. A munição de suas espingardas é constituída de varetas; os soldados formam um círculo e se preparam para atirar em direção ao centro. Afinal não atiram e aparentemente batem em retirada. O sonhador acorda muito angustiado.

[201] A tendência esboçada no sonho anterior, visando restabelecer a totalidade, esbarra novamente neste sonho com a orientação contrária da consciência. O cenário americano do sonho é adequado à situação. O elevador sobe como ocorre quando algo "sobe" do "subconsciente" para a consciência. O que sobe, neste caso, é o conteúdo inconsciente, isto é, o mandala caracterizado pela quaternidade (figs. 61-62 e outras). Por isso, o elevador deveria subir até o quarto andar. Mas como a quarta função é tabu, ele vai só até o terceiro ou quarto andar. Isto não acontece apenas com o sonhador em questão, mas com muitas pessoas. Tal como com o primeiro, elas deverão também esperar que a quarta função seja aceita. Um bom amigo adverte-o que não deveria ter deixado a mulher escura, ou seja, a "anima", representante da função tabu, esperar "embaixo", isto é, no inconsciente. Esta é a razão pela qual ele esperava em cima, com outras pessoas. Na realidade, não se trata de um problema exclusivamente individual, mas também coletivo; a animação do inconsciente, hoje na ordem do dia, já fora prevista por Friedrich Schiller, o qual levantou questões completamente ignoradas pelo século XIX. Nietzsche decidiu rejeitar a serpente e o "homem mais feio do mundo" em seu *Zarathustra*.

O conselho que se lê no bilhete é tão profundo quanto [202] acertado, a ponto de nada se lhe poder acrescentar. Após ter sido formulado e de alguma forma aceito pelo sonhador, a ascensão poderá continuar. O sonhador chega então ao sétimo ou oitavo andar, o que faz com que a quarta função não seja mais representada por uma quarta parte, mas sim por uma oitava parte, havendo, portanto, uma redução pela metade da quarta função.

Esta hesitação diante do último passo em direção à to- [203] talidade desempenha também ao que parece um curioso papel no *Fausto,* 2ª parte. Trata-se da cena dos cabiros: "sereias transfiguradas" aproximam-se por sobre as águas. Nereidas e tritões cantam:

> O que nossas mãos trazem
> Vos alegrará.
> Sobre o escuro gigante do quelônio
> Brilham formas severas:
> São deuses que vos trazemos;
> Cantai altos louvores.
>
> SEREIAS:
> De pequena estatura
> E grande poder.
> Salvadores dos náufragos.
> Deuses há muito venerados.
>
> NEREIDAS E TRITÕES:
> Os cabiros trazemos
> Para a festa da paz;
> Em seus santos domínios,
> etuno é propício.

Uma "forma severa" é trazida por "sereias", e, portanto, por figuras femininas (figs. 10, 11, 12 e 157) que de certa forma representam o inconsciente enquanto mar e onda do mar. A palavra "severa" sugere formas rigorosamente arquitetônicas ou geométricas, uma ideia definida sem ornamentos românticos (sentimentais). Ela "irradia" do escudo (carapaça) de uma tartaruga[72] (fig. 76), animal que, como a serpente, é um animal primitivo de sangue frio, simbolizando o aspecto instintivo do inconsciente. A forma (Gebilde) é de certo modo idêntica às divindades anãs invisíveis e criativas, aos encapuçados (fig. 77) ocultos na cista escura, como figurinhas de cerca de um pé de altura que ficam à beira-mar, protegendo por seu parentesco com o inconsciente a viagem marítima, isto é, a aventura no escuro e no incerto. Sob a forma de dáctilos, são deuses da invenção, pequenos e insignificantes como a incitação do inconsciente, mas tão poderosos quanto este. El gabir é o grande, o poderoso.

Fig. 76. A tartaruga: um instrumento alquímico.
PORTA. *De distillationibus* (1609)

NEREIDAS E TRITÕES:
Três, nós trouxemos,
O quarto, recusou.
Disse ter razão.
Pensando pelos quatro.

---

72. O "testudo" é um instrumento alquímico, uma tigela, com a qual se cobria a vasilha de cocção no forno. Cf. RHENANUS. *Solis e puteo emergentis*, p. 40.

SEREIAS:
Um Deus bem pode
Zombar de um outro Deus.
Mas vós, respeitai-os,
Temendo ofendê-los.

É característico da natureza sentimental de Goethe que [204] o quarto elemento seja precisamente o pensador. Se o "sentimento é tudo" constituindo o princípio supremo, o pensamento deve contentar-se com o papel desfavorável e desaparecer no abismo. Tal desenvolvimento é descrito no *Fausto*, 1ª parte. O próprio Goethe serviu-lhe de modelo. Neste caso, o pensamento torna-se a quarta função (a função-tabu). Através da contaminação com o inconsciente, assume a forma grotesca dos cabiros; estes, enquanto anões, são deuses ctônicos, geralmente disformes. ("Vejo-os como potes de argila deformados.") Eles se mantêm num desacordo igualmente grotesco relativamente aos deuses celestes, aos quais escarnecem (v. "macaco de Deus").

Fig. 77a e b. Telésforo, o Cabiro ou "familiaris" de Esculápio.
77a: figura de bronze, St. Germain-en-Laye; 77b: estatueta de mármore. Viena.

NEREIDAS E TRITÕES:
Na verdade são sete.

SEREIAS:
Onde estão os três restantes?

NEREIDAS E TRITÕES:
Não sabemos dizê-lo.
Interrogai o Olimpo;
Lá pode estar o oitavo
E ninguém nele pensou;
Eles nos dão suas graças.
Sejam embora incompletos.
São seres incomparáveis
Ansiosos de perfeição.
Nostálgicos e famélicos
De todo o Inacessível.

[205]   Sabemos que (os Cabiros) "na verdade" são sete ou oito; e novamente ocorre uma dificuldade em relação ao oitavo, tal como já ocorreu com o quarto. Da mesma forma, contrastando com a afirmação anterior de que eles se originavam de um plano inferior, do escuro, diz-se que os Cabiros "na verdade" se encontram no Olimpo. O fato é que eles aspiram eternamente passar da região inferior para a região superior, podendo, portanto, ser encontrados tanto embaixo quanto em cima. A "forma severa" é obviamente um conteúdo do inconsciente impelido para a luz. Ele busca e ao mesmo tempo é aquilo que em outra parte chamei de "tesouro de difícil acesso"[73]. Tal hipótese é imediatamente confirmada:

---

73. JUNG. *Símbolos da transformação*. Índice cf. verbete.

Por mais que se ostente a glória
Dos heróis da Antiguidade
Ao conquistar o Velo de ouro,
Ela não basta.
Mas eis os Cabiros.

O "velo de ouro" é o alvo cobiçado pelos Argonautas, [206]
nessa "busca" temerária que constitui uma das inúmeras maneiras de exprimir a conquista do inatingível. Acerca disto Tales comenta sabiamente:
Eis o que o homem ambiciona:
Apenas a ferrugem torna a moeda valiosa.

O inconsciente é sempre o cisco no leite: o defeito temerosamente escondido da perfeição, o desmentido doloroso de todas as pretensões idealistas, os resquícios da terra que não se despegam da natureza humana, turvando-lhe tristemente a transparência cristalina tão almejada. Segundo a concepção dos alquimistas, a ferrugem e a pátina são doenças do metal. No entanto, é justamente esta lepra que constitui a "vera prima materia" ("verdadeira matéria-prima"), base para o preparo do ouro filosofal. O *Rosarium philosophorum* diz a respeito: "Nosso ouro não é o ouro vulgar. Mas indagaste acerca do verde (viriditas, provavelmente a pátina), supondo que o bronze fosse um corpo 'leprosum' devido ao verde que o recobre. Por isso eu te digo que se há algo perfeito no bronze é esse verde, uma vez que ele será em breve transformado pelo nosso método (magisterium) no ouro mais verdadeiro"[74]. [207]

A observação paradoxal de Tales, segundo a qual só a ferrugem dá à moeda seu valor autêntico, é uma espécie de paráfrase alquímica; seu significado fundamental é o de que [208]

---

74. *Art. aurif.* II, p. 220: uma citação de Senior. A "viriditas" é ocasionalmente denominada "Azoth", que é um dos múltiplos sinônimos da "pedra".

não há luz sem sombra, nem totalidade anímica sem imperfeição. A vida em sua plenitude não precisa ser *perfeita*, e sim *completa*. Isto supõe os "espinhos na carne", a aceitação dos defeitos, sem os quais não há progresso, nem ascensão.

[209]   A problemática do três e quatro, do sete e oito, que Goethe, tocou neste ponto, é um dos enigmas da alquimia que remonta historicamente a textos atribuídos a Christianos[75]. No tratado referente à produção da "água mística" lê-se: "Por isso, a profetisa hebraica exclamava sem temor: 'O um se tornará dois, o dois, três, e do terceiro surgirá o uno, que é o quarto'"[76]. Esta profetisa comparece na literatura alquímica como Maria Prophetissa[77] (fig. 78), também chamada a Judia, irmã de Moisés, ou a copta; não é impossível que seja relacionada com a Maria da tradição gnóstica. Epifânio testemunha acerca da existência dos escritos de Maria – as *Interrogationes magnae* e *parvae,* nas quais seria relatada a seguinte visão: Cristo, na montanha, teria feito uma mulher surgir de seu flanco, misturando-se depois com ela[78]. Não deve ser por acaso que o tratado de Maria fala do "matrimonium alchymicum" (matrimônio alquímico), num diálogo com o filósofo Aros[79]; daí provém um conhecido ditado

---

75. O autor anônimo chamado CHRISTIANOS, apud BERTHELOT (*Les Origines de l'alchimie,* p. 99s.), é um contemporâneo de Stephanus de Alexandria, logo ele deve ter vivido mais ou menos no início do século VII.
76. BERTHELOT. *Alch. grecs,* VI, V, 6, linha 16. O ἐκραύγαζεν (grito) quase animalesco indica um estado de êxtase.
77. Um tratado (de origem árabe?) a ela atribuído, com o título *Practica Mariae Prophetissae in artem alchemicam* em *Art. aurif.* I, p. 319s.
78. *Panarium,* XXVI. Com referência a outras relações possíveis da *Pistis Sophia* com Mariamne e com Maria Madalena compare-se com LEISEGANG. *Die Gnosis,* p. 113s., e SCHMIDT (org.). *Gnostische Schriften in koptischer Sprache* VIII, p. 596s.
79. Aros = Horos Ἶσις προφῆτις τῷ υἱῷ αὐτῆς (BERTHELOT. *Alch. grecs,* I, XIII) poderia ter servido de modelo ao Diálogo de Maria. Era fácil confundir Isis e Maria.

que apareceu mais tarde: "Case goma com goma num matrimônio verdadeiro"[80]. Tratava-se originalmente da "gummi arabicum" ("goma arábica") usada aqui como um arcano da substância transformadora, devido à sua qualidade adesiva. Assim por exemplo Khunrath[81] esclarece que a goma "vermelha" é a "resina dos sábios" e um sinônimo da substância transformadora. Esta substância como "vis animans" (força vital) é comparada por outro intérprete com o "glutinum mundi" (cola do mundo), mediadora entre o espírito e o corpo, sendo ao mesmo tempo a união de ambos[82]. O antigo tratado *Consilium Coniugii* explica que o "homem filosofal" é feito das "quatro naturezas da pedra". Três delas seriam terrestres, ou da terra; "a quarta natureza é a água da pedra, isto é, o ouro viscoso, denominado goma vermelha, com a qual são tingidas as três naturezas terrestres"[83]. A goma, como aqui se diz, é a quarta natureza crítica: ela é dupla, isto é, masculina e feminina, sendo ao mesmo tempo uma única "aqua mercurialis". A união das duas é, portanto, uma espécie de *autofecundação*, que é sempre atribuída ao dragão mercurial[84]. A partir destas alusões é fácil perceber quem é o homem filosofal: o andrógino originário, ou

---

80. "Matrimonifica gummi cum gummi vero matrimonio" em *Art. aurif.* I, p. 320.
81. *Hyleal. Chaos*, p. 239.
82. *Aphorismi Basiliani* em *Theatr. chem.* IV (1613) p. 368.
83. *Ars chem.*, p. 247 e 255.
84. Arnaldus de Villanova (*Carmen* em *Theatr. chem.* IV [1613], p. 614s.) encontrou uma maneira feliz de resumir a quintessência do tratado nos versos seguintes: "Maria, mira sonat, breviter quae talia sonat: / Gumi cum binis fugitivum figit in imis. / [...] Filia Platonis consortia iungit amoris: / Gaudet massata, quando tria sunt sociata". [Maria enuncia em breve ideias explosivas, pois são verdades que brotam de sua boca: / com dupla goma fixa os elementos que escapam para baixo / [...] esta Filha de Plutão une as afinidades do amor:/ e se alegra com tudo o que é semeado, cozido, reunido por três.]

o Anthropos do gnosticismo[85] (cf. tb. figs. 64, 82, 117, 195 etc.), cujo paralelo na Índia é *o atman*. O *Brihadâranyaka- -Upanishad* diz acerca deste último: "Seu tamanho era o de uma mulher e um homem abraçados. Ele dividiu o si-mesmo (atman) em duas partes, dando assim origem a esposo e esposa. Ele uniu-se a ela"[86] etc. A origem comum dessas ideias reside na noção primitiva do ser originário bissexual.

Fig. 78. Maria Prophetissa; no fundo, a união (coniunctio) do superior e do inferior.
MAIER. *Symbola aureae mensae* (1617)

Fig. 79. O rei Sol com seus seis filhos-planetas.
LACINIUS. *Pretiosa margarita novella* (1546)

---

85. Cf. as minhas observações sobre o "Adech" de Paracelso em *Estudos alquímicos* [§ 168 e 203s.].

86. 1, 4,3. Cf. *The Upanishads* II, p. 85s.

A quarta natureza – para voltarmos ao texto do *Consilium coniugii* – leva-nos diretamente à ideia do Anthropos, representação da totalidade do homem, de um ser unitário preexistente ao homem e, ao mesmo tempo, sua meta. O uno junta-se ao três como quarto, estabelecendo assim a síntese dos quatro na unidade[87] (fig. 196). Quanto ao sete e ao oito, parece tratar-se de algo semelhante; no entanto, este tema é bem mais raro na literatura. Encontramo-lo, porém, em Paracelso ao qual Goethe teve acesso, em *Ein ander Erklärung der gantzen Astronomey* (Uma outra explicação de toda a astronomia: "O um é poderoso / seis sendo sujeitos, o oito é também poderoso"[88], até mesmo um pouco mais do que o primeiro. O um é o rei, o seis são os servos e o filho: o rei-sol e os seis planetas, ou seja, os "homunculi" metálicos, tal como documenta a ilustração da *Pretiosa margarita novella* de Janus Lacinius (1546)[89] (fig. 79). O oitavo não comparece aqui. Talvez Paracelso o tenha inventado. Mas uma vez que este (o oitavo) é ainda mais poderoso do que o primeiro, a coroa deveria pertencer-lhe. Em Goethe, o oitavo "existente" no Olimpo é uma referência direta ao texto de Paracelso, que formula a "Astrologia do Olimpo", isto é, a estrutura do "corpus astrale" (corpo astral)[90].

---

87. Há uma formulação um pouco diferente na Distinção XIV das *Allegoriae sapientum* (*Theatr. chem.* V, p. 86): "Unum et est duo, et duo et sunt tria, et tria et sunt quatuor, et quatuor et sunt tria, et tria et sunt duo, et duo et sunt unum". [Um e é dois, e dois e são três, e três e são quatro, e quatro e são três, e três e são dois, e dois e são um.] Isto representa evidentemente a quadripartição (tetrameria) do uno e a síntese do quatro em um.

88. SUDHOFF/MATTHIESEN (org.) XII.

89. HUSER (org.) II, p. 451. Aqui a "aqua mercurialis" é qualificada como "Bacchi candens et limpidus humor" (!) [o fluido resplandecente e límpido de Baco]. O rei e o filho são unidos na operação, de tal modo que ao final restam somente o rei renovado e os cinco criados. É apenas na alquimia tardia que o "senarius" (o seis) representa um papel modesto.

90. HUSER I, p. 530.

[211]   Retornando agora ao nosso sonho, tocamos o ponto crítico, isto é, entre o sétimo ou oitavo andar aparece o homem ruivo, sinônimo do homem de cavanhaque, o Mefisto astuto que modifica magicamente a cena: o importante para ele é o que Fausto jamais vira – a "forma severa", o tesouro supremo, o que é "imortal[91]. Há uma súbita transformação. Aparecem os soldados, representantes da uniformidade, da opinião coletiva, que decididamente não tolera qualquer inconveniência. Para a opinião coletiva o três e o sete constituem a autoridade máxima, são sagrados; quanto ao quatro e ao oito, pertencem ao mal: "potes de argila deformados", "nada mais do que" inferioridade e inconsistência, segundo o juízo severo dos bonzos de todas as tendências. A "esquerda", que deve ser "completamente sufocada", refere-se ao inconsciente e a tudo o que é suspeito, aquilo que provém do lado esquerdo e, portanto, do inconsciente. Trata-se de uma opinião antiquada, que recorre a meios antiquados; no entanto, até mesmo as armas antiquadas são capazes de acertar o alvo. Por motivos desconhecidos e não mencionados no sonho desaparece aos poucos esta ameaça de atentado contra o "centro", em direção ao qual (segundo o aviso) "deve sempre dirigir-se o olhar". Este centro é caracterizado pela roda de oito raios que figura no desenho à margem do bilhete (fig. 80).

Fig. 80. Mercúrio gira a roda de oito raios, simbolizando o processo. Numa das mãos, segura o "telum passionis" (dardo da paixão).
Speculum veritatis (Vaticano, século XVII)

---

91. Cf. Fausto, 2ª Parte. Os anjos carregam para o céu a "parte imortal" de Fausto, depois de terem enganado o diabo. Segundo versão mais antiga, isto é a "enteléquia de Fausto".

288

SONHO 23

Num espaço quadrado. O sonhador vê sentada à sua frente a mulher desconhecida, cujo retrato ele deve desenhar. O que desenha, no entanto, não é um rosto, mas trevos de três folhas ou cruzes retorcidas pintadas de quatro cores: vermelho, amarelo, verde e azul. [212]

Em sequência a este sonho, o sonhador traça espontaneamente um círculo. Os quartos deste círculo são pintados com as mesmas cores referidas acima. Trata-se de uma roda de oito raios. No centro acha-se uma flor azul de quatro pétalas. A pequenos intervalos aparecem numerosos desenhos, todos referidos à estrutura peculiar do "centro", em busca de uma configuração que expresse adequadamente a natureza desse "centro". Eles se originam quer de impressões visuais, quer de percepções intuitivas, ou então de sonhos. [213]

Quanto à roda, convém observar que ela é uma expressão favorita da alquimia para designar o processo de circulação, a "circulatio". Por um lado, deve-se pensar na "ascensus" e "descensus" (ascensão e descida) dos pássaros, por exemplo, alçando voo e descendo, a modo de vapores que se precipitam[92], e, por outro, na revolução do universo como modelo da obra, e também no ciclo anual em que a obra se realiza. O alquimista não ignorava a conexão da "rotatio" (rotação) e dos círculos que desenhava. A alegoria moral contemporânea da roda destaca entre outros significados que o "ascensus" e o "descensus" corresponderia à descida de Deus até o homem e a ascensão deste último até Deus, mencionados num sermão de São Bernardo: "Por sua descida ele nos permitiu uma ascensão suave e salutar"[93]. [214]

---

92. Cf. os movimentos da substância de transformação na *Tabula Smaragdina* (*De alchemia*, p. 363).
93. "Suo nobis descensu suavem ac salubrem dedicavit ascensum". *Sermo IV de ascensione Domini*, col. 312.

Além disso, a roda exprime as virtudes importantes para a realização da Obra: "constantia", "obedientia", "moderatio", "aequalitas" e "humilitas"[94] (constância, obediência, moderação, equanimidade e humildade). As relações místicas da roda desempenham um papel importante em Jacob Böhme. Como os alquimistas, ele também opera com as rodas de Ezequiel e diz: "[...] reconhecemos, portanto, que a vida do espírito está voltada para dentro de si mesma, e que a vida da natureza está voltada para fora e para a frente. Podemos compará-las a uma roda esférica que gira para todos os lados, tal como a roda de Ezequiel"[95]. E continua: "A roda da natureza gira de fora para dentro de si mesma; a divindade, no entanto, mora dentro de si mesma e sua figura não pode ser representada; trata-se apenas de uma semelhança natural, como Deus ao retratar-se na imagem deste mundo. Em toda a parte Deus está por inteiro, habitando também em si mesmo. Observe a roda externa que é o zodíaco, com os astros, seguindo-se os sete planetas"[96] etc. "Ainda que esta imagem não seja suficientemente elaborada, nem por isso deixa de ser uma meditação; poder-se-ia projetá-la sobre um grande círculo, para a meditação dos menos aptos. Observe, pois, que o desejo volta-se para dentro de si mesmo, até o coração que é Deus" etc. Para Böhme, a roda significa também, em termos alquímicos, a "informatio", a "impressão" da vontade eterna. Ela é a Mãe-Natureza, ou seja, "o fundo do ser (Gemüth) da Mãe originária / mediante o qual ela atua e cria: são as estrelas como roda planetária / segundo o modelo do astro eterno / o qual é um espírito / e o eterno fundo do ser (Gemüth) da sabedoria divina / enquanto natureza eterna / de onde procederam os espíritos eternos que

---

94. PICINELLUS. *Mundus symbolicus*. Índice (cf. v. "Rota").
95. *Vom irdischen und himmlischen Mysterium*, cap. V, 1s.
96. *Vom dreyfachen Leben*, cap. IX, 58s.

passaram a habitar as criaturas"[97]. A "propriedade" da roda é a vida, sob a forma de "quatro intendentes", os quais "conduzem o regimento na mãe que gera a vida". Trata-se dos quatro elementos, "aos quais a roda do ser total confere vontade e desejo / de tal forma que toda essa essência seja uma só coisa", como o "fundo do ser (Gemüth) do homem; tal como é em sua alma e corpo"; pois ele foi criado à imagem desta "essência total". Deste modo, a natureza também é "essência total", dotada de alma em seus quatro elementos[98]. Essa "roda sulfúrica" também é a origem do bem e do mal, isto é, ela conduz para dentro destes princípios ou para fora dos mesmos[99].

A mística de Böhme é influenciada em seu mais alto grau pela alquimia. Assim, ele diz: "A forma do nascimento é como uma roda giratória que Mercúrio faz no enxofre"[100]. O "nascimento" é a "Criança de ouro", o "filius philosophorum" (filho dos filósofos = arquétipos da criança divina[101]), cujo "mestre de obras" é Mercúrio[102]. O próprio Mercúrio é "a roda de fogo da essência", em forma de serpente. Do mesmo modo, a alma (não iluminada) é um "Mercúrio ígneo desse tipo". Vulcano nela acende a "roda de fogo da essência", quando a mesma se "desprende" de Deus; isto dá origem ao desejo e ao pecado, que são a "ira de Deus". A alma é então um "verme", tal como a "serpente de fogo", uma "larva" e um "monstro"[103].

[215]

---

97. *De signatura rerum*, cap. XIV, 11.
98. Op. cit., cap. XIV, 12.
99. Op. cit., cap. XIV, 13.
100. Op. cit., cap. IV, 25.
101. Cf. JUNG & KERÉNYI. *Das göttliche Kind*.
102. BÖHME. *De signatura rerum*, IV, 26.
103. BÖHME. *Gespräche einer erleuchteten und unerleuchteten Seele*, p, 11-24.

[216]   A interpretação da roda, em Böhme, revela algo do "arcanum" místico da alquimia, sendo, pois, tanto nesta quanto na acepção psicológica, de considerável importância: a roda surge aqui como uma ideia da totalidade, representando a essência do simbolismo do mandala e compreendendo também o "mysterium iniquitatis" (mistério da iniquidade).

[217]   Os fatos demonstram que a ideia do "centro", o qual o inconsciente tentara repetidamente aproximar do consciente, começa a tomar consistência e a exercer um fascínio peculiar sobre este último. Mais adiante, o desenho (fig. 85) reproduz de novo a flor azul, mas desta vez subdividindo-a em oito partes; seguem-se as imagens de quatro montanhas em torno de um lago dentro de uma cratera; um anel vermelho está pousado por terra e dentro dele há uma árvore seca, na qual uma serpente verde se enrosca, subindo pela esquerda (fig. 13).

[218]   Não será pouca a perplexidade do leigo diante da seriedade e atenção com que se trata aqui de um problema que pede algum conhecimento da ioga e da filosofia medieval do "lapis". Conforme já mencionamos no caso da quadratura do círculo, este é um dos métodos para a produção do "lapis"; outro, seria o uso da "imaginatio" (imaginação), como indica o seguinte texto: "Cuida de fechar muito bem a tua porta, para que aquele que está dentro não possa escapar e – pela vontade de Deus – alcançarás a tua meta. A natureza opera progressivamente e eu quero que faças o mesmo, sim, que a tua imaginação seja orientada pela natureza. E que enxergues de acordo com a natureza, através da qual os corpos se regeneram nas entranhas da terra. E imagina tal coisa com a imaginação verdadeira e não com a imaginação fantasiosa"[104].

---

104. *Rosarium* (*Art. aurif.* II, p. 214s.).

O "vas bene clausum" (vaso bem fechado), medida de [219] precaução frequentemente aplicada pelos alquimistas, é um equivalente do círculo mágico. Em ambos os casos, o que está dentro deve ser protegido da invasão ou contaminação daquilo que está fora[105], bem como desse modo será impedido de escapar. A "imaginatio" (imaginação) deve ser entendida aqui em seu sentido literal e clássico, ou seja, como verdadeira *força de criar imagens,* e não como "fantasia", a qual designa uma ideia que ocorre de repente, a modo de um pensamento insubstancial. Petronius emprega este termo reforçando sua conotação de ridicularia: "phantasia non homo"[106] (fantasia, não um homem). A "imaginatio" (imaginação) é uma evocação ativa de imagens (interiores) "secundum naturam" (segundo a natureza) e constitui uma verdadeira função do pensamento ou do poder de representação, que não tece fantasias aleatórias, sem meta ou fundamento; assim, pois, não joga com os objetos, mas procura captar a realidade interior por meio de representações fiéis à natureza. Esta atividade é designada como sendo um "opus" (obra). A maneira pela qual o sonhador lida com os objetos dessa experiência interior não pode ser caracterizada senão como um verdadeiro trabalho, devido ao modo exato, cuidadoso e consciencioso mediante o qual o sonhador colige e elabora o conteúdo que abre passagem do inconsciente para o consciente. A semelhança com o "opus" torna-se óbvia para quem estiver familiarizado com a alquimia. Além disso, os sonhos confirmam uma tal analogia, como veremos no sonho 24.

105. Op. cit., p. 213: "[...] nec intrat in eum <lapidem> quod non sit ortum ex eo, quoniam si aliquid extranei sibi apponatur, statim corrumpitur" [E nada entra nele <no lapis> que dele não tenha saído, pois se fosse acrescentado algo de estranho, ele se corromperia imediatamente].
106. PETRONIUS. *Satyricon,* § 38.

Fig. 81. "Sol et ejus umbra" (o sol e sua sombra).
A terra está situada entre a luz e as trevas.
MAIER. *Scrutinium chymicum* (1687)

[220]   O sonho 23, do qual estamos tratando, deu origem aos desenhos comentados acima, e não contém qualquer sinal que indique o "estrangulamento" do lado esquerdo. Muito pelo contrário, o sonhador encontra-se novamente no temenos, confrontado com a mulher desconhecida que personifica a quarta função, ou função "inferior"[107]. Seu desenho foi antecipado pelo sonho, e o que este último representa de modo personificado é reproduzido pelo sonhador sob a forma de um ideograma abstrato. Isto poderia indicar que o sentido da personificação é o símbolo de algo que também poderia ser representado sob uma forma totalmente diversa. Esta "forma diversa" é uma referência retroativa ao sonho 16

---

107. Fili, extrahe a radio suam umbram: accipe ergo quartam partem sui, hoc est, unam partem de fermento et tres partes de corpore imperfecto" etc. [Filho, extrai do raio sua sombra: retira-lhe então a quarta parte, isto é, uma parte do fermento e três partes do corpo imperfeito]: Instrução para a preparação do "lapis". [Citação de Hermes do Rosarium (*Art. aurif.* II, p. 317).] Com referência a "umbra", cf. op. cit., p. 233: "Fundamentum artis est Sol, et eius umbra" [O fundamento da Arte é o Sol e sua sombra] (fig. 81). O texto acima corresponde apenas ao sentido segundo o *Tractatus aureus,* mas não à sua forma literal.

[§ 97], ao Ás de paus cuja analogia com a cruz de braços desiguais foi ressaltada. Aqui a analogia é confirmada. Tentei resumir a situação daquele momento através da seguinte fórmula: a Trindade cristã, matizada porém, tingida ou sombreada pelas quatro cores. Estas aparecem aqui a modo de uma concretização da "tetraktys". O *Rosarium* cita uma declaração semelhante no *Tractatus aureus*: "Vultur[108] [...] clamat voce magna, inquiens: 'Ego sum albus niger et rubeus citrinus'"[109] (O abutre [...] clama com voz alta, dizendo: 'Eu sou o branco negro e o vermelho amarelo'). Por outro lado, é sublinhado o fato de o "lapis" reunir em si "omnes colores" (todas as cores). Poder-se-ia supor, portanto, que a quaternidade representada pelas cores constitui um estágio preliminar. Isto é confirmado no *Rosarium*: "[...] lapis noster est ex quatuor elementis" ([...] nosso lapis provém dos quatro elementos)[110] (figs. 64, 82, 117 e outras). O mesmo ocorre com o "aurum philosophicum": "[...] in auro sunt quatuor elementa in aequali proportione aptata" (ouro filosófico: ... no ouro, os quatro elementos se acham reunidos em proporções iguais)[111]. O fato é que no sonho também as quatro cores representam a transição da Trindade para a Quaternidade e, portanto, para a quadratura do círculo (figs. 59 e 60); este último, devido à sua rotundidade (simplicidade perfeita), apro-

---

108. Cf. sonho 58, § 304. Abutres, águias, corvos alquímicos são sinônimos em sua essência.

109. Esta citação de Hermes também é arbitrária. Na realidade, a passagem diz o seguinte: "Ego sum albus nigri, et rubeus albi, et citrinus rubei, et certe veridicus sum." [Eu sou o branco do negro e o vermelho do branco, o amarelo do vermelho e digo a verdade com certeza.] (*Tractatus aureus,* p. 12). Desta maneira exprimem-se três significados por quatro cores, contrariamente à fórmula de Hortulanus, que atribui quatro naturezas e três cores ao "lapis" (*De Alchemia,* p. 372).

110. Op. cit., p. 207.

111. Op. cit., p. 208.

xima-se mais da natureza do lápis, segundo a concepção dos alquimistas. Uma receita atribuída a Raimundo, para a preparação do lapis, diz o seguinte: "Recipe de simplicissimo et de rotundo corpore, et noli recipere de triangulo vel quadrangulo, sed de rotundo: quia rotundum est propinquius simplicitati quam triangulus. Notandum est ergo, quod corpus simplum nullum habens angulum: quia ipsum est primum et posterius in planetis, sicut Sol in stellis" (Filho, toma do corpo mais simples e redondo, e não do triangular ou quadrangular, [toma] do redondo; porque o redondo está mais próximo da simplicidade do que o triangular. Note-se que o corpo simples não tem ângulo algum, pois é o primeiro e o último dentre os planetas, como o sol entre as estrelas)[112].

Fig. 82. O Anthropos com os quatro elementos.
De um manuscrito russo do século XVIII

SONHO 24

[221]   *Duas pessoas conversam sobre cristais e em especial sobre um diamante.*

[222]   Dificilmente não nos ocorrerá aqui a ideia do lapis. Mais do que isso, este sonho revela o fundo histórico, su-

---

112. *Rosarium,* op. cit., p. 317.

gerindo que se trata efetivamente do lapis cobiçado, do "tesouro difícil de se obter". O "opus" do sonhador é como que uma recapitulação inconsciente dos esforços da filosofia hermética. (Cf. a respeito do "diamante" outros sonhos: 37, 39, 50 [§ 258, 262, 284].)

SONHO 25

Trata-se da construção de um ponto central e de tornar a figura simétrica por espelhamento neste ponto. [223]

O termo "construção" indica a natureza sintética do "opus", bem como a laboriosa edificação, que requer toda a energia do sonhador. O "tornar simétrico" é uma resposta ao conflito do sonho 22 [§ 200] que pretendia "sufocar a esquerda" de modo completo. Agora, um lado deve corresponder perfeitamente ao outro, tal como uma imagem no espelho. A imagem aparece no ponto central, o qual possui a propriedade de refletir, sendo um "vitrum"[113], um cristal ou espelho d'água (fig. 209). Refletir no espelho é provavelmente outra alusão à ideia subjacente do lapis, do "aurum philosophicum", do Elixir, da "aqua nostra" etc. (fig. 265). [224]

Assim como a "direita" representa a consciência, seu mundo e seus princípios, o "espelhamento" significa uma conversão da imagem do mundo para a esquerda, produzindo uma imagem correspondente invertida. Em outras palavras, mediante o "espelhamento", a "direita" se apresenta como uma inversão da "esquerda". A "esquerda" parece, pois, ter os mesmos direitos que a "direita", ou melhor, o inconsciente e sua ordem quase sempre ininteligível vem [225]

---

113. "Lapis nihilominus non funditur, nec ingreditur, nec permiscetur: sed vitrificatur" etc. [A pedra não pode ser fundida, nem penetrada, nem misturada, mas sim, vitrificada.] (ADEMARUS: citação no *Rosarium,* op. cit., p. 353).

completar simetricamente a consciência e seus conteúdos. Permanece, porém, obscuro o fato de se saber o que se reflete e o que é o refletido (fig. 55). Continuando nosso raciocínio, poderíamos considerar o "ponto central" como uma intersecção de dois mundos correspondentes, mas invertidos pelo reflexo no espelho[114].

[226] A ideia de tornar simétrico poderia significar assim um ponto culminante no reconhecimento do inconsciente e sua incorporação numa imagem geral do mundo. O inconsciente adquire aqui um caráter cósmico.

SONHO 26

[227] *É noite, céu estrelado. Uma voz diz: "Agora vai começar". O sonhador pergunta: "O quê?" A voz responde: "O movimento circular pode começar". Uma estrela cadente cai, descrevendo estranha curva para a esquerda. Muda a cena. O sonhador encontra-se num local duvidoso de diversões. O dono desse bar parece ser um explorador sem escrúpulos. Algumas jovens decaídas também lá estão. Começa então uma contenda acerca de direita e de esquerda. O sonhador retira-se e percorre num táxi o perímetro de um quadrado. Depois, novamente o bar. O dono deste afirma: "O que as pessoas comentavam acerca de direita e de esquerda não tocou o que sinto. Há verdadeiramente um lado direito e um lado esquerdo na sociedade humana?" O sonhador responde: "A existência da esquerda não contradiz a da direita. Ambas existem em todo o ser humano. A esquerda é o reflexo da direita. Sempre que a sinto como uma imagem refletida no espelho, sinto-me unificado. Não há lado direito, nem esquerdo na sociedade humana; mas há pessoas simétricas e assimétricas. Os assimétricos são os que conseguem realizar*

---

114. Existem paralelos parapsicológicos muito interessantes, que não posso mencionar aqui.

apenas um lado, o esquerdo ou o direito. Encontram-se ainda na situação infantil". O dono do bar diz, pensativo: "Isto já é bem melhor". E retorna aos seus afazeres.

Relatei este sonho inteiro, por ser uma ilustração excelente do modo pelo qual o sonhador acolhe as ideias sugeridas no sonho 25 [§ 223]. A ideia da relação simétrica é despida de seu caráter cósmico e traduzida numa linguagem psicológica, expressa em símbolos sociais. "Direita" e "esquerda" são termos usados quase como "slogans" políticos. [228]

Fig. 83. Dante é conduzido à presença de Deus na rosa celeste.
DANTE. *Paraíso* (Vaticano, século XV)

O aspecto cósmico aparece no início do sonho. O sonhador observou que a estranha curva traçada pela estrela cadente correspondia exatamente à linha que traçava ao esboçar a flor dividida em oito partes[115]. A curva configura o desenho das pétalas. A estrela cadente desenha o contorno de uma flor que abarca completamente o céu estrelado. Aqui começa o movimento circular da luz[116]. Esta flor cósmica corresponde à rosa do "Paradiso" de Dante (fig. 83). [229]

---

115. Cf. o comentário do sonho 23, § 217.
116. Cf. § 245s. e 258s., bem como com WILHELM & JUNG. O *Segredo da flor de ouro,* passim.

[230]	A natureza cósmica de uma experiência, cujo aspecto "interior" só pode ser compreendido psicologicamente, choca e provoca imediatamente uma reação do aspecto "inferior". O aspecto cósmico é evidentemente "alto" demais, sendo por isso compensado no sentido oposto (para baixo). Assim sendo, a simetria já não é mais a das duas imagens do mundo, mas apenas a da sociedade humana e enfim do próprio sonhador. O dono do bar, comentando essa interpretação psicológica como "bem melhor", exprime um reconhecimento que ainda deveria ser complementado pela frase: "mas não o suficiente".

[231]	A contenda acerca de direita e de esquerda, iniciada no bar, é um conflito que irrompe no próprio sonhador ao ter que reconhecer a simetria. É isto que ele não consegue fazer, pois o outro lado tem um aspecto tão deplorável que não é fácil olhá-lo de perto. Daí, a razão da "circumambulatio" mágica (a caminhada em torno do quadrado), o que mantém o sonhador dentro e o impede de fugir, fazendo-o suportar sua imagem refletida no espelho. Embora o faça da melhor maneira possível, não contenta o outro lado. Daí, a relativa frieza da apreciação de seus méritos.

IMPRESSÃO VISUAL 27

[232]	*Um círculo; em seu centro há uma árvore verde. No círculo desenrola-se uma batalha furiosa entre selvagens. Eles não veem a árvore.*

[233]	É óbvio que o conflito entre a "direita" e a "esquerda" ainda não terminou; continua, uma vez que os selvagens permanecem em "estado infantil" e, por serem assimétricos, só conhecem a direita ou a esquerda e nunca a terceira posição, que está acima do conflito.

IMPRESSÃO VISUAL 28

Um círculo, dentro do qual há degraus que levam a um pequeno reservatório acima, dentro do qual há uma fonte. [234]

Quando um estado é insatisfatório por faltar-lhe um aspecto essencial do inconsciente, o processo interior recorre a símbolos anteriores, tal como neste caso. O simbolismo remete de novo ao sonho 13 [§ 154], onde deparamos com o jardim mandálico dos filósofos, e com a fonte da "aqua nostra" (nossa água) (fig. 84 e tb. 25, 26 e 56). O círculo e a fonte reforçam o mandala representado pela "rosa"[117] no simbolismo medieval. O "jardim das rosas dos filósofos" é um símbolo que ocorre com frequência[118]. [235]

Fig. 84. A fonte no jardim cercado de muros significa a "constantia in adversis" (constância na adversidade); situação bem característica na alquimia!
BOSCHIUS. *Symbolographia* (1702)

IMPRESSÃO VISUAL 29

Um ramo de rosas, depois o sinal ≡ *, que deveria no entanto ser* ✳ *.* [236]

O ramo de rosas é semelhante a uma fonte que jorra. O sentido do primeiro sinal (árvore?) não é claro, ao passo que a correção representa a flor dividida em oito partes [237]

---

117. Cf. VALLI. *Die Geheimsprache Dantes und der Fedeli d'Amore.*
118. Cf. *Rosarius minor* em *De alchemia*, p. 309s.

(fig. 85). Trata-se manifestamente da correção de um erro, que de certa forma prejudicava a totalidade da "rosa". A reconstrução deve reaproximar da consciência o problema do mandala, ou melhor, a avaliação e interpretação corretas do "ponto central".

Fig. 85. A flor de oito pétalas como oitava ou a primeira das sete.
Recueil de figures astrologiques (século XVIII)

SONHO 30

[238] *O sonhador está sentado a uma mesa redonda, com a mulher escura e desconhecida.*

[239] Sempre que se atinge um ponto máximo de clareza ou da possibilidade mais ampla de chegar a uma conclusão é comum ocorrer uma regressão. Alguns sonhos intercalados nesta série mostram com nitidez que a exigência insistente da totalidade provoca no sonhador um sentimento algo penoso, uma vez que a realização de tal exigência acarreta consequências práticas significativas em sua vida, cujo caráter pessoal transcende os limites de nossas considerações.

A forma redonda da mesa é novamente uma alusão ao círculo da totalidade. A esta totalidade pertence a anima, como representante da quarta função, principalmente sob seu aspecto "escuro", o qual sempre se manifesta quando algo deveria ser concretizado, vertido na realidade, ou quando algo está a ponto de traduzir-se por si mesmo na realidade. O "escuro" é o ctônico, o terrestre e o real. É também a fonte do medo gerado pela regressão[119].

[240]

SONHO 31

O sonhador está sentado a uma mesa redonda em companhia de um homem que emana qualidades negativas. Sobre a mesa há um copo cheio de massa gelatinosa.

[241]

Este sonho representa um progresso em relação ao sonho anterior, na medida em que o "escuro" é aceito como a própria "escuridão", a ponto de produzir uma verdadeira "sombra"[120] que concerne à vida pessoal do sonhador. Isto

[242]

---

119. "Ab eo, quod nigram caudam habet abstine, terrestrium enim deorum est" [Afasta-te daquilo que tem um rabo preto, pois pertence aos deuses da terra.] (*Symbola Pythagore phylosophi* em FICINUS. *Auctores platonici*, fol. X, III).

120. Apesar de o tema deste estudo não permitir a ampliação da discussão da psicologia dos sonhos, devo esclarecer alguns pontos. O sentar-se a uma mesa na companhia de outros significa relação, ligação, "composição". A mesa redonda significa aqui compor a totalidade. A figura da anima (isto é, o inconsciente personificado) separada da consciência do eu, portanto inconsciente, significa que a existência de uma camada isoladora do inconsciente pessoal está intercalada entre o eu e a anima. A existência de um inconsciente pessoal demonstra que conteúdos de caráter pessoal poderiam de fato tornar-se conscientes, mas são ilegitimamente mantidos no inconsciente. Estamos, portanto, na presença de uma consciência insuficiente ou inexistente da sombra. A sombra corresponde a uma personalidade do eu negativo, compreendendo portanto todas as características cuja existência é desagradável e deplorável. Neste caso, a sombra e a anima, por serem ambas inconscientes, contaminam-se mutuamente, o que o sonho representa sob a forma de algo

faz com que a anima seja liberta da projeção da inferioridade moral, podendo então assumir sua própria função, isto é, seu aspecto vivo e criativo[121]. Este último é representado pelo copo com seu conteúdo estranho, o qual, juntamente com o sonhador, já comparamos com a "massa da vida" indiferenciada, no sonho 18 [§ 183]. Naquela etapa tratava-se de uma transformação gradual do animalesco primitivo em algo humano. A expectativa agora é algo semelhante, uma vez que a espiral do desenvolvimento interior parece ter chegado novamente ao mesmo grau, mas em nível superior.

[243] O copo corresponde ao "unum vas" (vaso uno) da alquimia (fig. 243 86) e seu conteúdo à mistura viva semiorgânica da qual deverá emergir o corpo do lápis, dotado de espírito e vida, ou então aquela inesquecível figura da segunda parte do *Fausto* de Goethe, que dissolve três vezes consecutivas o cocheiro-menino, o "homunculus" e Euphorion que se despedaça no trono de Galateia (os três simbolizando a dissolução do "centro" no inconsciente). O lápis não é somente uma "pedra", mas, segundo é claramente constatado, compõe-se "de re animali, vegetabili et minerali" (coisas animais, vegetais e minerais), consistindo de corpo, alma e espírito[122]; ela cresce a partir da carne e do sangue[123]. O filósofo (Hermes na *Tabula smaragdina*) diz o seguinte: "O vento carregou-a em seu ven-

---

como um "matrimônio". Mas se a existência da anima (ou da sombra) for reconhecida e compreendida, ocorre uma separação das duas figuras, tal como aconteceu em nosso caso. Com isso a sombra é reconhecida como algo que pertence ao eu, a anima, porém, como algo não pertencente ao eu.

121. Cf. o que disse sobre a função da anima em minha conferência intitulada: *Über die Archetypen des kollektiven Unbewussten* [§ 53s.]. No tratado *Hermes an die menschliche Seele*, a anima é chamada "a intérprete suprema e a guardiã mais próxima" (do eterno), o que caracteriza muito bem sua função de mediadora entre o consciente e o inconsciente.

122. *Rosarium* (*Art. aurif.* II), p. 237.

123. Op. cit. 238.

tre" (cf. fig. 210). Vê-se claramente que "O vento é o ar, o ar é a vida e a vida, a alma". "A pedra é a coisa intermediária entre os corpos perfeitos e imperfeitos, e o que a própria natureza começou será levado à perfeição pela Arte"[124]. Esta pedra é chamada o "lapis invisibilitatis" (pedra da invisibilidade)[125].

No sonho trata-se de dar vida (e realidade) ao "centro", trata-se por dizer assim de seu nascimento. O fato desse nascimento provir de uma massa amorfa encontra um paralelo na ideia alquímica da "prima materia" como uma "massa informis" caótica, prenhe de sementes de vida (figs. 162 e 163). Como vimos, a qualidade da goma arábica e da cola lhe é atribuída, ou também é designada como "viscosa" e "unctuosa". (Em Paracelso, o "Nostoc" é a substância arcana.) Embora a ideia de "gelatinoso" esteja baseada primeiramente em concepções modernas de solo nutriente, excrescências gelatinosas e coisas semelhantes, ela também se reporta a ideias alquímicas muito mais antigas, as quais, como já insistimos diversas vezes, exercem uma influência poderosa, apesar de não serem conscientes, na escolha do símbolo.

[244]

Fig. 86. O aparelho de destilação alquímica, o "unum vas", com as serpentes do Mercúrio (duplo).
KELLEY. *Tractatus duo de Lapide philosophorum* (1676)

---

124. Op. cit., 235s.
125. Op. cit., p. 231.

SONHO 32

[245]   *O sonhador recebe uma carta de mulher desconhecida. Ela diz estar sofrendo de dores uterinas. Há um anexo à carta com um desenho semelhante ao seguinte:*[126]

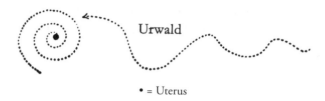

• = Uterus

Há muitos macacos na floresta virgem. Depois descortina-se uma vista sobre geleiras brancas.

Fig. 87. A Virgem representada como vaso da criança divina.
Rosário dela gloriosa vergine Maria.
Veneza (1524)

[246]   A anima envia a notícia de processos dolorosos no centro criador de vida. Este não é mais o "copo" contendo a massa de vida, mas um ponto central caracterizado como "útero", e que através de uma espiral é atingido através da circum-ambulação. De qualquer modo, a espiral acentua o

---

126. O útero é o centro, o vaso doador da vida (fig. 87). A pedra é como o Graal, o próprio vaso criador, o "elixir vitae". É circundado pela espiral, símbolo da aproximação indireta pela circum-ambulação.

ponto central e, portanto, o útero, sinônimo frequente do vaso alquímico. Ele também é um dos significados básicos do mandala oriental[127]. A linha em forma de serpente conduz ao vaso e constitui uma analogia com a serpente medicinal de Esculápio (figs. 203, 204) e com o símbolo tântrico do Shiva bindu, do deus criativo, latente, sem extensão, sob a forma do ponto ou lingam circundado três vezes e meia pela serpente Kundalini[128]. Com a floresta virgem, encontramos de novo a imagem do macaco que já aparecera nos sonhos 16, 18 [§ 164 e 183] e na visão 22 [§ 117]. Na visão 22, essas imagens eram seguidas pela frase: "tudo deve ser regido pela luz", enquanto no sonho 18 aparecia a imagem da cabeça "transfigurada". O sonho 32 acaba com uma vista sobre "geleiras brancas". Isto lembra ao sonhador um sonho precedente (que não está incluído nesta série), no qual ele vê a via láctea e entra num diálogo sobre a imortalidade. O símbolo das geleiras é, pois, a ponte reconduzindo ao aspecto cósmico que causara a regressão. Como de costume, o antigo não retorna com a mesma simplicidade, mas introduz uma nova complicação, a qual, como era de se prever logicamente, é tão chocante para a consciência intelectual como o fora o aspecto cósmico. A complicação a que nos referimos é a lembrança do diálogo sobre a imortalidade. Já

---

127. O centro do mandala corresponde ao cálice do lótus indiano: sede e local de origem dos deuses. O nome que o designa, "padma", tem um significado feminino. O "vas" é muitas vezes conhecido como útero, onde é gestada a "criança". Na ladainha de Loreto, Maria é designada três vezes como "vas" ("vas spirituale", "honorabile" e "insigne devotionis"); na poesia medieval também é chamada "Flor do mar", que contém o Cristo dentro de si. (Cf. o sonho 36, § 256.) O vaso do Graal (fig. 88) tem íntima relação com o vaso hermético; Wolfram von Eschenbach chama a pedra do Graal de "lapsit exillis"; Arnaldus de Villanova († 1313) chama o lapis de "lapis exilis", a "pedra insignificante" (*Rosarium*, op. cit., p. 210). Para a interpretação utilizada por Wolfram, isto pode ser relevante.

128. Cf. AVALON. *The Serpent Power* (Shat-Chakra-Nirupana).

houve alusão a este tema no sonho 9 [§ 134], através do relógio de pêndulo, um "perpetuum mobile". A imortalidade é um relógio que jamais para, um mandala que gira eternamente, tal como o céu. O aspecto cósmico volta com juros e juros acrescidos. Isto poderia ser excessivo para o sonhador, porquanto um estômago de cientista tem uma capacidade digestiva limitada.

Fig. 88. Visão do Santo-Graal – do *Roman de Lancelot du Lac* (século XV).

[247] De fato, o inconsciente propõe uma desconcertante profusão de definições para essa coisa obscura chamada mandala ou Selbst (si-mesmo). Parece até que estamos dispostos a continuar no inconsciente o sonho secular da alquimia, amontoando novos sinônimos sobre os velhos, para afinal sabermos tanto ou tão pouco quanto os Antigos. Não entrarei em detalhes acerca do que o lapis significava para os nossos ancestrais, nem sobre o significado que até os dias atuais o mandala tem para os lamaístas, os tantristas, os astecas e os índios Pueblo, ou ainda a "pílula de ouro"[129] para os taoistas e o "germe de ouro" para os hindus. Conhecemos os textos que os descrevem vividamente. Mas o que significa o fato de o inconsciente apresentar com tanta obstina-

---

129. Sinônimo da "Flor de ouro".

ção um simbolismo tão abstruso a um europeu erudito? Na minha opinião, o único ponto de vista aplicável aqui é o psicológico (talvez haja outros, que não me são familiares). Deste ponto de vista (psicológico), tudo aquilo que pode ser agrupado sob o conceito global de mandala parece ser a essência de determinada atitude. As atitudes conhecidas da consciência exprimem intenções e metas que podem ser definidas. A atitude voltada para o si-mesmo, porém, é a única que não tem meta definível, nem intenção visível. Sem dúvida, podemos pronunciar a palavra "si-mesmo", mas o que ela quer dizer permanece envolto numa obscuridade "metafísica". Não obstante, defino o "si-mesmo" como sendo a totalidade da psique consciente e inconsciente. No entanto, essa totalidade transcende a nossa visão: é um verdadeiro "lapis invisibilitatis" (pedra da invisibilidade). Na medida em que o inconsciente existe, não é definível e sua existência é um mero postulado. Nada podemos afirmar acerca de seus conceitos possíveis. A totalidade é empírica somente em seus aspectos parciais e na medida em que estes são conteúdos da consciência. Enquanto totalidade, porém, ela transcende necessariamente a consciência. Consequentemente, o "si-mesmo" é um conceito-limite, algo como a "coisa-em-si" de Kant. Mas acrescentemos que sua nitidez aumenta constantemente com a experiência, conforme atestam nossos sonhos, sem nada sacrificar de sua transcendência. Dado que não podemos saber quais são os limites daquilo que desconhecemos, também não temos condições de estabelecer quaisquer limites ao si-mesmo. Seria arbitrário e, portanto, anticientífico restringir o si-mesmo aos limites da psique individual, independentemente da circunstância de ignorarmos seus limites, que jazem no inconsciente. Podemos definir os limites da consciência; o inconsciente, porém, é o psiquismo desconhecido e, portanto, ilimitado, pelo fato de ser indefinível. Não devemos, pois, surpreender-nos se as manifestações empíricas dos conteúdos inconscientes apresentarem características de algo sem limites e não determinado por espaço e tempo. Tal qualidade é numinosa e, portanto, assustadora, principalmente para quem reflete atentamente, cônscio do valor de conceitos bem delimitados. É uma sorte não sermos filósofos, nem teólogos, pois isto nos evita o confronto com tais "númenos" no exercício da nossa profissão. O pior é quando, paulatinamente, torna-se claro que os "númenos" são "entia" (entes) psíquicos que se impõem à consciência enquanto noite após noite os sonhos filosofam por sua própria conta. E ainda mais: se tentarmos nos esquivar desses "númenos", rejeitando com irritação o ouro alquímico que o inconsciente nos oferece, sentir-nos-emos verdadeiramente mal, apesar de todo o nosso bom-senso. Apresentaremos sintomas e no momento em que resolvermos encarar de novo essa pedra de escândalo, transformando-a em pedra angular – ainda que apenas hipoteticamente – os sintomas desaparecerão e sentir-nos-emos "inexplicavelmente" bem. Em tal dilema podemos pelo menos consolar-nos com a ideia de que o inconsciente é um mal necessário e que devemos levá-lo em conta; a atitude mais inteligente que podemos ter em relação a ele é acompanhá-lo em algumas de suas incursões simbólicas e estranhas, embora o sentido das mesmas seja extremamente questionável. Talvez seja bom para a saúde recordar "as lições da humanidade anterior" (Nietzsche).

[248]   A única objeção contra tais expedientes intelectuais é que nem sempre eles resistem à prova dos acontecimentos. Observa-se em tais casos e em outros análogos, que no correr dos anos a entelequia do si-mesmo se impõe de tal forma, que a consciência é obrigada a realizar proezas cada vez maiores para acompanhar o ritmo do inconsciente.

Podemos afirmar por agora que o símbolo do mandala [249] é uma realidade psíquica autônoma, caracterizada por uma fenomenologia que se repete e é idêntica em toda a parte. Parece tratar-se de uma espécie de núcleo atômico, sobre cuja estrutura mais profunda e sobre cujo sentido último nada sabemos. Podemos também considerá-lo como um reflexo real (ou melhor, atuante) de uma atitude da consciência; esta é incapaz de indicar sua meta ou suas intenções e devido a esta impossibilidade ela projeta por inteiro a sua atividade no centro virtual do mandala[130]. A força compulsiva necessária para essa projeção está sempre numa situação da qual o indivíduo não sabe como sair. No entanto, ver o mandala meramente como um reflexo psicológico contraria a natureza autônoma deste símbolo que se manifesta em sonhos e visões com uma espontaneidade às vezes arrasadora e a natureza autônoma do inconsciente em geral. Ora, este último não é apenas a forma originária do psíquico, mas também a situação que vivemos na primeira infância e à qual retornamos todas as noites. Não há provas da atividade meramente reativa (ou reflexa) da psique. Esta concepção, no melhor dos casos, seria uma hipótese de trabalho biológica, de valor limitado. Elevada à dignidade de verdade universal, não passa de um mito materialista, uma vez que não leva em consideração a inegável capacidade criativa da alma, diante da qual todas as "causas" se reduzem a meros ensejos.

SONHO 33

Uma luta entre selvagens, durante a qual são cometidas [250]
atrocidades bestiais.

---

130. Esta projeção é considerada aqui como fenômeno espontâneo e não como uma extrapolação deliberada. A projeção não é um fenômeno voluntário.

[251]   Como era de se esperar, a nova complicação (a "imortalidade") desencadeou um conflito tremendo que utiliza a mesma simbologia, tal como na situação análoga do sonho 27 [§ 232].

SONHO 34

[252]   *Conversa com um amigo. O sonhador diz-lhe: "Tenho que perseverar diante do Cristo ensanguentado e continuar trabalhando na minha salvação".*

[253]   Este sonho, como o anterior, indica um sofrimento extraordinário e sutil (fig. 89), provocado pela irrupção de um mundo espiritual estranho, de difícil aceitação. Daí a analogia com a paixão de Cristo: "Meu Reino não é deste mundo". Mas o sonho revela também que prosseguir na tarefa de seu desenvolvimento tornou-se uma questão de vida e de morte para o sonhador. A referência a Cristo pode revestir-se de um significado mais profundo do que uma simples advertência moral, uma vez que se trata do processo de individuação, reiteradamente proposto ao homem ocidental sob o modelo dogmático e religioso da vida de Cristo. A tônica do significado recaía sempre sobre a "realidade histórica" da existência do Salvador, razão pela qual sua natureza simbólica permaneceu na sombra, embora a encarnação de Deus constituísse uma parte essencial do "Symbolon" (Credo). A eficácia do dogma não repousa, porém, de modo algum na realidade histórica, que é única, mas em sua natureza simbólica, em virtude da qual é expressão de um pressuposto anímico relativamente ubíquo, que independe da existência do dogma. Logo, existe um Cristo "pré-cristão", bem como um Cristo "não cristão", na medida em que se trata de uma realidade anímica existente por si mesma. A teoria da prefiguração repousa, aliás, sobre este pensamento. Nada mais

lógico portanto, que a figura do Anthropos ou do Poimen apareça no homem moderno, isento de pressupostos religiosos, uma vez que está presente em sua própria psique (figs. 117, 195 e outras).

Fig. 89. O pelicano, alimentando seus filhotes com o próprio sangue, como alegoria de Cristo. *BOSCHIUS. Symbolographia* (1702)

SONHO 35

Um ator atira o chapéu contra a parede, onde este adquire a seguinte forma: [254]

O ator indica (conforme comprova material não incluído neste texto) determinado fato da vida pessoal do sonhador. Este último havia até então conservado uma autoimagem que o impedia de tomar-se a sério. A atitude de seriedade ora adotada tornara-se incompatível com a ficção anterior. Era preciso renunciar ao ator, pois este rejeitava o si-mesmo. O chapéu refere-se ao primeiro sonho da série [§ 52], no qual o sonhador usava um chapéu alheio. O ator atira o chapéu contra a parede: o chapéu revela-se um mandala. O chapéu alheio era, pois, o si-mesmo que lhe parecia estranho na época em que o sonhador desempenhava um papel fictício. [255]

SONHO 36

[256]   *O sonhador vai de táxi à Rathausplatz (Praça Municipal), que no sonho se chama "Marienhof" (Pátio de Maria).*

[257]   Menciono este sonho de passagem, por revelar a natureza feminina do *temenos*, tal como a "rosa mystica" que é também um dos atributos da Virgem na litania de Loreto (fig. 26).

SONHO 37

[258]   *Curvas delineadas por uma luz em torno de um centro escuro. Depois, uma caminhada através de caverna escura, na qual se trava uma luta entre o bem e o mal. Mas nela há também um príncipe onisciente. Este oferece ao sonhador um anel de diamante, colocando-o em seu quarto dedo da mão esquerda.*

[259]   A circulação da luz iniciada no sonho 26 [§ 227] reaparece aqui com maior clareza. A luz é sempre uma referência à consciência que inicialmente percorre apenas a periferia. O centro ainda permanece obscuro. É a caverna sombria. Penetrar nela significa obviamente desencadear um novo conflito. No entanto, esse centro é também semelhante ao príncipe onisciente que está acima de tudo, o dono da pedra preciosa. O presente equivaleria a um voto de compromisso do sonhador com o si-mesmo, tratando-se do dedo anular da mão esquerda onde se usa a aliança. A esquerda, porém, é o inconsciente, o que nos leva a concluir que a situação ainda está em sua maior parte recoberta pela inconsciência. O príncipe parece ser o representante do "aenigma regis" (enigma do rei) (cf. comentário do sonho 10 [§ 142] – cf. fig. 54). A caverna sombria corresponde ao vaso contendo os opostos em conflito. O si-mesmo manifesta-se nas oposições e no seu conflito; trata-se de uma "coincidentia oppositorum". Eis por que o caminho para o Si-mesmo é inicialmente um conflito.

Fig. 90. O urso, tal como o dragão e o leão, representa o aspecto perigoso da "prima materia".
Tractatus qui dicitur Thomae Aquinatis de alchimie (1530)

SONHO 38

Uma mesa circular em torno da qual há quatro cadeiras. Mesa e cadeiras estão vazias. [260]

Este sonho confirma a conjetura feita mais acima. O mandala ainda não está "em uso". [261]

IMPRESSÃO VISUAL 39

O sonhador cai no precipício. Lá embaixo há um urso, cujos olhos brilham alternadamente em quatro cores: vermelho, amarelo, verde e azul. Na realidade, ele tem quatro olhos que se transformam em quatro luzes. O urso desaparece. O sonhador passa por um longo corredor escuro. Ao fim do corredor brilha uma luz. Lá se encontra um tesouro e sobre ele o anel de diamante. Dizem que o anel o levará para longe, rumo ao Oriente. [262]

O sonho desperto mostra que o sonhador ainda se preocupa com o centro obscuro. O urso representa o elemento ctônico, que poderia agarrá-lo. Mas logo fica esclarecido que o animal é apenas uma introdução às quatro cores (cf. sonho [263]

23 [§ 212]) que por sua vez conduzem ao lapis, isto é, ao diamante cujo brilho revela todas as cores do arco-íris. O caminho rumo ao Oriente representa talvez uma alusão ao antípoda inconsciente. Segundo a lenda, a pedra do Graal vem do Oriente e para lá deve voltar. Do ponto de vista da alquimia, o urso corresponde à "nigredo", à "prima materia" (fig. 90), dela advindo a irisação da "cauda pavonis".

SONHO 40

[264]   *Guiado pela mulher desconhecida, o sonhador precisa descobrir o polo, arriscando em extremo a própria vida.*

[265]   O polo é o ponto em torno do qual tudo gira: eis de novo um símbolo do si-mesmo. A alquimia também usou a mesma analogia: "No polo está o coração do Mercúrio, o qual é verdadeiro fogo. Nele repousa seu Senhor. Ao navegar através do mar imenso, ele se orienta pela estrela boreal"[131]. O Mercúrio é a alma do mundo, e o polo, seu coração (fig. 149). A ideia da "anima mundi" (figs. 91 e 8) coincide com o conceito do inconsciente coletivo, cujo centro é o si-mesmo. O símbolo do mar é outro sinônimo do inconsciente.

IMPRESSÃO VISUAL 41

[266]   *Esferas amarelas rolando em círculo em direção à esquerda.*

[267]   Representação da rotação em torno do centro, que lembra o sonho 21 [§ 198].

---

131. "In polo est cor Mercurii, qui verus est ignis, in quo requies est Domini sui, navigans per mare hoc magnum [...] cursum dirigat per aspectum astri septentrionalis" (PHILALETHES. *Introitus apertus*, p. 655).

SONHO 42

Um antigo mestre mostra-lhe no chão uma mancha vermelha e iluminada. [268]

O "philosophus" mostra-lhe o "centro". A cor rubra poderia ser uma alusão à aurora, imagem da "rubedo" na alquimia, que geralmente precede imediatamente a conclusão da obra. [269]

SONHO 43

Uma luz amarela como o sol, embora turva, aparece na neblina. De seu centro partem oito raios. É esse o centro que eles devem atravessar, o que ainda não ocorreu completamente. [270]

O sonhador observa por sua própria conta a identidade desse ponto que a luz deve atravessar com o polo (sonho 40 [§ 264]). Trata-se, portanto, como foi previsto, do aparecimento do sol, que é amarelo neste sonho. A luz, porém, continua turva, alusão provável a uma compreensão insuficiente. O fato de a luz "dever atravessar" indica a necessidade de uma decisão que requer esforço. A cor amarela (citrinitas) coincide frequentemente com a "rubedo". O "ouro" é amarelo ou amarelo-avermelhado. [271]

SONHO 44

O sonhador encontra-se num espaço quadrado, onde deve permanecer imóvel. Trata-se de uma prisão para liliputianos ou crianças (?). Uma mulher cruel os vigia. As crianças começam a movimentar-se e circulam na periferia desse espaço. O sonhador sente vontade de fugir, mas é impedido. Uma das crianças transforma-se num animal que lhe morde a barriga da perna (fig. 118). [272]

[273]   A claridade insuficiente exige outro esforço de concentração; é essa a razão pela qual o sonhador se encontra num estado infantil (figs. 95 e 96); "oblíquo" também (v. sonho 26 [§ 227]) e confinado no temenos sob a guarda de uma mãe-anima cruel. O animal que surge, como no sonho 18 [§ 183], e morde o sonhador sugere que este último deve pagar um preço. A "circumambulatio", como já vimos, significa a necessidade de concentrar-se no centro. Este estado de tensão é quase insuportável. No entanto, ao despertar o sonhador experimenta a sensação agradável e intensa de haver encontrado uma solução, "tal como se já estivesse com o diamante na mão". As "crianças" aludem ao tema do anão, exprimindo talvez o elemento "cabírico", isto é, as forças formativas do inconsciente (sonhos 56s. [§ 301]), ou então a condição infantil do sonhador.

Fig. 91. Anima Mundi.
THURNEYSSER ZUM THURN.
Quinta Essentia (1574)

SONHO 45

[274]   *Um terreno de manobras. Há tropas que se preparam para a guerra, formando uma estrela de oito raios que gira para a esquerda.*

[275]   O essencial parece ser aqui a indicação de um conflito superado. A estrela não está no céu, nem é um diamante,

mas sim uma configuração sobre a terra constituída por seres humanos.

SONHO 46

O sonhador encontra-se preso num espaço quadrado. Surgem leões e uma feiticeira má. [276]

A prisão ctônica retém-no, pois ele ainda não está pronto para realizar aquilo que deve (trata-se de um assunto pessoal importante, ou mesmo de um dever que lhe causa muita preocupação). Os leões, como todos os animais selvagens, indicam afetos latentes. Na alquimia, o papel do leão é importante e tem um significado semelhante. Trata-se de um animal "do fogo", alegoria do diabo, e indica o perigo do sonhador ser tragado pelo inconsciente. [277]

SONHO 47

O velho sábio mostra-lhe um lugar na Terra, assinalado de um modo especial. [278]

Deve ser o lugar na Terra próprio para o sonhador realizar o si-mesmo (cf. acima, o sonho 42). [279]

SONHO 48

Uma pessoa conhecida recebe prêmio por ter encontrado um torno de cerâmica ao escavar a terra. [280]

O torno de cerâmica gira sobre a terra (sonho 45), produzindo vasos de argila ("terrestres"), os quais podem designar simbolicamente o corpo humano. O torno, por ser redondo, alude ao si-mesmo e à sua atividade criadora, na qual se manifesta. O torno simboliza igualmente a circulação, tema que já apareceu várias vezes. [281]

SONHO 49

[282]   *Imagem de uma estrela em rotação. Nos pontos cardeais do círculo há figuras representando as estações do ano.*

[283]   Assim como já foi definido o lugar, agora é designado o tempo. Lugar e tempo são os elementos fundamentais e mais necessários para qualquer determinação. A determinação de tempo e lugar fora ressaltada desde o início (nos sonhos 7-9 [§ 130-134]). Situar-se no espaço e no tempo faz parte da realidade da existência. As estações do ano referem-se à divisão do círculo em quatro partes, e isso corresponde ao ciclo do ano (fig. 92). O ano é um símbolo do homem primordial[132] (figs. 99, 100, 104). O tema da rotação alude ao fato de que o símbolo do círculo não deve ser concebido de uma forma estática, mas dinâmica.

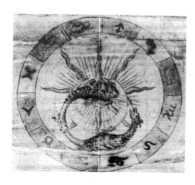

Fig. 92. O processo alquímico no zodíaco.
Ripley Scrowle (1588)

SONHO 50

[284]   *Um homem desconhecido dá ao sonhador uma pedra preciosa. Este último é atacado por apaches. Ele foge (pesadelo) e consegue salvar-se. A mulher desconhecida diz-lhe que não será sempre assim: chegará o dia em que ele não poderá mais fugir, mas deverá resistir.*

---

132. *Estudos alquímicos* [§ 229 e 237].

Aproximamo-nos a largos passos da realidade quando a um lugar definido se acrescenta o tempo determinado. Isto esclarece o dom da pedra preciosa e também o medo da decisão e a falta de força para assumi-la.

SONHO 51

Reina uma grande tensão. Numerosas pessoas circulam em volta de um grande retângulo central e de quatro pequenos retângulos laterais. A circulação em torno do retângulo grande é para a esquerda e a dos menores, para a direita. No centro, a estrela de oito raios. No centro de cada um dos quatro retângulos menores há um recipiente contendo água vermelha, amarela, verde e incolor. A rotação da água dá-se para a esquerda. Pergunta-se ansiosamente se a água será bastante.

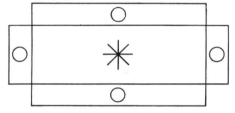

As cores indicam novamente os estágios preliminares. A pergunta "ansiosa" é sobre a questão de se haverá ou não suficiente água da vida ("aqua nostra", energia, libido) para alcançar a estrela. No centro, a circulação ainda se faz para a esquerda, isto é, a consciência move-se em direção ao inconsciente. O centro não se encontra ainda suficientemente iluminado. A circulação para a direita nos retângulos pequenos, que representam o quatro, parece ser uma alusão à tomada de consciência das quatro funções. Estas são geralmente caracterizadas pelas quatro cores do arco-íris. Surpreendentemente falta o azul e súbito a forma básica quadrada desaparece. A horizontal alongou-se em detrimento da vertical. Trata-se, portanto, de um mandala "perturbado"[133]. Observe-se, de um ponto de vista crítico, que a disposição antitética das funções ainda não está bastante consciente a fim de discernir-se suas polaridades características[134]. A predominância das linhas horizontais sobre as verticais indica um predomínio da consciência do eu, em detrimento da altura e da profundidade.

SONHO 52

[288] *Um salão de baile retangular. Todos se deslocam na periferia da direita para a esquerda. Subitamente ecoa uma voz de comando: "Para o centro!" No entanto, o sonhador deve primeiro dirigir-se à sala ao lado, onde quebra algumas nozes. Em seguida, as pessoas descem até a água mediante escadas de corda.*

[289] Teria chegado o momento de penetrar até o "centro", mas o sonhador deverá quebrar antes algumas nozes (resolver problemas) no retângulo menor (a sala ao lado), isto é, em uma das quatro funções. Nesse meio-tempo o processo continua para baixo, em direção às profundezas da "água". Assim se alonga a vertical e o quadrado se reconstitui a partir do retângulo incorreto. Isto exprime a simetria total do consciente e do inconsciente, inclusive com todas as implicações que a "simetrização" do consciente e do inconsciente têm, no nível psicológico.

---

133. De vez em quando aparecem mandalas "perturbados". Elas consistem de todas as formas derivadas do círculo, do quadrado ou da cruz regular, bem como as formas baseadas não no número quatro, mas no três ou no cinco. Os números seis e doze constituem neste caso uma certa exceção. O doze pode ter relação com o quatro ou o três. Os doze meses e os doze signos do zodíaco são símbolos circulares, colocados à nossa disposição. Da mesma forma, o seis é um conhecido símbolo do círculo. O três sugere a predominância da ideia e da vontade (trindade) e o cinco, o homem físico (materialismo).

134. Cf. "teoria das funções" em JUNG. *Psychologische Typen* [§ 642s.].

SONHO 53

O sonhador encontra-se num espaço quadrado, vazio e em rotação. Uma voz exclama: "Não o deixem sair. Ele não quer pagar o imposto."

[290]

Trata-se de uma referência à autorrealização insatisfatória num assunto pessoal já mencionado; essa questão representa uma das condições inelutáveis e essenciais da individuação. Como era de se esperar, após a insistência preparatória na vertical do sonho anterior, o quadrado é reconstituído. A causa da perturbação fora a subestima da exigência do inconsciente (das verticais), o que por sua vez produziu o achatamento da personalidade (retângulo deitado).

[291]

Depois deste sonho, o sonhador elaborou seis mandalas, tentando estabelecer o comprimento exato das verticais, a "circulação" e a distribuição das cores. Depois deste trabalho teve o sonho seguinte:

[292]

SONHO 54

Chego a uma casa especial, solene: a "Casa da Concentração". Ao fundo distingue-se muitas velas dispostas de um modo especial, as quatro pontas convergindo para o alto. Do lado de fora da porta da casa há um velho parado. Pessoas entram e permanecem silenciosas e imóveis a fim de se recolherem interiormente. O homem que está à porta diz a respeito dos visitantes da casa: "Assim que saírem lá de dentro estarão puros". Depois disso, eu mesmo entro na casa e sou capaz de concentrar-me plenamente. Uma voz diz: "É perigoso o que fazes. A religião não é um imposto a ser pago para poderes livrar-te da imagem da mulher; esta imagem é imprescindível. Ai daqueles que utilizam a religião como sucedâneo de um outro aspecto da

[293]

323

vida da alma: estão errados e serão malditos. A religião não é um sucedâneo, mas deve aliar-se às demais atividades da alma como complemento último. Da plenitude da vida é que deves engendrar a tua religião; somente então serás bem-aventurado!" Ao ouvir esta frase dita em voz alta, ouço ao longe uma música: simples acordes de um órgão. Algo faz-me lembrar do tema da "Magia do Fogo" de Wagner. Ao sair da casa vejo uma montanha em chamas e sinto: "Um fogo que não pode ser extinto é um fogo sagrado" (Shaw, "Santa Joana").

[294] O sonhador sublinha que este sonho representou para ele uma "experiência muito forte". O sonho é de fato de caráter numinoso e não seria errado presumir que represente, portanto, um novo ponto culminante de compreensão e discernimento. A "voz" tem em geral um caráter indiscutível de autoridade e costuma comparecer nos momentos decisivos.

[295] A casa corresponde provavelmente ao quadrado, que é um lugar de "concentração" (fig. 93). As quatro pontas iluminadas no plano de fundo constituem novamente uma alusão ao quatro. A observação sobre a purificação refere-se à função transformadora do espaço-tabu. A realização da totalidade, impedida devido à "sonegação do imposto", exige naturalmente a "imagem da mulher"; esta, enquanto anima, representa a quarta função, a função "inferior", que é feminina por ser contaminada pelo inconsciente. O sentido do pagamento do imposto depende da natureza da função inferior, bem como de sua função auxiliar, e também do tipo de atitude[135]. O pagamento pode ser de natureza concreta, como também simbólica. A consciência não é qualificada para decidir acerca da forma válida.

---

135. JUNG. *Psychologische Typen* [§ 621s.].

Fig. 93. A "Montanha dos Adeptos". O templo dos Sábios (Casa da Concentração), iluminado pelo sol e pela lua, ergue-se sobre os sete patamares. Sobre o templo, a Fênix. O templo fica oculto na montanha, alusão ao fato de a pedra dos filósofos encontrar-se dentro da terra, de onde deve ser extraída e purificada. O zodíaco, ao fundo, simboliza o tempo em cujo ciclo o "opus" se insere. Os quatro elementos nos cantos indicam a totalidade. Embaixo, à direita: o homem cego. À esquerda: o pesquisador, seguindo o instinto natural.
MICHELSPACHER. *Die Cabala, Spiegel der Kunst und Natur* (1654)

A opinião expressa do sonho, segundo a qual a religião [296] não é um sucedâneo de "outro aspecto da vida da alma", representa, por certo, uma novidade decisiva para muita gente. De acordo com essa opinião, a religião coincide com a totalidade e se manifesta como a expressão da integração do si-mesmo na "plenitude da vida".

Fig. 94. O Etna. "Gelat et ardet"
(gela e arde).
BOSCHIUS. *Symbolographia* (1702)

[297]   A ressonância longínqua da "Magia do Fogo", do tema de Loki, está dentro do contexto. Senão o que significaria a "plenitude da vida"? O que significaria "totalidade"? Ao que me parece há razões de sobejo para um certo receio, uma vez que o homem como ser total projeta uma sombra. Não foi por nada que o quarto foi separado do três e banido para o reino do fogo eterno. Mas há uma palavra não canônica do Senhor que diz: "Quem está perto de mim está perto do fogo"[136] (fig. 58). Essas ambiguidades terríveis não são destinadas a adultos que permaneceram crianças. Eis por que o velho Heráclito era cognominado o "obscuro": ele dizia coisas demasiado claras e falava da vida como de um "fogo eternamente vivo". Por isso existem as palavras não canônicas para aqueles que têm os ouvidos apurados.

[298]   O tema da montanha em chamas (fig. 94) se encontra no Apocalipse de Henoc[137]. Henoc vê as sete estrelas acorrentadas como enormes montanhas ardentes, no lugar da punição dos anjos. Originalmente, as sete estrelas eram os sete grandes deuses babilônicos, mas na época do Apocalipse de *Henoc* trata-se dos sete arcontes, senhores "deste mundo", anjos caídos e punidos. Por outro lado, o tema da montanha em chamas tem igualmente relação com os milagres de Javé presenciados no Sinai. O número sete entretanto não é somente nefasto, pois é na sétima montanha do país ocidental que se encontra a árvore que produz os frutos dis-

---

136. "Ait autem ipse salvator: Qui iuxta me est, iuxta ignem est, qui longe est a me, longe est a regno". [O próprio Salvador, porém, diz: Quem está perto de mim, está perto do fogo, e aquele que está longe de mim está longe do Reino.] (ORÍGENES. *Homiliae in Jeremiam* XX, 3, apud PREUSCHEN. *Antilegomena*, p. 44.)

137. KAUTZSCH. *Die Apokryphen und Pseudoepigraphen des Alten Testaments* II, p. 251 e 254.

pensadores de vida, a saber, a "arbor sapientiae" (árvore da sabedoria)[138] (figs. 188 e outras).

SONHO 55

Uma fruteira de prata com quatro nozes quebradas nos pontos cardeais. [299]

Este sonho anuncia a solução dos problemas do sonho 52. No entanto, a solução ainda não está completa. O sonhador representa a meta por ora atingida no desenho de um círculo dividido em quatro partes, cujos quartos têm as quatro cores. Circula-se da direita para a esquerda. Isto pode satisfazer a simetria, mas o caráter antitético das funções ainda não é reconhecido, apesar dos esclarecimentos do sonho 54, onde o vermelho, o azul, o verde e o amarelo aparecem lado a lado, em lugar de se oporem. Podemos, então, concluir que a "realização" encontra resistências interiores. Estas, por um lado, são filosóficas e, por outro, éticas, e sua justificação histórica não pode ser descartada facilmente. A falta de reconhecimento da antítese manifesta-se primeiro pelo fato de as nozes ainda terem de "ser quebradas" e, segundo, por deverem ser permutadas umas pelas outras, o que revela que ainda não foram diferenciadas. [300]

SONHO 56

Quatro crianças carregam um anel grande e escuro, movimentando-se em círculo. A mulher escura e desconhecida aparece, dizendo que voltará, pois agora é a festa do solstício. [301]

---

138. Um comentário mais detalhado deste sonho encontra-se em JUNG. *Psicologia e religião* [§ 59s.].

[302]   Eis aqui novamente reunidos os elementos do sonho 44: as crianças e a mulher escura (anteriormente era a feiticeira má). O "solstício" alude ao momento crítico da mudança. Na alquimia, a obra é concluída no outono (vindemia Hermetis – vindima de Hermes). As crianças (fig. 95), deuses-anões, trazem o anel; isto significa que o símbolo da totalidade ainda se encontra no âmbito das forças plasmadoras e criativas infantis. Cumpre notar que as crianças têm seu papel no "opus alchymicum" (obra alquímica). A obra, ou uma determinada parte dela, é designada por "ludus puerorum" (jogo de crianças). Não encontrei outra explicação para isso, a não ser a de que a obra é fácil como uma "brincadeira de crianças". Mas uma vez que a obra é extremamente difícil, a julgar pelo testemunho unânime de todos os adeptos, deve tratar-se de um eufemismo e provavelmente também de uma definição simbólica. Tratar-se-ia de uma alusão à cooperação das forças "infantis", isto é, inconscientes, representadas sob a forma de Cabiros e gnomos (homunculi) (fig. 96).

IMPRESSÃO VISUAL 57

[303]   *O anel escuro; no centro, um ovo.*

Fig. 95. O "Ludus puerorum" (jogo de crianças).
TRISMOSIN. *Splendor solis* (1582)

Fig. 96. Pataeken (deuses-crianças prestativos). *Fragmentos de um brinquedo mecânico egípcio*

IMPRESSÃO VISUAL 58

Uma águia negra sai do ovo e carrega no bico o anel que agora é de ouro. O sonhador está num navio à frente do qual o pássaro voa. [304]

A águia significa altura (antes tratava-se de profundidade: as pessoas desciam até a água). Ela se apodera do mandala e, portanto, da orientação do sonhador que, levado por um navio, segue o pássaro (fig. 97). Os pássaros representam pensamentos e voos do pensamento. De hábito, as fantasias e ideias intuitivas são representadas desta forma (o Mercúrio alado, Morfeu, os gênios e os anjos). O navio constitui o veículo que conduz o sonhador através do mar e das profundezas do inconsciente. Enquanto construção humana, tem o significado de sistema ou método (ou caminho – cf. Hinayana e Mahayana = veículo menor e maior: as duas formas do budismo). O voo do pensamento vai à frente, seguido pela elaboração metódica. O homem não pode atravessar a ponte do arco-íris, tal como um Deus, mas deve passar por baixo, mediante os meios de reflexão de que dispõe. A águia (sinônimo de Fênix, abutre, corvo) é um conhecidíssimo símbolo alquímico. Até mesmo o lapis, a rebis (composta de duas partes e, portanto, muitas vezes hermafrodita, enquanto fusão de Sol e de Luna), é amiúde [305] representado por uma forma alada (figs. 22 e 54), ou seja, como intuição ou potencialidade espiritual (alada!). Todos estes símbolos descrevem, em última análise, aquela realidade que transcende a consciência, denominada si-mesmo. A impressão visual em questão é como que um instantâneo fotográfico de um processo em desenvolvimento, conduzindo ao estágio seguinte.

Fig. 97. A "grande viagem" (peregrinatio) de navio. As duas águias voam em sentido oposto em torno do globo terrestre, o que indica o caráter da viagem que abarca a totalidade.
MAIER. *Viatorium* (1651)

[306]   Na alquimia, o ovo é o caos, tal como o concebe o "artifex" (artífice, adepto), a saber, a "prima materia" onde está aprisionada a alma do mundo. Do ovo, simbolizado pelo caldeirão redondo, levanta voo a águia ou a Fênix, ou ainda a alma agora liberta, que em última análise se identifica com o Anthropos, antes aprisionado no seio da Physis (fig. 98).

Fig. 98. O ovo filosófico, do qual nasce a águia dupla, com a coroa espiritual e a temporal.
(Vaticano, século XV)

C. *A visão do relógio do mundo*

A *"GRANDE VISÃO" 59*[139]

Há um círculo vertical e outro horizontal com um centro comum. É o relógio do mundo. Ele é carregado por um pássaro negro. [307]

O círculo vertical é um disco azul com borda branca, dividida em 32 partes (4X8=32). Nele gira um ponteiro. O círculo horizontal é constituído de quatro cores. Nele estão de pé quatro homenzinhos com pêndulos e ao seu redor o anel escuro e agora de ouro (anteriormente fora carregado por quatro crianças).

O 'Relógio" tem três ritmos ou pulsações:

A pequena pulsação: O ponteiro do disco vertical azul avança de 1/32.

A média pulsação: Uma volta completa do ponteiro. Ao mesmo tempo, o círculo horizontal avança de 1/32. A grande pulsação: 32 pulsações médias correspondem a uma volta do anel de ouro.

Esta visão extraordinária causou no sonhador a mais profunda e duradoura impressão, uma impressão de "suprema harmonia", segundo ele mesmo disse. O relógio do mundo deve ser a "forma severa" que é idêntica aos Cabiros (fig. 77), isto é, às quatro crianças, aos quatro homenzinhos com os pêndulos. É um mandala tridimensional, que adquire corporeidade e, através dela, a realização. (Lamentavelmente, o sigilo médico não me permite dar os dados biográficos. É preciso que nos baste a constatação de que esta realização se concretizou "de fato".) O homem torna-se efetivamente aquilo que faz na realidade. [308]

---

139. Esta visão foi elaborada mais pormenorizadamente em JUNG. *Psicologia e religião* [§ 112s.].

[309]   Por que essa configuração singular causa uma impressão de "suprema harmonia"? Por um lado, sua compreensão é difícil, mas por outro não o é, se levarmos em consideração o material histórico comparativo. É difícil intuí-la, uma vez que seu sentido é extremamente obscuro. Mas quando o sentido é impenetrável e a forma e a cor não levam em consideração as exigências estéticas, nem a compreensão e nem o senso de beleza são satisfeitos. Não podemos compreender o porquê da impressão de "suprema harmonia", a não ser que arrisquemos a seguinte hipótese: os elementos disparatados e incongruentes se combinaram de um modo feliz, produzindo simultaneamente uma configuração que concretiza em alto grau as "intenções" do inconsciente. Devemos supor, portanto, que a imagem é uma expressão particularmente bem-sucedida de uma realidade psíquica que de outro modo seria irreconhecível e que até então só se manifestara através de aspectos aparentemente desconexos.

[310]   A impressão é extremamente abstrata. Uma das ideias básicas parece ser a da intersecção de dois sistemas heterogêneos, com um centro comum. Se partirmos, como o fizemos até agora, da hipótese que o "centro" e sua circunferência representam a totalidade do ser anímico – o si-mesmo –, então a configuração significará que ocorre no si-mesmo a intersecção de dois sistemas heterogêneos, funcionalmente relacionados entre si, regidos por leis e regulados por "três ritmos". O si-mesmo é por definição o centro e a circunferência dos sistemas conscientes e inconscientes. Mas a regulação de suas funções de acordo com "três ritmos" é algo que não posso comprovar. Ignoro aquilo a que aludem os três ritmos, mas não duvido de forma alguma que a alusão se justifica. A única analogia possível seria a dos três "regimina" (processos) mencionados na introdução, através dos quais os quatro elementos se transformam uns nos outros, ou são sintetizados na quintessência:

1º "regimen": da terra à água
2º "regimen": da água ao ar
3º "regimen": do ar ao fogo

Provavelmente não erramos ao presumir que este mandala busca a união dos opostos, a mais completa possível; portanto, busca igualmente a união da trindade masculina com a quaternidade feminina, de modo análogo ao hermafrodita alquímico. [311]

O aspecto cósmico da configuração (relógio do mundo!) leva-nos a supor que se trata de uma redução ou talvez da origem do espaço-tempo, mas, de qualquer modo, de sua essência. Em termos matemáticos, seu caráter seria quadridimensional e apenas visualizado numa projeção tridimensional. Não quero exagerar a importância desta conclusão, uma vez que não posso comprovar o acerto desta interpretação. [312]

As 32 pulsações poderiam derivar da multiplicação do quatro (8X4), pois a experiência mostra muitas vezes que o quatro encontrado no centro de um mandala se transforma frequentemente em 8, 16, 32, à medida em que vai para a periferia. Na cabala, o número 32 desempenha um papel importante. Assim, no livro *Jesirah* (1,1), lemos: "No interior de 32 vias misteriosas da sabedoria, Yah, Yhwh dos Exércitos, o Deus de Israel, o Deus vivo e Rei do mundo [...] sepultou seu nome". Essas vias consistem em "10 números contidos em si mesmos (Sephiroth) e 22 letras fundamentais" (1,2). O significado dos 10 números é o seguinte: "1) o espírito do Deus vivo; 2) o espírito do Espírito; 3) a água do Espírito; 4) o fogo da água; 5-10) altura, profundidade, leste, oeste, sul, norte" (1,14)[140]. Quanto a Cornelius Agrippa, diz: "O número 32 é atribuído pelos sábios hebraicos à [313]

---

140. BISCHOFF. *Die Elemente der Kabbalah* I, p. 63s. Outras associações relacionadas com o número "32" são mencionadas em op. cit., p. 175s.

sabedoria, por ser o número das vias da sabedoria descritas por Abraão"[141]. Franck estabelece uma relação entre o número 32 e a trindade cabalística, Kether, Chochmah e Bina: "Estas três pessoas contêm e reúnem em si tudo o que existe; e são, por sua vez, unidas na cabeça encanecida, no ancião dos Anciãos, pois ele é *Tudo* e *Tudo é ele*. Ora ele é representado com três cabeças que são uma só, ora é comparado ao cérebro que, sem comprometer sua unidade, se divide em três partes, estendendo-se pelo corpo através de trinta e dois pares de nervos, da mesma forma que a divindade se estende no universo através de trinta e duas vias miraculosas"[142]. Esses 32 "canales occulti" são também mencionados por Knorr von Rosenroth. Este denomina Chochmah a unidade abrangente ("semita altissima omnium, complectens omnes" [a via altíssima oni-abrangente de todas as coisas]), referindo-se a *Jó* 28,7: "É um caminho que o abutre não conhece e o olho do falcão não percebe"[143]. René Allendy, em uma publicação utilíssima sobre o simbolismo dos números, diz o seguinte: "32. – C'est la différenciation apparaissant dans le monde organisé: ce n'est pas la génération créatrice, mais plutôt le plan, le schéma des diverses formes de créatures modelées par le Créateur... comme produit de 8X4 [...]"[144] (32. – É a diferenciação aparecendo no mundo organizado; não é a geração criadora, mas sim o plano, o esquema das diversas formas de criaturas modeladas pelo Criador... como produto de 8X4 [...]) Não é certo que se possa comparar os 32 sinais propícios (mahavyanjana) do Buda menino ao número cabalístico.

---

141. *De occulta philosophia* II, cap. XV, XXXII.
142. *Die Kabbala*, p. 137s.
143. *Kabbala denudata* I, p. 601s.
144. *Le Symbolisme des nombres*, p. 378.

Fig. 99. Símbolo do tempo do lapis. A cruz e os três símbolos dos evangelistas e uma pessoa (que representa o anjo) indicam analogia com Cristo.
Tractatus qui dicitur Thomae Aquinatis de alchimia (1520)

No que concerne à comparação histórica, encontramo-nos numa situação mais propícia, pelo menos no tocante ao aspecto geral. Temos à nossa disposição em primeiro lugar todo o *simbolismo do mandala* de três continentes; em segundo lugar, o simbolismo do tempo da mandala, especialmente como é desenvolvido pela astrologia no Ocidente. O horóscopo (fig. 100) é um mandala (um relógio) com um centro escuro, uma "circumambulatio" para a esquerda, com "casas" e graus planetários. Nos mandalas das igrejas, em especial nos do chão ao pé do altar-mor, ou sob o transepto, é frequente o uso dos animais do zodíaco ou das estações do ano. Outra ideia conexa é a da identidade de Cristo com o ano litúrgico, do qual Ele é simultaneamente o polo em repouso e a vida. O Filho do Homem é uma antecipação da ideia do si-mesmo (fig. 99). Daí a mistura gnóstica de Cristo com outros sinônimos do si-mesmo, entre os naassenos de Hipólito. Há também uma relação com o simbolismo de Horus. Por um lado,

[314]

o Cristo Pantocrator em trono de glória, com os símbolos dos quatro evangelistas, três animais e um anjo (fig. 101), e, por outro, Hórus-Pai com seus quatro filhos ou então Osíris com os quatro filhos de Hórus"[145] (fig. 102). Horus também é um ἥλιος ἀνατολῆς (sol nascente)[146], tal como Cristo era venerado pelos cristãos primitivos.

Fig. 100. Horóscopo com as casas, os animais do zodíaco e os planetas. Xilogravura de Schön para a capa do *Calendário da Natividade* de Reymann (1515)

Fig. 101. Cristo na Mandorla, rodeado pelos símbolos dos quatro evangelistas. *Afresco romano na Igreja de St. Jacques-des-Guérets (Loire-et-Cher)*

---

145. Baixo-relevo de Philae (BUDGE. *Osiris and the Egyptian Resurrection* I, p. 3; e também *The Book of the Dead* [Papyros of Hunefer], p. 5). Às vezes três com cabeças de animais e um com cabeça humana, como no Papiro Kerasher (BUDGE. Op. cit.). Em um manuscrito do séc. VII (Gellone), os evangelistas têm as suas cabeças de animais, como em muitos outros monumentos romanos.

146. Assim denominado por MELITÃO DE SARDES. Cf. *Analecta sacra*, apud CUMONT. *Textes et monuments relatifs aux mystères de Mithra* I, p. 355.

Fig. 102. Osíris com os quatro filhos de Hórus sobre a flor de lótus. *Livro dos Mortos* (Papiro de Hunefer)

Encontramos um paralelo especial em Guillaume de Digulleville, prior do mosteiro cisterciense de Châlis, poeta normando, que compôs independentemente de Dante, entre 1330 e 1355, três "pèlerinages" (peregrinações): *Les Pèlerinages de la vie humaine, de l'âme et de Jésus-Christ*.[147] O último canto da *Pèlerinage de l'âme* contém uma visão do paraíso. Este é constituído de sete esferas grandes, cada uma das quais contém sete esferas menores[148]. Todas as esferas estão em rotação e a última é denominada "siècle" (saeculum). Os "siècles" celestes são protótipos dos séculos terrestres. O anjo que guia o poeta lhe explica: "Quand la sainte Église dans ses oraisons ajoute: *in saecula saeculorum*, il ne s'agit point du temps de là-bas, mas de l'éternité". (Quando a santa Igreja acrescenta às suas orações: in saecula saeculorum, não se trata do tempo terrestre, mas da eternidade.) Os "siècles" são também espaços esféricos habitados pelos bem-aventurados. "Siècles" e "cieux" (céus) são idênticos. No mais alto dos céus, que é de puro ouro, o rei se assenta sobre um trono redondo, que brilha mais que o próprio sol. Ele é cercado por uma coroa (couronne) de pedras preciosas. A seu lado, num

[315]

---

147. DELACOTTE. *Guillaume de Digulleville*.
148. Uma ideia que corresponde ao sonho da esfera que contém muitas esferas menores [21, § 198].

trono redondo de cristal marrom, se assenta a Rainha, que intercede pelos pecadores (fig. 103).

[316] "En regardant vers le ciel d'or, le pèlerin aperçut un cercle merveilleux qui paraissait avoir trois pieds de large. Il sortait du ciel d'or en un point et y rentrait d'autre part et il en faisait tout le tour." (Olhando para o céu de ouro, o peregrino viu um círculo maravilhoso que parecia ter três pés de largura. Ele saía em um ponto do céu de ouro e tornava a entrar nele por outro lado, depois de uma volta completa.) Este círculo é cor de safira, isto é, azul. O círculo é pequeno, de três pés de diâmetro, parecendo mover-se sobre um grande círculo, como um disco rolante. O círculo grande e o círculo de ouro do céu se entrecortam[149].

Fig. 103. Sponsus et sponsa (esposo e esposa). Detalhe do *Polittico con l'Incoronazione*, de Stefano da Sant'agnese (século XV)

[317] Enquanto Guillaume se acha absorto nesta visão, surgem três espíritos vestidos de púrpura, com coroas e cintos de ouro, e entram no céu de ouro. Segundo o que o anjo lhe ensina, este instante é "une fête" (uma festa), tal como uma festividade da Igreja sobre a terra:

---

149. Cf. "circulus flavus et... alter caeruleus" [um círculo amarelo... e um outro azul cor do mar] em ORÍGENES. *Contra Celsum* VI, cap. 38.

"Ce cercle que tu vois est le calendrier" (Este círculo que vês
é o calendário),
Qui en faisant son tour entier,
Montre des Saints les journées
Quand elles doivent être fêtées.
Chacun en fait le cercle un tour,
Chacune étoile y est pour jour.
Chacun soleil pour l'espace
De jours trente ou zodiaque".
(Que ao fazer uma volta completa
Mostra os dias dos santos
Que devem ser celebrados.
Cada ano faz uma volta o círculo
Cada estrela lá está por um dia.
Cada sol pelo espaço
De trinta dias ou zodíaco.)

As três figuras representam santos, cujo onomástico [318] está sendo festejado naquele dado momento. O círculo pequeno tem três pés de largura e entra no céu de ouro; são três as figuras que repentinamente também entram no céu. Significam o momento do tempo na eternidade, tal como o círculo do calendário (fig. 104). Não se explica por que o "calendário" tem precisamente três pés de diâmetro e por que são três as figuras que entram no céu. Pensamos naturalmente nos três ritmos da nossa visão, desencadeados pelo movimento do ponteiro sobre o círculo azul; os três ritmos são incorporados inexplicavelmente ao sistema, do mesmo modo que o círculo do calendário entrando no céu de ouro.

O guia continua instruindo Guillaume acerca do significado dos signos do zodíaco, relativamente à história da salvação, e conclui observando que a festa dos doze pescadores – os quais aparecem diante da Trindade – será celebra- [319]

da no signo de Peixes. Guillaume percebe então que nunca entendera realmente a natureza da Trindade e interroga o anjo. Este responde: "Or, il y a trois couleurs principales: le vert, le rouge et l'or. Ces trois couleurs se voient réunies en maints ouvrages de soie moirée et dans les plumes de maints oiseaux, tel le paon. Le roi de toute puissance qui met trois couleurs en unité ne peut-il faire aussi qu'une substance soit trois?" (Ora, há três cores principais, o verde, o vermelho e o ouro. As três cores se encontram reunidas em numerosos trabalhos de seda moirée e na plumagem de muitos pássaros, como o pavão. O rei todo-poderoso que coloca três cores numa unidade não poderá acaso fazer com que uma substância única seja três?) A cor de ouro régia é atribuída a Deus Pai; a cor vermelha, a Deus Filho, por ter derramado seu sangue, e a cor verde, ao Espírito Santo, "la couleur qui verdoie et qui réconforte" (a cor que verdeja e reconforta). Em seguida o anjo diz-lhe para não fazer mais perguntas e desaparece. Mas Guillaume acorda e se encontra na própria cama. Assim termina a "pèlerinage de l'âme" (peregrinação da alma).

Fig. 104. Deus como Trindade, criando o zodíaco.
PETRUS LOMBARDUS. *De sacramentis* (Vaticano, século XIV)

Fig. 105. A Virgem como personificação do céu estrelado.
Speculum humanae salvationis (Vaticano, século XV)

Mas ainda há uma pergunta a fazer: "São três – mas onde ficou o quarto?" Por que falta o *azul*? Aliás, esta cor já faltara na mandala "perturbada" do nosso sonhador. Curiosamente o "calendrier" que corta o círculo de ouro é azul, assim como o círculo vertical do mandala tridimensional. Presumimos que o azul, como vertical, signifique altura e profundidade (o céu azul em cima e o mar azul embaixo), e que a redução da vertical transforme o quadrado num retângulo horizontal, produzindo como que uma inflação da consciência[150]. A vertical corresponderia, portanto, ao inconsciente. Mas o inconsciente possui no homem uma característica feminina. E o azul é a cor tradicional do manto celeste da Virgem (fig. 105). Guillaume, por estar tão absorto na Trindade e no tríplice aspecto do "Roy", esqueceu a "Reyne". Fausto, num ato de adoração à Virgem, diz as seguintes palavras:

[320]

---

150. Cf. este conceito com as minhas explanações sobre a "inflação" em *O eu e o inconsciente* [§ 227s.].

"Hoechste Herrscherin der Welt!
Lasse mich im blauen
Ausgespannten Himmelszelt
Dein Geheimnis schauen".

(Soberana do mundo!
Permite que eu contemple
Teu segredo na tenda
Azul do céu.)

Fig. 106. O "Elixir da Lua" (Vaticano, século XVII)

[321] Segundo Guillaume, na tétrade das cores do arco-íris falta inevitavelmente o azul, por ser este de natureza feminina. No entanto, a anima, como a mulher, representa a altura e a profundidade do homem. Sem o círculo vertical azul a mandala dourada permanece incorpórea e bidimensional, mera imagem abstrata. Somente a interferência do tempo e do espaço no aqui e agora cria a realidade. A totalidade se concretiza apenas no instante, naquele instante que Fausto buscou pela vida afora.

[322] O poeta em Guillaume deve ter pressentido a verdade herética, ao associar ao Rei uma Rainha, assentada num cristal da cor da terra. Ora, o que é o céu sem a mãe-terra? E como pode o homem alcançar a sua plenitude se a Rainha não interceder em favor de sua alma negra? Ela compreende a escuridão – pois levou consigo, para o céu, seu trono, a própria terra, ainda que na mais sutil das insinuações! Ela

acrescenta o azul inexistente ao ouro, ao vermelho e ao verde, criando o todo harmonioso.

D. *Os símbolos do si-mesmo*

A visão do "relógio do mundo" não é o último estágio, nem o ponto culminante no desenvolvimento dos símbolos da psique objetiva. No entanto ela é mais ou menos o desfecho da terça parte inicial do material que abrange cerca de quatrocentos sonhos e visões. A singularidade desta série reside na descrição particularmente completa de uma realidade psíquica que eu já observara há muito tempo em numerosos casos individuais[151]. Graças não só ao caráter completo do material objetivo, mas também ao cuidado e ao discernimento do sonhador, tivemos condições de acompanhar passo a passo o processo de síntese do inconsciente. Não resta a menor dúvida de que as peripécias desta síntese teriam sido representadas com maior exatidão, se os 340 sonhos que se intercalaram entre os 59 aqui descritos tivessem sido incluídos nesta reflexão. No entanto isto foi impossível, pois os sonhos às vezes tocam a intimidade da vida pessoal do sonhador, razão pela qual omitimos sua publicação. Tive que me restringir, portanto, ao material impessoal.

[323]

Fig. 107. A Virgem carregando o Salvador.
Speculum humanae salvationis
(Vaticano, século XV)

---

151. Cf. o comentário a WILHELM & JUNG. *O segredo da flor de ouro* [§ 31s.] e JUNG. *O eu e o inconsciente* [e ainda *O simbolismo do mandala*].

[324]   Espero ter conseguido facilitar a compreensão dos símbolos do si-mesmo em seu desenvolvimento, superando pelo menos parcialmente as sérias dificuldades inerentes a todo material empírico. Ao mesmo tempo tenho a plena confiança de que o material comparativo indispensável para ilustrar e completar este estudo poderia ter sido consideravelmente mais abundante. No entanto, para não sobrecarregar o leitor em seu entendimento, resolvi restringir o material ao máximo. Muita coisa por isso permaneceu como simples alusão. Espero que os leitores não interpretem tal opção como leviandade. Acredito ter condições de documentar detalhadamente todas as opiniões aqui expostas. Não quero, contudo, insinuar que me julgo capaz de fazer afirmações concludentes acerca de um tema tão complexo. Não é a primeira vez que trato de uma série de manifestações espontâneas do inconsciente. Já o fiz em meu livro *Símbolos da transformação*; neste se tratava do problema de uma neurose (da puberdade), ao passo que aqui a problemática se prolonga até a individuação. Além disso, há uma diferença considerável entre as duas personalidades em questão. O primeiro caso, do qual aliás nunca tratei pessoalmente, terminou numa catástrofe psíquica (psicose); o segundo, aqui em questão, apresenta um desenvolvimento normal, tal como tenho observado frequentemente em pessoas de elevado nível intelectual.

[325]   É digno de nota no caso que estamos comentando a sequência lógica naquilo que concerne ao símbolo central. Difícil livrar-nos neste caso da impressão de que o processo inconsciente como que se move em espiral em torno de um centro, do qual o paciente se aproxima lentamente. Neste processo, as características do "centro" tornam-se cada vez mais nítidas. Poderíamos talvez dizer inversamente que o centro – em si mesmo incognoscível – age como um ímã sobre o material e os processos disparatados do inconscien-

te, capturando-os pouco a pouco em sua teia de cristal. Por isto costuma-se representar o centro, em outros casos, como aranha na teia (fig. 108), sobretudo quando predomina ainda no consciente a atitude temerosa em relação aos processos inconscientes. No entanto, deixando fluir o processo – o que ocorreu no caso presente – o símbolo central força passagem através do caos aparente da psique pessoal e de seus emaranhados dramáticos, com uma persistência sempre renovada. No epitáfio do grande Bernoulli[152] lê-se acerca da espiral algo que ilustra o que acabamos de dizer: "Eadem mutata resurgo" (Ressurgirei mudada, porém a mesma). Por isso, as representações em espiral do centro são frequentes, como, por exemplo, a da serpente enroscada no ponto criativo, isto é, no ovo.

Parece até mesmo que os emaranhados pessoais, bem como as peripécias subjetivas e dramáticas da vida, em toda a sua intensidade, são apenas hesitações, recuos receosos ou até complicações mesquinhas e desculpas meticulosas que visam não encarar o caráter definitivo desse estranho ou alarmante processo de cristalização. Muitas vezes temos a impressão de que a psique pessoal galopa em torno deste ponto central como um animal assustado, ao mesmo tempo fascinado e temeroso; embora fuja constantemente, cada vez mais se aproxima do centro. [326]

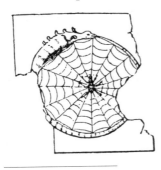

Fig. 108. Maya, a eterna tecelã do mundo ilusório dos sentidos, circundada pelo Uróboro.
Vinheta danificada do título de uma coleção de sentenças bramânicas

---

152. No claustro da catedral de Basileia.

[327]	Não quero dar ensejo a mal-entendidos, nem quero que pensem que sei algo a respeito da natureza do "centro", pois este é simplesmente incognoscível. Ele só pode ser expresso simbolicamente através de sua fenomenologia, o que aliás ocorre com qualquer objeto da experiência empírica. Entre as características particulares do "centro", o que desde o início mais me impressionou foi o fenômeno da *quaternidade* (fig. 109). O fato de não raro ocorrer uma competição entre o número três e o quatro prova que não se trata apenas do "quatro", como por exemplo dos quatro pontos cardeais ou algo semelhante[153]. Ocorre também, embora com menor frequência, uma competição entre o quatro e o cinco; os mandalas de cinco raios são considerados anormais por faltar-lhes simetria[154]. É como se normalmente existisse uma nítida insistência no quatro, ou como se houvesse estatisticamente uma probabilidade maior em relação ao quatro. Não posso silenciar a seguinte observação: o fato de o principal elemento químico constitutivo do organismo físico ser o carbono – caracterizado por quatro valências – é sem dúvida um "lusus naturae" (um jogo da natureza) bastante estranho; além disso, o "diamante" também é um cristal de carbono, como se sabe. O carbono é preto (carvão, grafito), mas o diamante é a "água mais límpida". Sugerir tal analogia seria um lamentável exemplo de mau gosto intelectual, se o fenômeno do quatro representasse uma mera invenção da consciência e não um produto espontâneo da psique objetiva. Ainda que supuséssemos serem os sonhos

---

153. Isto foi observado especialmente em homens. Mas dizer se se trata de um acaso ou não foge à minha competência.

154. Constatado principalmente em mulheres. A raridade da observação não permite tirar conclusões.

influenciados pela autossugestão – e neste caso a forma seria mais importante do que o sentido – teríamos que provar ainda que a consciência do sonhador deveria esforçar-se consideravelmente para impor a ideia de quaternidade ao inconsciente. No entanto, tal possibilidade está fora de cogitação no caso que ora tratamos, como em muitos outros que observei, sem mencionar os inúmeros paralelos históricos e étnicos[155] (fig. 110, e cf. também figs. 50, 61, 62, 63, 64, 65, 66, 82, 109 e outras). Numa visão de conjunto chega-se, segundo me parece, à conclusão inevitável de que há um elemento psíquico que se exprime através da quaternidade. Isto não requer especulações ousadas, nem uma imaginação extravagante. Se designei o centro por "si-mesmo" não foi sem refletir maduramente, avaliando antes com todo o cuidado os dados empíricos e históricos. Numa interpretação materialista poder-se-ia afirmar que o "centro" *nada mais é do que* aquele ponto em que a psique se torna incognoscível, por ser lá que se funde com o corpo. Numa interpretação espiritualista, inversamente, afirmar-se-ia que o si-mesmo *nada mais é do que* o espírito, o qual anima a alma e o corpo, irrompendo no tempo e no espaço através desse ponto criativo. Recuso-me expressamente a entrar em tais especulações físicas ou metafísicas e me contento com a constatação dos fatos empíricos; acho que isto é infinitamente mais importante para o progresso do conhecimento humano do que ir atrás de modismos intelectuais ou de pretensas crenças "religiosas".

---

155. Mencionei aqui apenas alguns desses paralelos.

Fig. 109. Os quatro evangelistas com seus símbolos e os quatro rios do paraíso; no centro, as rodas de Ezequiel com o "spiritus vitae" em seu interior (Ez 1,21).
Miniatura de um evangeliário da biblioteca de Aschaffenburg (século XIII).

[328]   Baseado em minha experiência, posso afirmar que se trata de "processos nucleares" significativos na psique objetiva, de certas imagens da meta que o processo psíquico parece propor a si mesmo por "ser orientado para um fim", independentemente de qualquer sugestão externa[156]. É óbvio que externamente isto sempre ocorre numa situação de carência psíquica; há uma espécie de fome, cuja meta são alimentos bem conhecidos e preferidos e nunca iguarias estranhas à consciência, ou absurdas. O alvo que se propõe à carência psíquica, a imagem que promete "curar" e integrar é, à primeira vista, bastante estranha à consciência, de modo que só é aceita com as maiores dificuldades. Evidentemente a situação é bem outra quando se trata de pessoas que vivem numa circunstância histórica e ambiental em que tais

---

156. A mesma imagem apresentada como meta no nosso material serve frequentemente como imagem da origem, quando considerada do ponto de vista histórico. Menciono como exemplo a ideia do Paraíso do Antigo Testamento e especialmente a criação de Adão do livro de Henoch eslavo (FÖRSTER. *Adams Erschaffung und Namengebung*, p. 477s.).

imagens de alvo têm uma validez dogmática. Essas imagens neste caso são apresentadas *eo ipso* à consciência e o inconsciente nelas vê o reflexo de sua própria e misteriosa imagem. Então se reconhece, religando-se novamente à consciência.

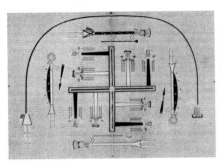

Fig. 110. Desenho na areia dos índios Navajo.
(América do Norte)

No que concerne à origem das formas mandálicas, uma observação superficial poderia levar à suposição de que elas se criariam gradativamente no decorrer da série de sonhos. Na realidade, os mandalas vão aparecendo com uma clareza e diferenciação crescentes, pois sem dúvida sempre estiveram presentes. Aliás já se manifestaram desde o primeiro sonho (como dizem as "ninfas": "Ora, sempre estivemos aqui, mas não o notaste"). É mais provável, portanto, que se trate de tipos existentes *a priori*, de arquétipos inerentes ao inconsciente coletivo e assim alheios ao vir-a-ser e desaparecimento do indivíduo. O arquétipo é por assim dizer uma presença "eterna" e a questão é de saber se a consciência o percebe ou não. A hipótese mais plausível, que explica melhor os dados da observação, é que as formas mandálicas e suas manifestações mais claras e frequentes[157]

[329]

---

157. Dividindo os 400 sonhos em 8 grupos de 50 sonhos cada um, obtém-se a seguinte distribuição:

no decorrer da série onírica correspondem a uma percepção cada vez mais nítida de um "tipo" existente *a priori*. Isto é mais provável que a suposição de que as formas mandálicas vão sendo criadas apenas no decorrer da série de sonhos. Há uma circunstância que contraria esta última suposição: o fato de ideias tão importantes quanto a do chapéu cobrindo a personalidade, a da serpente formando um círculo e a do perpetuum mobile já terem aparecido desde o início (sonhos 1, 5 e 9 [§ 52, 62, 134]).

[330] Se as formas mandálicas são arquétipos deveriam, como fenômenos coletivos, ocorrer teoricamente em todos *os* indivíduos de um modo nítido. Na prática, porém, só se encontram em casos relativamente raros, o que não impede o fato de desempenharem o papel de polos secretos em torno dos quais tudo gira. Afinal, cada vida é a realização de uma totalidade, isto é, de um "si-mesmo", motivo pelo qual esta realização também pode ser chamada de individuação. Pois toda vida está ligada a portadores e realizadores individuais e é inconcebível sem eles. Cada um destes portadores recebe um destino e uma especificidade individuais e a vida só encontra o seu sentido quando eles se cumprem. Na verdade, o "sentido" poderia muitas vezes ser chamado de "sem-sentido", mas entre o mistério do ser e a razão humana há um abismo incomensurável. "Sentido" e "sem-sentido" são interpretações antropomórficas cujo significado é dar-nos uma orientação suficientemente válida.

I. 6 mandalas   V. 11 mandalas
II. 4 mandalas   VI. 11 mandalas
III. 2 mandalas   VII. 11 mandalas
IV. 9 mandalas   VIII. 17 mandalas

Ocorre, portanto, um aumento significativo dos temas mandálicos.

Os paralelos históricos demonstram que o simbolismo [331] do mandala não é mera curiosidade, mas sim um fenômeno que se repete com regularidade. Se assim não fosse, não haveria materiais comparativos. Pois bem, são justamente as possibilidades de comparação com os produtos espirituais de todos os tempos e dos quatro cantos do mundo que nos mostram com clareza a importância imensa que o "consensus gentium" atribui aos processos da psique objetiva. Esta razão já é suficiente para não tratarmos o tema com leviandade. Minha experiência médica só pode confirmar tal constatação. Há, de fato, pessoas que consideram anticientífico levar algo a sério; não querem que a seriedade interfira em seu campo de jogos intelectuais. No entanto, o médico que ignora os valores do sentimento humano comete um erro lamentável. Se tentar corrigir a atividade misteriosa e dificilmente compreensível da natureza em nome de uma atitude dita científica, estará substituindo os processos curativos da natureza por sofismas banais. Tomemos a peito a antiga sabedoria alquímica: "Naturalissimum et perfectissimum opus est generare tale quale ipsum est". (A obra mais natural e mais perfeita é gerar o que é semelhante a si mesmo.)

Fig. 111. A "cauda pavonis" que reúne todas as cores é um símbolo da totalidade.
BOSCHIUS. *Symbolographia* (1702)

Lista das ilustrações

Referências a fontes documentais, que foram abreviadas um pouco nas legendas das ilustrações, são dadas mais extensamente nesta lista.

FRONTISPÍCIO. *O Sonho de Nabucodonosor*. De "Speculum humanae salvationis", Codex Palatinus Latinus 413, Vaticano, séc. 15.

As ilustrações seguintes de "Simbolismo dos sonhos individuais em relação à alquimia" (Parte IV deste livro) mantêm sua numeração original, como vêm listadas em *Psicologia e alquimia*, volume 12 da *Obra Completa*:

5. As sete virgens no processo de transformação. – *Le Songe de Poliphile* (1600) [Bibl. *B*]

6. Uma figura materna hierarquicamente superior às deusas do destino. – THENAUD, J. *Traité de la cabale*. Ms. 5061 (séc. XVI). Paris: Bibliothèque de l'Arsenal.

7. O Uróboro como símbolo do Aion. – HORAPOLLO: *Selecta hieroglyphica* (1597), p. 5 [Bibl. *B*].

8. A "anima mundi" guiada por Deus. – Gravura em cobre de J.Th. de Bry, tirada de: FLUDD, R. *Utriusque cosmi maioris scilicet et minoris metaphysica, physica atque technica. Historia*. Oppenheim 1617, p. 4 e 5.

9. Ressurreição do rei adormecido. – *Tractatus qui dicitur Thomae Aquinatis de alchimia*. Ms. Voss. chem. F. 29, fol. 53 e 87 (1520). Leiden: Universitätsbibliothek.

10. 11, 12. Melusina, Melusina bicéfala. Sereia com máscara. – ELEAZAR, A. *Uraltes chymisches Werk* (1760), I, p. 84, 85, 98 [Bibl. B]

13. O Uróboro devorando a cauda. – *Pandora: Das ist die edlest Gab Gottes, oder der werde und heilsame Stein der Weysen* (1588), p. 257 [Bibl. B]

14. O sonho de Jacó. – BINYON, L. *The Drawings and Engravings of W. Blake*. Londres 1922, prancha 79.

15. A "scala lapidis". – *Emblematical Figures of the Philosophers' Stone*. Ms. Sloane 1316 (séc. VII). Londres: British Museum.

16. O "mercurius tricephalus" representado como Anthropos. – KELLEY, E. *Tractatus duo egregii, de Lapide philosophorum*. Hamburg e Amsterdam, 1676, p. 101.

17. O Artifex (ou Hermes) como pastor de "Aries" e "Taurus". – *Tractatus... de alchimia*. Fol. 86 [9]

18. Cristo, como pastor. – KOEMSTEDT, R. *Vormittelalterliche Malerei*. Augsburg 1929, fig. 50.

19. A "alma" como guia do caminho. – BINYON, L., prancha 102 [14]

20. Os seis planetas unificados no sétimo. – *Tractatus ... de alchimia*. Fol. 94a [9]

21. Os sete deuses dos planetas no Hades. – MYLIUS, J.D. *Philosophia reformata* (1622), p. 167, fig. 18 [Bibl. B]

22. Mercúrio no "ovo dos filósofos". – *Mutus liber*, p. 11 (detalhe) [2]

23. O vaso místico. – *Figurarun aegyptiorum secretarum.* Ms. (séc. XVIII), p. 13 [Bibl. *B*]

24. Todas as atividades subordinadas ao Mercúrio. – Ms. (cerca de 1400). Tübingen: Universitätsbibliothek.

25. A fonte da vida como "fons mercurialis". – *Rosarium philosophorum* (1550) [Bibl. *A:* ARTIS AURIFERAE II].

26. Maria, cercada de seus atributos. – PRINZ, H. *Altorientalische Symbolik.* Berlin 1915, p. 6.

27. A influência regeneradora da conjunção sol-lua. – CARBONELLI, G. *Sulle Fonti storiche della chimica e dell'alchimia in Italia.* Roma 1925, fig. X.

28. A pesca do Leviatã. – BEISSEL, St. *Die Geschichte der Verehrung Marias in Deutschland während des Mittelalters.* Freiburg i.Br. 1909, p. 105.

29. A rosa de sete pétalas. – FLUDD, R. *Summum bonum* (1629). Paris: Bibliothèque Nationale, Réserve td/30, 87.

30. A rosa vermelha e branca. – *Ripley-Scrowle. Four Rolls drawn in Lübeck* (1588). Ms. Sloane 5025. Londres: British Museum, n. 1 (detalhe).

31. A cidade simbólica, como centro da terra. – MAIER, M. *Viatorium, hoc est, de montibus planetarum Septem, seu metallorum.* Rouen 1651, p. 57.

32. A "coniunctio solis et lunae". – TRISMOSIN, S. *Splendor Solis.* [Bibl. *A*: AUREUM VELLUS]

33. Polifilo, rodeado de ninfas. – *Le Songe de Poliphile,* p. 9 [4]

34. O "negro" de pé sobre o "redondo". – MYLUS, J.D., p. 117, fig. 9 [21]

35. O "homem selvagem". – Codex Urbanus Latinus 899, fol. 85 (séc. XV). Roma: Biblioteca Vaticana.

36. O diabo, como espírito do ar. – Uma das ilustrações do *Fausto,* 1ª parte, de EUGENE DELACROIX.

37. A flor de sete pétalas. – BOSCHIUS, J. *Symbolographia sive de arte symbolica sermones Septem.* Augsburg 1702, símbolo DCCXXIII, class. I, tab. XXI.

38. Mercúrio como Virgem. – *Tractatus... de alchimia.* Fol. 95a [9]

39. Shri-Yantra. – ZIMMER, H. *Kunstform und Yoga im indischen Kultbild,* fig. 36 [Bibl. *B*]

40. A "roda da Vida" tibetana. – Coleção particular.

41. A "grande pedra-calendário" mexicana. – SPENCE, L. *The Gods of Mexico.* Londres 1923, p. 38.

42. Cristo-menino carregando a cruz no mandala. – CORNELL, H. *The Iconography of the Nativity of Christ.* Uppsala 1924, p. 53.

43. Vajramandala lamaísta. – WILHELM, R. e C.G. JUNG. *Das Geheimnis der Goldenen Blüte* (O *segredo da flor de ouro).* Ilustração do frontispício [Bibl. *B*].

44. Calendário mexicano. – HERRLIBERGER, D. *Heilige Ceremonien oder Religionsübungen der abgöttischen Völker der Welt.* Zurique 1748, prancha XC, n. 1.

45. Hermes como psicopompo. – KING, C.W. *The Gnostics and their Remains.* Londres 1864, fig. 14.

46,47. Dragão coroado, devorando a própria cauda; Círculo formado por dois dragões. – ELEAZAR, A., n. 4 e 3 [10]

48. A "putrefactio". – STOLCIUS DE STOLCENBERG, D. *Viridarium chymicum.* Frankfurt 1624, fig. VIII.

49. Representação esquemática das quatro funções da consciência. – JACOBI, J. *Die Psychologie von C.G. Jung.* Zurique 1940, p. 19.

50. O castelo que protege contra os espíritos da doença. – FLUDD, R., td/30, 87 [29]

51. O santuário do Lapis. – VAN VREESWYK, G. *De Groene Leeuw.* Amsterdam 1672, p. 123.

52. Harpócrates sentado sobre a flor de Lótus. – KING, C.W., fig. 6 [45]

53. O Tetramorfo como montaria da Igreja. – KELLER, G. e A. STRAUB. *Herrad von Landsberg: Hortus deliciarum.* Estrasburgo 1879-1899, prancha XXXVIII.

54. O Hermafrodita com as serpentes. – *Rosarium philosophorum,* p. 359 [25]

55. Fausto diante do espelho mágico. – Albertina, Wien.

56. A fonte da juventude. – CARBONELLI, G., fig. IX [27]

57. O Banho imperial na água da fonte milagrosa. – CARBONELLI, G., fig. XI [27]

58. O Cristo, fonte do fogo. – Vitral do Coro, Mosteiro de Königsfelden, Suíça (séc. XIV).

59. A quadratura do círculo. – JAMSTHALER, H. *Viatorium spagyricum. Das ist: Ein gebenedeyter Spagyrischer Wegweiser.* Frankfurt 1625, p. 272.

60. A quadratura do círculo. – MAIER, M.: *Secretioris naturae secretorum scrutinium chymicum,* Emblema XXI, p. 61 [Bibl. *B*]

61. A pérola como símbolo do Ch'ien. – LAIGNEL-LAVASTINE, M. *Histoire générale de la médecine.* 3 vols., Paris 1936-1949, I, p. 543.

62. Mandala retangular com cruz. – LOEFFLER, K. *Schwäbische Buchmalerei in romanischer Zeit.* Augsburg 1928, prancha 20.

63. Hermes. – LENORMANT, Ch. e J.J. WITTE. Élite des monuments céramographiques. 8 vols., Paris 1844-1861, III, prancha LXXVIII.

64. Cristo, como Anthropos. – GLANVILLE, B. de. *Le Propriétaire des choses.* [Tradução de: CORBICHON, J. *Liber de proprietatibus rerum*]. Lyon, 1482.

65. O Tetramorfo (símbolo do Anthropos). – GILLEN, O. *Iconographische Studien zum "Hortus Deliciarum" der Herrad von Landsberg.* Berlim 1931, p. 15.

66. Amon-Ra. – CHAMPOLLION, J.F. *Panthéon égyptien.* Paris 1825. Arquivo de estampas da Ciba Zeitschrift, Basel.

67. Demônio simiesco. – *Speculum humanae salvationis.* Ms. 511 (séc. XIV), Bibliothèque Nationale, Paris.

68. Thoth como cinocéfalo. – Coleção Hahnloser, Bern.

69. Dante e Virgílio. – Codex Urbanus Latinus 365 (séc. XV), Biblioteca Vaticana, Roma.

70. Ritos pagãos de transformação, na Idade Média. – HAMMER, J. de. *Mémoire sur deux coffrets gnostiques du moyen âge.* Prancha K [Bibl. *B*]

71. A criação de Adão. – SCHEDEL, H. *Das Buch der Chroniken und Geschichten.* Nürnberg 1493, p. V.

72. As núpcias da água e do fogo. – MÜLLER, N. *Glauben, Wissen und Kunst der alten Hindus.* Mainz 1822, prancha II, fig. 17.

73. O homem salvo do poder do dragão. – Codex Palatinus Latinus 412 (séc. XV). Roma: Biblioteca Vaticana.

74. O céu fecunda a terra e gera o homem. – THENAUD, J. [6]

75. A imagem da Trimurti. – MÜLLER, N., prancha II, fig. 40 [72]

76. A tartaruga: um instrumento alquímico. – PORTA, G. della. *De distillationibus libri IX*. Estrasburgo 1609.

77a, 77b. Telésforo, o Cabiro ou "familiaris" de Esculápio. – Ambas as figuras tiradas de ROSCHER, W.H. [ed.]. *Ausführliches Lexikon der griechischen und römischen Mythologie*, p. 316 [Bibl. *B*: Lexikon, Ausführliches]

78. Maria Prophetissa. – MAIER, M. *Symbola aureae mensae* II, p. 57, ilustração do frontispício [Bibl. *B*]

79. O rei Sol com seus seis filhos-planetas. – BONUS, P. *Pretiosa margarita novella de thesauro ac pretiosissimo philosophorum lapide* [Org. por Janus Lacinius.] [Bibl. *B;* também *A:* BIBLIOTHECA CHEMICA CURIOSA]

80. Mercúrio gira a roda de oito raios. – *Speculum veritatis.* Codex Vaticanus Latinus 7286 (séc. XVII). Roma: Biblioteca Vaticana.

81. "Sol et ejus umbra" (o sol e sua sombra) – A terra está situada entre a luz e as trevas. – MAIER, M., p. 133 [60]

82. O Anthropos com os quatro elementos. – De um manuscrito russo do séc. XVIII (Propriedade particular).

83. Dante na rosa celeste. – [69]

84. A fonte no jardim cercado de muros. – BOSCHIUS, J. Símbolo CCLI, class. I, tab. XVI [37]

85. A flor de oito pétalas. – *Recueil de figures astrologiques.* Ms. 14770 (séc. XVIII). Paris: Bibliothèque Nationale.

86. O aparelho de destilação alquímica. – KELLEY, E., p. 109 [16]

87. A Virgem representada como vaso da Criança divina. – INMAN, Th. *Ancient Pagan and Modem Christian Symbolism Exposed and Explained.* Nova York 1879.

88. Visão do Santo-Graal. – *Le Roman de Lancelot du Lac.* Ms. 116, fol. 610^v (séc. XV). Paris: Bibliothèque Nationale.

89. O Pelicano, como alegoria de Cristo. – BOSCHIUS, J. Símbolo LXX, class. I, tab. IV [37]

90. O urso representa o aspecto perigoso da "prima materia". – Fol. 82 [9]

91. Anima mundi. – THURNEYSSER ZUM THURN, L. *Quinta essentia, das ist die höchste subtilitet, krafft und wirckung, beyder der fürtrefflichsten und menschlichem geschlecht am nützlichsten Künsten der Medicin und Alchemy.* Leipzig 1574, p. 92

92. O processo alquímico no Zodíaco. – *Ripley Scrowle* [30]

93. A "Montanha dos Adeptos". – MICHELSPACHER, St. *Cabala, speculum artis et naturae, in alchymia.* Augsburg 1654.

94. O Etna. – BOSCHIUS, J. Símbolo XXX, class. II, tab. II [37]

95. O "Ludus puerorum" [jogo de crianças]. – TRISMOSIN, S., prancha XX [32]

96. Pataeken (deuses-crianças prestativos). – I, p. 104 [61]

97. A "grande viagem" (peregrinatio). – MAIER, M., p. 183 [31]

98. O ovo filosófico. – Codex Palatinus Latinus 412 (séc. XV). Roma: Biblioteca Vaticana.

99. Símbolo do tempo do lápis. – Fol. 74 [9]

100. Horóscopo. – STRAUSS, H.A. *Der astrologische Gedanke in der deutschen Vergangenheit*. München 1926, p. 54.

101. Cristo na Mandorla. – CLEMEN, P. *Die romanische Monumentalmalerei in den Rheinlanden*. 2 vols. Düsseldorf 1916, fig. 195, p. 260.

102. Osíris com os quatro filhos de Horus. – BUDGE, E.A.W. *Osiris and the Egyptian Resurrection*. Londres 1909. Ilustração do frontispício (detalhe).

103. Sponsus et sponsa [Esposo e esposa]. – Veneza: Accademia.

104. Deus como Trindade. – PEDRO LOMBARDO, *De sacramentis*. Codex Vaticanus Latinus 681 (séc. XIV). Roma: Biblioteca Vaticana.

105. A Virgem como personificação do céu estrelado. – *Speculum humanae salvationis*. Codex Palatinus Latinus 413 (séc. XV). Roma: Biblioteca Vaticana.

106. O "Elixir da Lua". – CARBONELLI, G., p. 155, fig. 189 (detalhe) [27]

107. A Virgem carregando o Salvador. – *Speculum humanae salvationis* [105]

108. Maya, circundada pelo uróboro. – MÜLLER, N., tab. I, fig. 91 [72]

109. Os quatro evangelistas. – MOLSDORF, W. *Christliche Symbolik der mittelalterlichen Kunst*. (Hiersemanns Handbücher X). Leipzig 1926, prancha VI.

110. Desenho de areia dos índios navajo. – STEVENSON, J. "Ceremonial of Hasjelti Dailjis and Mythical Sand Painting of the Navajo Indians". In: *Eighth Annual Report of*

the Bureau of Ethnology to the Secretary of the Smithsonian Institution 1886/1887 (Washington 1891) p. 229-285, prancha CXXI.

111. A "cauda pavonis" [cauda do pavão]. – BOSCHIUS, J., símbolo LXXXIV, class. I, tab. V [37]

Bibliografia

A. Coleções de tratados alquímicos de autores diversos

ARS CHEMICA, quod sit licita recte exercentibus, probationes doctissimorum iurisconsultorum. Estrasburgo, 1566.
[Conteúdos citados neste volume:]
II *Tabula smaragdina* Hermetis Trismegisti [p. 32s.].

ARTIS AURIFERAE quam chemiam vocant... 2 vols. Basileia, 1593.
[Conteúdos citados neste volume:]
I/I *Turba philosophorum* [duas versões: pp. 1-64, 65-139]
I/VII *Practica Mariae Prophetissae in artem alchemicam* [p. 319-324]
II/XII *Rosarium philosophorum* [p. 204-384; contêm uma segunda versão da "Visio Arislei", p. 246s.]

MANGETUS, J.J. (ed.). BIBLIOTHECA CHEMICA CURIOSA, seu Rerum ad alchemiam pertinentium thesaurus instructissimus. 2 vols. Genebra, 1702.
[Conteúos citados neste volume:]
I/II *Hermes Trismegistus: Tractatus aureus de lapidis physici secreto* [p. 400-445]
I/IV *Allegoriae sapientum supra librum Turbae philosophorum XXIX distinctiones* [p. 467-479]

DE ALCHEMIA. Nürnberg, 1541.
[Conteúdos citados neste volume:]
II *Rosarius minor* [p. 309-337]
IV *Tabula smaragdina Hermetis Trismegisti* [p. 363]

MUSAEUM HERMETICUM reformatum et amplificatum. Frankfurt, 1678.
[Conteúdos citados neste volume:]
XIV *Philalethes: Introitus apertus ad occlusum regis palatium* [...] [p. 647-699]

THEATRUM CHEMICUM, praecipuos selectorum auctorum Tractatus... continens. 6 vols. (vols. I-III Ursel, 1602; vols. IV-VI Estrasburgo, 1613/1622/1661).
[Conteúdos citados neste volume:]
II/XI *Aegidius de Vadis: Dialogus inter naturam et filium philosophiae* [p. 95-123]
IV/XXII *Arnaldus de Villanova: Carmen* [p. 614s.]
V/XXV *Allegoriae sapientum: supra librum Turbae* [p. 64-100]
V/XXVII *Liber Platonis quartorum* [p. 114-208]
V/XXVIII *Tractatus Aristotelis alchymistae ad Alexandrum Magnum. De lapide philosophico* [p. 880-892]
V/XXIX *Epistola... ad Hermannum archiepiscopum Coloniensem. De lapide philosophico* [p. 893-900]

B. Bibliografia geral

AEGIDIUS DE VADIS. *Dialogus inter naturam et filium philosophiae*. Cf. (A) *Theatrum chemicum*, vol. II/XI.

ALLENDY, R. F. *Le Symbolisme des nombres*. Paris, 1948.

APULEIUS (Lucius Apuleius Madaurensais). *Metamorphosis sive lusus asini*. In: Opera I, 2 vols. Altenburg, 1778.

ARISTÓTELES, pseud. *Tractatus Aristotelis alchymistae ad Alexandrum Magnum. De lapide philosophico.* Cf. (A) *Theatrum chemicum*, vol. V/ XXVIII.

ARNALDUS DE VILLANOVA. *Carmen.* Cf. (A) *Theatrum chemicum*, vol. IV/XXII.

ARNOBIUS. *Adversus gentes.* Cf. MIGNE, P.L., vol. 5, cols. 713-1290.

Aurea catena Homeri. Frankfurt e Leipzig, 1723.

AVALON, A. (org.). *The Serpent Power (Shat-cakra-nirûpana and Pâdukâpanchaka* (Textos tântricos) Londres, 1919.

BACON, R. *The Mirror of Alchimy...* with Certaine Other Worthie Treatises of the Like Argument. Londres, 1597.

BAYNES, C.A. *A Coptic Gnostic Treatise Contained in the Codex Brucianus-Bruce. MS. 96. Oxford.* Cambridge: Bodleian Library, 1933.

BÉROALDE DE VERVILLE, F. *Le Tableau des riches inventions couvertes du voile des feintes amoureuses, qui sont représentées dans le Songe de Poliphile.* Paris, 1600. Contém: "Recueil stéganographique".

BERTHELOT, M. *Collection des anciens alchimistes grecs.* 3 vols. Paris, 1887-1888.

_____. *Les Origines de l'alchimie.* Paris, 1885.

BISCHOFF, E. *Die Elemente der Kabbalah.* Berlim, 2 vols. 1913.

BÖHME, J. *De signatura rerum. Das ist: Von der Geburt und Bezeichnung aller Wesen.* 1682.

_____. *Gespräch einer erleuchteten und unerleuchteten Seele.*

BONUS, P. *Pretiosa margarita novella de thesauro ac pretiosissimo philosophorum lapide.* Ed. Janus Lacinius. Veneza, 1546. Cf. tb. (A) *Bibliotheca chemica curiosa*, IX.

BOSCHIUS, J. *Symbolographia, sive De arte symbolica sermones septem*. Augsburg, 1702.

BRUCHMANN, C.F.H. *Epitheta Deorum quae apud poetas Graecos leguntur*. Suplemento de: *Ausführliches Lexicon der griechischen und römischen Mythologie*. Leipzig, 1893.

BUDGE, E.A.W. (org.). *The Gods of the Egyptians*. 2 vols. Londres, 1904.

———. *The Book of the Dead. Facsimiles of the Papyri of Hunefer, Anhai, Kerasher*. Londres, 1899.

CARTARI, V. *Le imagini de i dei de gli antichi*. Lyon, 1581. Edição francesa de Antoine du Verdier: *Les Images des dieux des anciens*.

CHAMPOLLION, J.F. *Panthéon égyptien*. Paris, 1823-1835.

DELACOTTE, J. Guillaume de Digulleville (poète normand). *Trois romans-poèmes du XIVe siècle*. Paris, 1932.

DELATTE, L. *Textes latins et vieux français relatifs aux Cyranides*. (Bibliothèque de la faculté de philosophie et de lettres de l'Université de Liège, fasc. 93.) Liège and Paris, 1942.

DEUSSEN, P. *Allgemeine Geschichte der Philosophie*. 2 vols. Leipzig, 1906-1915.

DIETERICH, A. *Nekyia: Beiträge zur Erklärung der neuentdeckten Petrusapokalypse*. Leipzig, 1913.

DREYFUSS, J. *Adam und Eva nach der Auffassung des Midrasch*. Estrasburgo, 1894.

DYER, W.W. *La sagesse des anciens*.

EISLER, R. *Orpheus the Fisher*. Londres, 1921.

ELEAZAR, A. (Abraham le Juif). *Uraltes chymisches Werk*. Leipzig, 1760.

Henoc, Livro de. Cf. CHARLES, *Apocrypha and Pseudepigrapha*, II, p. 163ss. Para Livro de Henoc eslavo, cf. ibid., p. 425ss.

Esdras, Segundo Livro de. Cf. tb. CHARLES, *Apocrypha*, II, p. 542-624.

FICINO, M. *Auctores Platonici*. Veneza, 1497.

FLAUBERT, G. *La Tentation de Saint Antoine*. Paris, 1874.

FLEISCHER, H.L. (ed.). *Hermes Trismegistus an die menschliche Seele*. Texto árabe e alemão. Leipzig, 1870.

FLOURNOY, T. "Automatisme téléologique antisuicide". *Archives de psychologie* (Genebra), VII, 1908, p, 113-137.

_____. "Nouvelles observations sur un cas de somnambulisme avec glossolalie". *Archives de psychologie*, I, 1902, p. 101-255.

_____. *Des Indes à la Planète Mars - Étude sur un cas de somnambulisme avec glossolalie*. 3ª ed melhorada. Paris-Genebra, 1900.

FLUDD, R. *Summum bonum*. Frankfurt a.M., 1629.

_____. *Utriusque cosmi maioris scilicet et minoris metaphysica, physica atque technica historia*. Oppenheim, 1617.

FÖRSTER, M. "Adams Erschaffung und Namengebung. Ein lateinisches Fragment des s.g. slawischen Henoch". *Archiv für Religionswissenschaft* (Leipzig), XI, 1908, p. 477-529.

FOUCART, P. F. *Les Mystères d'Eleusis*. Paris, 1914.

FRANCK, A. *Die Kabbala oder die Religionsphilosophie der Hebräer*. Leipzig, 1844.

FREUD, SIGMUND. *Zur Psychopathologie des Alltagslebens*. Berlim, 1904.

FÜRST, E. "Statistische Untersuchungen über Wortassoziationen und über familiäre Übereinstimmungen im Reaktionstypus bei Ungebildeten". In: JUNG, *Diagnostische Assoziationsstudien*. 2 vols. Leipzig, 1906-1910.

Geheime Figuren der Rosenkreuzer aus dem 16ten und 17ten Jahrhundert. 2 vols. Altona, 1785-1788.

GOETHE, J.W. von. *Dichtung und Wahrheit*. Vols. XXIV-XXVI e XLVIII. Stuttgart.

_____. *Faust* (*Fausto*). Vol. XII.

HAMMER-PURGSTALL, J. *Mémoire sur deux coffrets gnostiques du moyen âge*. Paris, 1832.

HERMES TRISMEGISTUS. *An die menschliche Seele*. Cf. FLEISCHER.

HERÓDOTO. *Historiarum libri IX*. 2 vols. Leipzig 1899-1901.

HERRAD VON LANDSBERG. *Hortus deliciarum*.

HONORIUS (de Autun). *Speculum de Mysteriis Ecclesiae*. Cf. MIGNE, P.L., vol. 172, cols. 313-1108.

[HORAPOLLO NILIACUS] *Hori Apollinis Selecta hieroglyphica, sive Sacrae notae Aegyptiorum, et insculptae imagines*. Roma, 1597.

IRENEU, Santo. *Contra* [ou *Adversus*] *haereses libri quinque*. In: MIGNE, P.G., vol. 7, cols. 433-1224.

JAMES, M. R (ed. e trad.). *The Apocryphal New Testament*. Oxford, 1924.

JUNG, C.G. *Aion*. [OC 9/2]

_____. "Sobre os arquétipos do inconsciente coletivo". OC 9/1 ["Die Archetypen des kollektiven Unbewussten"]

_____. "O problema fundamental da psicologia contemporânea". OC 8/2 ["Das Grundproblem der gegenwärtigen Psychologie"]

_____. "A importância da psicologia analítica para a educação". OC 17 ["Die Bedeutung der Analytischen Psychologie für die Erziehung"]

_____. "Simbolismo do Mandala". OC 9/1 ["Über Mandalasymbolik"]

_____. "Sobre o renascimento". OC 9/1 ["Über Wiedergeburt"]

_____. *Mysterium Coniunctionis*. OC 14/1-3

_____. "Paracelso, um fenômeno espiritual". OC 13 ["Paracelsus als geistige Erscheinung"]

_____. "A aplicação prática da análise dos sonhos". OC 16/2 ["Die praktishe Verwendbarkeit der Traumanalyse"]

_____. *Tipos psicológicos*. OC 6 [*Psychologische Typen*]

_____. *Psicologia e alquimia*. OC 12 [*Psychologie und Alchemie*]

_____. "Psicologia do arquétipo da criança". OC 9/1 ["Zur Psychologie der Kinderarchetypus"]

_____. "A psicologia da *dementia praecox*". OC 3 ["Über die Psychologie der Dementia Praecox"]

_____. "Psicologia e religião". OC 11/1 ["Psychologie und Religion"]

_____. A psicologia da transferência". OC 16/2 ["Die Psychologie der Übertragung"]

_____. *Símbolos da transformação*. OC 5 [*Symbole der Wandlung*]

_____. *O Eu e o inconsciente*. OC 7/2 [*Die Beziehungen zwischen dem Ich und dem Unbewussten*]

_____. "O espírito Mercurius". OC 13 ["Der Geist Mercurius"]

_____. *O símbolo da transformação na missa*. OC 11/3 [*Das Wandlungssymbol in der Messe*]

_____. *Dois escritos sobre psicologia analítica*. OC 7/1-2 [*Zwei Schriften über Analytische Psychologie*]

_____. "As visões de Zósimo". OC 13 [Die Visionen des Zosimos]

_____. e KERÉNYI, C. *Einführung in das Wesen der Mythologie* [Contribuições de Jung em OC 9/1]

KANT, I. Introdução a *Die Logik*.

KAUTZSCH, E. (org. e trad.). *Die Apokryphen und Pseudoepigraphen des Alten Testaments*. 2 vols. Tübingen, 1900.

KELLEY, E. *Tractatus duo egregii de Lapide philosophorum*. Hamburgo-Amsterdam, 1676.

KHUNRATH, H.C. *Von hylealischen, das ist, pri-materialischen catholischen, oder algemeinem natürlichen Chaos*. Magdeburg, 1597.

KNORR VON ROSENROTH, C. *Kabbala denudata seu Doctrina Hebraeorum*. 2 vols. Sulzbach-Frankfurt, 1677-1684.

KNUCHEL, E. F. *Die Umwandlung in Kult, Magie und Rechtsbrauch*. Basileia, 1919.

KRANEFELDT, W.M. "Komplex und Mythos". In: C.G. JUNG et alii. *Seelenprobleme der Gegenwart*. Zurique, [5]1950 (orig., 1931).

LACTANTIUS, FIRMIANUS. *Opera omnia*. (Corpus scriptorum ecclesiasticorum latinorum). 3 vols. Viena, 1890-1997.

LEISEGANG, H. *Die Gnosis*. Leipzig, 1924.

_____. *Der heilige Geist. Das Wesen und Werden der mystisch-intuitiven Erkenntnis in der Philosophie und Religion der Griechen*. Leipzig, 1919.

LÉVY-BRUHL, L. *Les Fonctions mentales dans les sociétés inférieures*. Paris, 1912.

LIPPMANN, E. O. von. *Entstehung und Ausbreitung der Alchemie*. 3 vols. Berlim, 1919-1954.

LÖFFLER, K. *Schwäbische Buchmalerei in romanischer Zeit*. Augsburg, 1928.

MAEDER, A. "Über das Traumproblem". *Jahrbuch für psychoanalytische und psychopathologische Forschungen*, vol. V. Leipzig-Viena, 1913, p. 647-686.

_____. "Sur le mouvement psychanalytique: un point de vue nouveau en psychologie". *L'Année psychologique*, XVIII. Paris, 1912, p. 389-418.

_____. "Über die Funktion des Traumes". *Jahrbuch für psychoanalytische und psychopathologische Forschungen*, vol. IV. Leipzig-Viena), 1912, p. 692-707.

MAIER, M. *Secretioris naturae secretorum scrutinium chymicum*. Frankfurt a.M., 1687 (geralmente chamada *Scrutinium chymicum*).

_____. *Viatorium, hoc est, De montibus planetarum septem seu metallorum*. Rouen, 1651.

_____. *Symbola aureae mensae duodecim nationum*. Frankfurt a.M., 1617.

_____. *De circulo physico quadrato, hoc est auro etc*. Oppenheim, 1616.

MAIURI, A. *La villa dei misteri*. 2 vols. Roma, 1931.

MANGET(US), J.J. (ed.). *Bibliotheca chemica curiosa*. 2 vols. Genebra, 1702.

MASPERO, G.C.C. *Études de mythologie et d'archéologie égyptiennes*. 7 vols. Paris, 1893-1913.

MEIER, C.A. *Antike Inkubation und moderne Psychotherapie*. Zurique, 1949.

MELITÃO DE SARDES. *De baptismo*: Cf. PITRA, *Analecta sacra*, II, p. 3-5.

MICHELSPACHER, S. *Cabala, speculum artis et naturae, in alchymia*. Augsburg, 1654.

MIGNE, J.P. (ed.). *Patrologiae cursus completus: Patrologia Latina* [P.L.]. 221 vols. Paris, 1844-1864; *Patrologia Graeca* [P.G.]. 166 vols. Paris, 1857-1866.

Mosteiro de Zwiefalten. Breviário. Cf. tb. LÖFFLER.

MYLIUS, J.D. *Philosophia reformata continens libros binos*. Frankfurt a.M., 1622.

ORÍGENES. *Homiliae in Jeremiam*. Cf. MIGNE, P.G., vol. XIII, cols. 255-544.

PARACELSUS (Theophrastus Bombastus vo Hohenheim). *Sämtliche Werke*. 14 vols. Munique-Berlim, 1922-1933 [org. por Karl Sudhoff & Wilhelm Matthiessen].

_____. Cf.: *Bücher und Schrifften*. 2 vols. Basileia, 1589-1591 [org. por Johannes Huser].

PETRONIUS ARBITER. *Satyricon*.

PETRUS LOMBARDUS. *De sacramentis*. Séc. XIV.

PHILALETHES, E. *Erklärug der Hermetisch-Poetischen Werke*. Herrn Georgii Riplaei.

PICINELLI, Philippus. *Mundus symbolicus*. Köln, 1680-1681.

PITRA, J.B. (ed.). *Analecta sacra spicilegio Solesmensi praeparata*. 8 vols. Paris, 1876-891. (II, p. 3-5, contém Melitão de Sardes, *De baptismo*).

PREISENDANZ, K. (ed.). *Papyri Graecae magicae*. 2 vols. Leipzig-Berlim, 1928-1931.

REITZENSTEIN, R. *Die hellenistischen Mysterienreligionen*. Leipzig-Berlim, 1910.

_____. *Poimandres. Studien zur griechisch-ägyptischen und frühchristlichen Literatur*. Leipzig, 1904.

REUSNER, H. *Pandora: Das ist, die edlest Gab Gottes, oder der Werde und heilsame Stein der Weysen*. Basileia, 1588.

REYMANN, L. *Calendário da Natividade*. 1515.

RHENANUS, J. *Solis e puteo emergentis sive dissertationis chymotechnicae libri tres*. Frankfurt a.M., 1613.

RHINE, J.B. *New Frontiers of the Mind*. Nova York-Londres, 1937.

Rosarium philosophorum. Secunda pars alchimiae de lapide philosophico vero modo praeparando... Cum figuris rei perfectionern ostendentibus. Frankfurt a.M., 1550. Cf. tb. (A) *Artis auriferae*, II/XII; (A) *Bibliotheca chemica curiosa*, II/X.

RUSKA, J. F. *Turba Philosophorum: ein Beitrag zur Geschichte der Alchemie*. (Quellen und Studien zur Geschichte der Naturwissenschaften und der Medizin, 1) Berlim, 1931.

_____. *Tabula Smaragdina: ein Beitrag zur Geschichte der hermetischen Literatur*. Heidelberg, 1926.

_____. *Saint-Graal*. Ed. por Eugène Hucher. 3 vols. Le Mans, 1878.

SALZER, A. *Die Sinnbilder und Beiworte Mariens in der deutschen Literatur und lateinischen Hymnen-Poesie des Mittelalters.* Linz, 1893.

SCHEDEL, H., *Das Buch der Chroniken und Gedichten.* Nürnberg, 1493.

SCHMIDT, C (org.). "Gnostische Schriften in koptischer Sprache aus dem Codex Brucianus herausgegeben". *Texte und Untersuchungen der altchristlichen Literatur* (Leipzig), VIII, 1892, p. 1-692.

SENDIVOGIUS, M. (Michal Sendiwoj). "Dialogus Mercurii, alchymistae, et naturae". Cf. (A) *Theatrum chemicum*, IV/XXI.

SENIOR, ADOLPHUS. *Azoth, sive Aureliae occultae philosophorum...* Frankfurt a.M., 1613.

SILBERER, H. *Probleme der Mystic und ihre Symbolik.* Viena, 1914.

_____. "Über die Symbolbildung". *Jahrbuch für psychoanalytische und psychopathologische Forschungen.* Vol. III. Leipzig-Viena, 1911, p. 661-723; vol. IV, 1912, p. 607-683.

STEINSCHNEIDER, M. *Die europäischen Übersetzungen aus dem Arabischen bis Mitte des 17. Jahrhunderts.* (Sitzungsberichte der kaiserlichen Akademie der Wissenschaften in Wien, Philosophisch-historische Klasse, 149 e 151). 2 partes. Viena, 1904-1905.

STOLCIUS DE STOLCENBERG, D. *Viridarium chymicum figuris cupro incisis adornatum et poeticis picturis illustratum...* Frankfurt a.M., 1624.

STRAUSS, H.A. *Der astrologische Gedanke in der deutschen Vergangenheit.* Munique, 1926.

[SUDHOFF, K., ed.] *Historische Studien und Skizzen zur Natur- und Heilwissenschaft. Festgabe Georg Sticker zum 70. Geburtstag dargegeben.* Berlim, 1930.

Tabula smaragdina. Cf. (1) RUSKA; (2) (A) *Ars chemica*, II; (3) (A) *De Alchemia*, IV; (4) para trad. inglesa, BACON, *The Mirror of Alchimy*, s.v.

THENAUD, J. *Traité de la cabale.*

THURNEYSSER ZUM THURN, L. *Quinta essentia, das ist die höchste Subtilitet, Krafft und Wirkung, beider der fürtrefflichen (und menschlichem Geschlecht den nutzlichsten) Künsten der Medicina, und Alchemia.* Leipzig, 1574.

Tomás de Aquino, Pseud. *Tractatus qui dicitur Thomae Aquinatis de alchimia.*

TRISMOSIN, S. "Splendor solis". Cf. tb.: *Splendor solis: Alchemical Treatises of Solomon Trismosin.* Com notas explicativas de J.K. London, 1920.

Upanishads. Trad. de F. Max Müller (Sacred Books of the East, 1, 15). 2 vols. Oxford, 1879 e 1884.

VALLI, L. "Die Geheimsprache Dantes und der Fedeli d'Amore". *Europäische Revue* (Berlim), VI/1 (janeiro-junho 1930), p. 92--112.

VOLLERS, K. "Chidher". *Archiv für Religionswissenschaft* XII (Leipzig, 1909, p. 234-284).

VREESWYCK, G. van. *De Groene Leeuw.* Amsterdam, 1672.

WILHELM, R. *Das Geheimnis der Goldenen Blüte. Ein chinesischer Lebnsbuch.* (*O segredo da flor de ouro*). Com comentário de C.G. Jung. [OC 13]

WIRTH, A. *Aus orientalischen Chroniken*. Frankfurt a.M., 1894.

WOLFF, T. "Einführung in die Grundlagen der komplexen Psychologie". In: *Studien zu C. G. Jungs Psychologie*. Zurique, 1959 (p. 15-230).

ZIMMER, H. *Kunstform und Yoga im indischen Kultbild*. Berlim, 1926.

Índice*

A

aborígenes australianos ... 252

Abraão ... 334

acaso, e sonhos telepáticos ... 77

acetum fontis [ácido da fonte] ... 197

Adão ... 121, 238, 273n.; - criação de ... 267, 270n., 348n.

Adech 238, 286n.

Ademarus 297n.

Adler, Alfred 29, 71, 78n.

Adolphus Senior 200n.

advogado 84

Aegidius de Vadis 248n.

aenigma regis 233, 314

Aenigmata ex Visione Arislei et allegoriis sapientum, cf. *Visio Arislei*

afetos 136-137, 319

Agostinho, Santo 52, 169, 208

agressão 213

Agrippa, Heinrich Cornelius 333

água, e ar/terra/fogo 333; - em direção às profundezas da 322; - divina/água divina/ὕδωρ θεῖον 244n.; - beber 262n.; - e fogo *s.v.*; - como fogo 242-243; - como *lapis* 243n.; - do *lapis*/pedra 285; - da vida 194ss., 244, 320; - viva 240; - Mercúrio *s.v.*; - cf. tb. *aqua mercurialis*; - mítica 284; - *prima materia s.v.*; - "especial" 244; - do Espírito 333; - símbolo da psique 197

Ahasverus 244

Ahmed Ibn-Tulun, mesquita de 240

---

* Os números correspondem às páginas desta obra.

albedo, cf. CORES

alcheringa 252

alegorias: de ovelha e pastor 182

Allegoriae sapientum 200n., 243n., 287n.

Allendy, René 334

alma 246-247, 304-305, 324, 325; - morada do mal 222s.; - e corpo *s.v.*; - depreciação da 222s.; - e Deus *s.v.*; - perda da 184, 238; - como monstro 291; - perigos da 176; - primitivos e 94; - libertação da 330; - respeito pela 222; - uma esfera 207s.; - um verme 291; - cf. tb. anima; psique

alquimia 203; - arte negra 191; - chinesa 200; - e heresia 196, 234; - como filosofia 254; - e projeção *s.v.*; - redenção na *s.v.*; - simbolismo da *s.v.*; - e transformação *s.v.*

alucinações 172

alvo 225

amada, portadora da imagem da anima 194n.

América 191, 215, 277

amigo, do sonhador 245, 312

Amitaba 220

Análise, início da 72; - do sonho 131ss.; - da psique objetiva 165s.; - como "rápida maturação" 117

analista, e interpretação dos sonhos 72; - necessidade de análise no 72; - relação com o paciente 87; - cf. também médico

anamnese 135

anão(ões) 189, 276, 318; - deuses 280, 328; - cf. tb. cabiros

ancestral(is), humanos e animais 252; - simbolismo 256s.; - vida 256; - terra dos 252

Ancião dos Anciãos 334

androginia: do Anthropos 286; - cf. tb. hermafrodita

anel 314, 328, 331

anima (arquétipo) 181, 197, 216, 224, 306, 342; - arquétipo 194n., 207, 273; - cristianização da 208; - contaminação com a sombra 304n.; - função criativa 304; - o eu e 303n.; - como mal 273; - imagem da 194n.; - função inferior (quarta) 234, 237, 272s., 278, 324; - mediadora entre consciente/inconsciente 304n.; - natureza não ego da 228; - personificação do inconsciente 179, 207, 225, 234, 273, 303n.; - psicopompo 183; - regressão à antiguidade 209; - como irmã 194; - decomposição da 212; - adoradora do sol 208; - cruel 318; - cf. tb. mulher, desconhecida/oculta

anima intellectualis 211

anima mundi: Mercurius *s.v.*; - redondo 207n., 210-211

animação do meio ambiente 172; - da atmosfera psíquica 173, 175s., 212; - do inconsciente 278

ANIMAIS:

    abutre 295n., 329

    águia 172n., 256, 295n., 329ss.; Mercúrio como 190

    aranha 238, 345

    babuíno 256; - Thoth como 256, 258

    basilisco 256

    besouro 251

    bode 183n., 205, 264

    cão 265

    carneiro, simbolismo cristão 183n.

cervus fugitivus 190, 269

cinocéfalo, Thoth como 258

cobra, cf. serpente

cordeiro 231

corvo 256, 329; - Mercúrio como 190

dragão 121, 256; - luta do herói com 119; - mercurial 190, 285, 291; - que devora a própria cauda 248; - cf. tb. serpente; uróboro

elefante 212

fênix 329-330

galinha 188

galo 218

gibão 246, 252, 258, 264

leão 256; - do diabo 190, 319; - Mercúrio como 190

macaco 252, 256s., 258, 264s., 272, 307; - cf. antropoide; - Thoth como 256s.; - cf. tb. babuíno; gibão

ovelha, país das 182

pássaro(s) 122, 289, 329, 340; - negro 331; - símbolo do pensamento 329s.; -- da espiritualização 190; - cf. tb. *pássaros específicos* patinho 188

pavão 340; - cauda (*cauda pavonis*) 316

peixe 253, 262

pelicano, filosófico 251n.

porco 218

serpente 176, 218, 256, 265, 271, 278, 280, 291, 345;
- Cristo como 266;
- descrevendo um círculo 176, 205, 224, 350;
- verde 292; - da cura 266, 307; - Kundalini 307; - mercurial 291;
- como substância transformadora 254-256; - cf. tb. dragão; uróboro

tartaruga 280

touro/boi 265; - e vaca 264s.

uróboro 248; - cf. tb. dragão; serpente

urso 212, 315s.

verme 291

animal(is): ancestrais 252;
- a. que causam medo, motivo onírico 107;
- benfazejos 121;
- instintos 254, 271;
- psique 201; - representando o inconsciente 266;
- transformados em homens 264s.

animalesco, primitivo 304

anjo(s) 288n., 329, 336; caídos 326, 337s.

ano, como símbolo 288, 319s.

ansiedade 188; - cf. tb. medo

Antão, Santo do Egito) 173

antecipação 179, 224, 249

antepassados, cf. ancestrais

Anthropos 313, 330;
- androginia do 285;
- nascido do Autogenes 231; - como quarto 287s.;
- no gnosticismo 229, 286;
- como *homo maximus* 256;
- como *homo philosophicus* 285; - *lapis* como 250;
- alma liberta como 330;
- homem originário 255, 320; - quadripartido 255;
- como esfera 207n.; - visão do, no mar 172n.; - como totalidade 287

Antigo Testamento, cf. BÍBLIA

antropoide 212, 214

Anunciação 36

apaches, gangue de 320

Aphorismi Basiliani 285n.

Apocalipse, cf. BÍBLIA *s.v.* Apocalipse; - de Henoc 182n.

Apócrifos, cf. BÍBLIA

Apuleio 179, 180

aqua mercurialis 285, 287n.

aqua nostra 197, 243, 244, 297, 301, 321; - como fogo 242-243

aqua permanens 193, 200n.; - como *argentum vivum* 193; - como *lapis* 201n.; - como Mercúrio 193

aqua vitae 197

ar/aer 247n., 305, 333

arbor sapientiae 327

arco-íris 235, 316, 321, 342; - ponte do 181, 185, 235, 329

Arcontes 326

área/espaço tabu 176, 205, 324; - cf. tb. *temenos*

argentum vivum 197; - Mercúrio como 193, 254; - cf. tb. mercúrio vivo/químico

argonautas 283

Aristóteles (Pseudo-) 242n., 245n., 247, 250n.; - cf. tb. *Tractatus Aristotelis*

Arjuna 240

Arnaldus (Arnoldo de) de Villanova 285n., 307n.

Arnóbio 266n.

Aros 284

arquétipos(s) 122; - anima 194n., 207, 273n.; - criança divina 291; - nos sonhos 118; - como "presença eterna" 349; - pai 245; - da serpente da cura 266; - e intuição 258; - do mandala 171, 349s.; - e símbolo 155; - do inconsciente 349; - velho sábio 121, 216, 244, 319; - cf. tb. cavalo; casamento; mãe; psique; símbolos

arranjos 98

"arte negra" 191

artifex (artífice) 330

árvore 292, 300; - como símbolo alquímico 121n.; - com fruto dispensador de vida 326-327; - no sonho de Nabucodonosor 60; - mágica 121

ás de paus 199, 295

ascensão, motivo da 180s., 277, 284; - e descida 179, 186; - e sublimação 180, 289s.

ascese 262s.

381

asno 155

Asno de ouro (Apuleius) 180n.

assimétrico 298, 300

associação livre 45

associação(ões): e analogias 168; - concordância de 76; - e sonhos com números 172

Astecas 308

astro 290

astrologia 335; - do Olimpo 287

atitude(s) 309; - mal adaptadas 68; - conscientes 71, 166, 197; - e sonhos 114; - com o médico 137; - infantis 196; - racionais 173, 180, 184, 208; - tipo de 324

Atman 286; - como si-mesmo 228

ator 313

Atos dos Apóstolos 30

"atrás," como região do inconsciente 171

Aurea catena Homeri 236n.

Aurora consurgens 200n.

aurum, cf. ouro

aurum nostrum 200, 283

aurum philosophicum 204, 246, 295, 297; - cf. tb. ouro, filosofal

aurum vitreum 200

autofecundação 285

Autogenes, cf. Monogenes

automóveis, motivos oníricos 109

autonomia, de imagens e objeto 93; - da psique 175, 268, 310s.; - do inconsciente 169, 178, 212s., 311

autorrealização 323

autossugestão, e sonhos 346

Avalokiteshvara 220

Avalon, Arthur 218n., 266n., 307n.

avião 235, 239

avidya 218

aviões, motivos oníricos 109

Azoth 283n.

B

Bach, Johann Sebastian 261

bacia, com fonte 301; - da irmã 194, 207; - da anima 197

Baco, fluido de 287n.

banquete 26

barba, homem com, cf. cavanhaque

Baynes, Charlotte A. 229n., 231n., 232n.
bem/mal 91, 314
bexiga, irritação da, e sonhos 25
Bernardo, São 289
Bernoulli, Jakob 345
Béroalde de Verville, François 176n., 209n.
Berthelot, Marcellin 179n., 186n., 200n., 243n., 284n.
Bhagavad-Gita 240
Bhutia Busty 217
BÍBLIA: 36, 38

Antigo Testamento 348n.; - Ezequiel 290; - Jó 334; - Cântico dos Cânticos 194n.

Novo Testamento: João 240; - Filipenses 247n.; - Apocalipse 231

Apócrifos: IV Ezra (II Esdras) 172n.; - Pedro 176n.

Pseudepígrados, cf. Henoc

Bina 334
Bischoff, Erich 333n.
bloqueio das associações 145

bode, cf. ANIMAIS
bodhisattva 251
Böhme, Jakob (Jacob Behmen) 291-292
bola(s), vermelha 206, 208, 224; amarela 316
bola de croqué 235, 237
bonde 238s.
Brahman, cidade de 231
Breuer, Josef, *Estudos sobre a histeria* 28
briga dos bodes 205
Brihadaranyaka Upanishad 286
bronze, leproso 283
Bruchmann, C.F.H. 254n.
Bubástis 206
Buda 220, 231n., 251, 334
Budge, E.A.W. 189n., 256n., 336n.
budismo 218, 329
burro 43

C

cabala 333
cabeça(s) 170s., 207n., 211, 265; - três em uma

334; - transfigurada 266s., 307; - branca 334; - cf. tb. crânio

cabiros 279, 282s., 328, 332

cadeiras, quatro 315

Cairo 240

calendário 336, 339s.

cálice, de Damasco 262

campo, mônada como 231

caos 199, 263, 330; - como *prima materia* 330; - "estranho filho do" 214; - cf. tb. *massa confusa/informis*

carbono 346

Carmen (Villanova) 285n.

carnaval 265

Cartari, Vincenzo 254

cartomante 58, 59

Carus, C.G. 131

carvão 346

casa, astrológica 335

"casa da concentração" 323, 324

casamento, sonho que antecipa 138

Catarina de Sena, Santa 21

catedral, de Basileia, em ruínas 263

catolicismo 196

cauda pavonis 316

causa efficiens/causa finalis 104

causalidade: e sonhos 4

cavalo, como arquétipo/símbolo 158s.; - ferradura do 155; - de Troia 158

"cavanhaque" 191s., 212, 214, 227, 288

caveira 206

caverna 121, 276, 314; - homem das 212; - e herói 119

censor/censura 22, 24, 49, 62

centelha de luz 229, 231

centro 321; - marcado com um círculo, alegoria de Deus 228s.; - circum-ambulação *s.v.*; - cf. tb. quadrado; - concentração no 267s., 277, 288, 318; - da consciência, eu como 164; - escuro 314s.; - dissolução do, 304; - divindade no, 273; - cf. tb. mandala, centro do; - encontrar o, 226, 236, 289, 292, 316; - significado curador do 220; - *lapis* como 220, 241; - criador de vida 304s.; do mandala, *s.v.*; - como mediador

251n.; - objetivo 226; - da personalidade 163, 220, 227; -- não idêntico com o eu 220, 225, 226-227; - si-mesmo como 163, 228, 332, 347; - lugar de mudança criativa 267; - ponto de reflexão 298, 332; - quaternidade do 333, 347; - movimento espiral redondo 345s.; símbolos do 163, 345s.; como *temenos*, animais no 176, 258, 264, 271; - intemporalidade do 227; - incognoscível 346; - como *vitrum* 297; - cf. tb. círculo

cérebro 211, 334; - "brain trust" 262

cervo 122n.

cervus fugitivus, cf. ANIMAIS

céu, de ouro 337, 339; - como masculino 274n.

chapéu, como mandala 170s., 231, 313, 350

Charles, R.H. 182n., 326n., 348

Ch'ien 251

China 231, 251, 273; - filosofia na 157

Chochmah 334

choque 74

Christian Science 75

Christianos 284

cidade 229, 248n.; - de Brahman 231; - com quatro portas 231s.; - como *rotundum* 248n.; - como *temenos* 227

cinocéfalo cf. ANIMAIS

circulatio/circulação 289, 298, 319, 321s., 327

círculo 165n., 176, 205, 217s., 225, 241, 246s., 251n., 301, 320s., 337s.; - com centro, alegoria de Deus 228s.; - dividido em quatro 227, 251n., 271, 289, 320, 327; - mágico 165n., 217, 228, 240, 271, 293; - movimento em 224s., 307, 316, 321; - e *rotatio* 289; - quadrado 289; - quadratura do 218, 246, 250, 251n., 292

circumambulatio/circumambulação 250, 251n., 267, 270, 300, 306n., 306, 318, 335

cisão da personalidade, cf. personalidade

cista 280

citrinitas, cf. CORES

Clemente de Alexandria 232n.

385

Cleópatra 243n.

cocheiro-menino 304

CÓDICES AND MSS.

Akhmim 176n.

Oxford: Bodleian, *Brucianus*, xix 229

coincidentia oppositorum, si-mesmo como 314; - cf. tb. opostos

coisa-em-si (Ding an sich), si-mesmo como 309

coito mágico no campo arado 155

cola 305; - "do mundo" 285

colchões, sonho dos, antecipando o casamento 138

coleção escrita de sonhos 108, 111s.

cólera 47

Commentarius (Hortulanus) 295n.

"companheiro" 249s.

compensação 153, 154, 167, 169, 173, 175, 241; - para baixo 300; - nos sonhos 150s.; - lei da 150; - psíquica 62ss., 113; - cf. tb. sonhos, inconscientes

complementação 113

complementaridade 113n.

completude, e perfeição 284

complexo(s), função compensadora 61; - ideoafetivo 19; - associação livre e 144

comportamento: padrão(ões) de 99n.

composição, motivo da 303n.

compreender 46

compreensão 174; - entre médico e paciente 139s.; - não exclusivamente intelectual 51s.

"concentração, casa da" 323, 324

condensação 27

conflito 275, 300, 312, 314; - sonho simbolizando solução do 66

coniunctio, irmão/irmã, cf. incesto; - rei/filho 287n.; - *lapis*/filho 232; - mãe/filho, cf. incesto; - cf. tb. união; - Sol/Luna, *s.v.*

consciência, autarquia da 257; - infantil 184s., 186; - coletiva 194; - diferenciação da 173, 185, 188; - dissolução/extinção 212s.; - eu

como centro da 163;
- inflação da 341;
- invasão pelo inconsciente 172, 172n., 184; - luz como 314; - masculina 273-274; - atitude racional 173, 180, 184, 208; - o si-mesmo evoluindo para 205n.; - sub/super- 258, 278; - psique subjetiva 166; - e inconsciente 163, 165s., 228, 249-250, 258, 274, 309s.; -- colaboração 208; -- relação compensadora 167, 169; - conflito 174, 270, 272, 275; -- separação 184, 257-258; - simetria 297, 322; - união 174, 211, 257, 266, 349; - cf. tb. inconsciente

consciência coletiva, pai como 194

consciência de si mesmo 88s., 95

Consilium coniugii 200n., 285

constelação(ões): elementos psíquicos da 18

contaminação, pelo inconsciente 234, 275s., 281, 303n.

conteúdos inconscientes, assimilação dos 148;
- essencialmente relativos 73; - natureza dos 154, 159; - refletidos nos sonhos 55; - cf. tb. arquétipo(s); imagem(ns); símbolos

contexto, dos sonhos 167s.; - reconstituição do 111s.

contos de fadas 56, 119, 188s.

copo, cheio de massa gelatinosa 303s.; - cf. tb. *vitrum*

Corão 240, 242, 260

Cordeiro 231

cor(es), quatro 289, 295, 315, 321, 327, 331, 340s.;
- três 248n., 295n., 340s.

CORES:

amarelo 248n., 289, 295, 315, 317s., 327;
- bolas/luz 317; - cf. tb. *citrinitas*

azul 289, 315, 321s., 327, 341ss.; - disco 331s., 338; - flor 200, 202s., 224, 289, 292, 299; - mar/céu 341

branco 248n., 295;
- cabeça 334

citrinitas 317; - cf. tb. amarelo

marrom, trono de cristal 338, 342

negro 248n., 295; - arte 191; - pássaro 331; - águia 329; - missa 273; - alma 342; - sol 232; - rabo 303n.; - cf. tb. *nigredo nigredo* 316; - cf. tb. negro

ouro/dourado, criança de 291; - círculo de 338, 341; - cor de Deus Pai 340; - coroas 338; - Velo de 283; - flor 200, 203, 231, 252, 299n.; - céu 338; - mandala 342; - pílula/germe 308; - anel 331; - serpente 266

prata, fruteira de 327

púrpura, espíritos vestidos de 338

rubedo 317s.; - cf. tb. vermelho/ruivo

safira 338

tinctura: rubea 246

verde/verdejante 283, 289, 315, 321, 327, 340s., 343; - cor do Espírito Santo 340s.; - campina 182; - planta 276; - serpente 292; - árvore 300; - regaço 276; - cf. tb. *viriditas*

vermelho/ruivo 248n., 289, 295, 315s., 321, 327, 340; - bola 206s., 224; - cor de Deus Filho 340; - goma 285; homem 277s., 288; - escravo 275n.; - cf. tb. *rubedo*

viriditas 283; - cf. tb. verde

coroa 171, 229, 242n., 338

coroação 170, 180, 232ss.

corpo, aceitação do 245; diamantino 231n., 252; - como quarto 247; - e psique, cooperação funcional 75; - separar o espírito do 246s.; - corpo/alma 347; - *lapis* como 304

corpus: astrale 287

corrente, homérica 236n.

cósmico: aspecto dos sonhos 297s., 307s.; - relógio 227, 333; - forças irradiantes, quatro 251; - flor 299; - si-mesmo 228; - roda 218

cosmogonia, egípcia 194n.

cosmos, racionalidade do 268

cosmovisão 96

crâneo 127; - como vaso 211

criança 183s., 307n.; - divina 291; - cf. tb.

cabiros; - crianças, motivo das 317s., 328, 331; - "país das crianças" 183ss.

cristal(is) 296s., 346; - trono 336, 342

cristianismo 265; - e mentalidade moderna 272

Cristo 208, 312s. 335s.; - antepassados de 121; - *coniunctio* na montanha 284; - descida aos infernos 176n.; - dogmático 312; - esotérico 242; - como fogo 242, 326; - historicidade de 312; - identidade com o calendário 335; - como *lapis s.v.*; - Pantocrator 255; - pré-cristão 312; - como Salvador 312; - na rosa 231n.; - como serpente 266; - como sol 208, 337; - símbolo no mandala 252; - símbolos de 122

crucifixo 262

cruz 271, 322n.; - ás de paus como 199, 295; - retorcida 289, 295; - Rosa-cruz 199

ctônico: urso 315; - = escuro 302s.; - deuses 281; - Mercúrio 189; - prisão 317

culpabilidade 48s., 53, 55

D

dáctilos 280; - cf. tb. cabiros

dado sensorial 268

dança, como símbolo 155; - salão 322

Daniel, Livro de 60

Dante Alighieri 176n., 299, 337

De chemia, cf. Senior (Zadith)

dedo, quarto 314

defesa, mecanismos de 63

degrau(s) 178, 186, 301; - da transformação alquímica, sete 199

Delacotte, Joseph 337n.

Delatte, Louis 122n.

demiurgo 221

demoníaco, intelecto como 192

demônio/mal 288n.; - macaco de Deus / *simia Dei* 256, 264, 281; - quarta pessoa na divindade 273; - povoando lugares desertos 173; - como intelecto 194, 214; - leão 190; - Mercúrio 189, 256; - cf. tb. Mefistófeles

demônios 121

dentes, perder, motivo onírico 107

depreciação, da alma 221; - do inconsciente 173

descida, motivo da 263, 329; - cf. tb. ascensão; - de Cristo ao Hades, cf. Cristo; - cf. tb. *nekyia*

desejos, sonhos e 142

desenhos rupestres rodesianos 219

desenvolvimento: do sonho 122s.

desorientação 184

despersonalização do afeto 84

destilação, circular 246, 251n.

Deus 228, 289s.; - macaco de *s.v.*; - círculo com centro 227s.; - conceito de 99; - e imagem de 99s.; - ouro, a cor de 340; - encarnação *s.v.*; - Filho de *s.v.*; - alma e 291; - espírito de 333; - aspecto tríplice de 341; - cf. tb. Trindade; - ira de 291

Deussen, Paul 228n.

devorar/tragar, motivo do 319

diadema 232

diagnóstico 67, 112

Dialogus inter naturam et filium philosophiae (Aegidius de Vadis) 248n.

Dialogus Mercurii (Sendivogius) 190n.

diamante 297s., 314s., 318s., 346; - corpo diamantino 231n., 252

Dieterich, Albrecht 176n.

diferenciação, da consciência 173s., 185, 188; - individual 95

Digulleville, Guillaume de, cf. Guillaume

Dioniso/mistério dionisíaco 213s., 252, 261ss., 272

direita/lado direito, e esquerda 297s., 300, 320s.; - movimento para 248, 320s.; - cf. tb. esquerda

disco, azul 331s., 338

dissolução, do centro 304; - da consciência 212s.; - Dioniso como 213

dissolução psíquica 186

Divina Comédia 176n.; - cf. tb. Dante

divindade: elemento feminino na 273; - no centro 219s., 251s., 273; - no lótus 231, 273, 307n.

dmigs-pa 217

doença física, e problemas psíquicos 76

doença mental, pânico com 175
doentes mentais 172
dogma 196; - eficácia do 312
dor: e sonhos 74
dorje(s) 220; - doze 231n.
dragão, cf. ANIMAIS
Dreyfuss, J. 267n.
dualidade 331s.
duração, eterna 171

E
Eckhart, Mestre 221n., 238n.
egípcios 255, 258
Egito, escada funerária no 180
Eisler, Robert 262n.
El-Khidr 240, 242
elementos, quatro 207, 246, 250, 255, 291, 295, 332; - esferas dos 207
Elêusis, mistérios de 206
elevador 277s.
elixir/*elixir vitae* 220, 297, 306n.
Emaús, discípulos e 240
Empédocles 207n.

enantiodromia 206s., 209
Encarnação 312
energia(s): conceito de 99; - retenção da 172; - excedente de 213
enfermeira 58
enteléquia, de Fausto 288n.; - do si-mesmo 310
enxofre 291
Epifânio 284
Epistola ad Hermannum 203n.
equilíbrio, da psique 276
escada 180, 187; - de Jacó 180n.
escadas de cordas 322
escravo fugitivo, cf. *servus fugitivus*
escravo vermelho 275n.
Esculápio 115, 307
escuro/trevas 157, 274, 303; - cf. tb. CORES *s.v. nigredo*
esfera(s) 276; - *anima mundi* 207n., 211; - de Empédocles 207n.; - homem originário 207n.; - sete 337; - planetárias 180; - alma 207s.: - vaso 211, 251n.; - cf. tb. globo;

391

rotundum, motivo do "redondo"

Esopo 43

espaço e tempo 227, 333, 342, 348; - relatividade do, no inconsciente 258, 309

espada 238n.

espelho, instrumento de navegação 235ss.

espiral, do desenvolvimento interior nos sonhos 304, 305s., 345

espírito, e corpo *s.v.*; - de Deus 333; - da gravidade 186; - como intelecto 262; - como Mercúrio *s.v.*; - como quintessência 246; - si-mesmo como 348; - tradicional 196; -- pai como 173, 188, 194, 244; - água do 333; - medieval, 272

Espírito Santo 270; - como familiar 270; - cor verde do 340; - como mediador 274; - como Sophia 273

espíritos, ancestrais 252; - eternos 290

esquecimento, e bloqueio 27

esquerda 288, 294, 297s., 300, 314; - mão 314

- caminho para a 252;
- movimento para a 247, 248, 264s., 291, 298, 316, 317, 320, 327, 335;
- "sufocar a" 278, 288, 294, 297; - como o inconsciente 248s., 288, 298, 314; - cf. tb. direita

esquizofrenia 212

estações 255, 320, 335

estado de espírito, sonhos e alterações do 41

estraçalhamento, motivo do 213

estrela(s), de oito raios 317s.; - boreal 316; - girando 225; - sete 326; - cadente 298

estupa 248ss.

eternidade 226, 337

etiologia das neuroses 137

eu 205, 220, 225ss., 303n. 322; - centro da consciência 163; - consciência do 303n., 322; - e não ego 227, 235, 240; - negativo 303n.; - cf. tb. sombra; - e si-mesmo 163, 228, 240

Euphorion 304

Eusébio, de Alexandria 208n.

Eva 273n.

evangelistas, quatro 232, 252, 336; - símbolos dos 122

exagero 96

exaltação, no sonho 126

excomunhão 196s., 251

experiência: interior/religiosa 293; - da vida 174, 186

exposição, do sonho 123

êxtase, da embriaguez 262n., 265

Ezequiel, rodas de 290

F

fabricação do ouro 244

fábulas 43-44

fadas 175

falo 37, 53

familiaris 190, 182; - Espírito Santo como 270

fantasia(s) 329; - em estado de vigília, e sonhos 43; - lúdicas 34s.

fantasma(s), imagem inconsciente como 94

farmácia 243

Fausto 19ss., 176n., 192, 279, 281, 288, 288n.; - Fausto 190, 192, 206, 214, 288, 304, 341; - cf. tb. Goethe

febre 64

feiticeira 319, 328

felicidade 271

feminino: terra *s.v.*; - inconsciente 175, 234, 274, 341; - masculino/feminino *s.v.*

ferrugem 283

fertilidade, da terra 206

fetiches 95

Ficino, Marsilio 303n.

figueira, estéril 37

filho da viúva, levantar 37s.

Filho de Deus, na flor 231; - Monogenes como 229; - produzido pelo alquimista 234; - cor vermelha do 340

filho do caos 214

Filho do Homem 335

filho do rei 287n.

filius Dei, cf. Filho de Deus

filius philosophorum 291

filologia 284

filosofia, hermética *s.v.*; - natural 189

finalidade, e sonhos 47ss.; - importância da 55

Firmicus Maternus, Julius 180

Flaubert, Gustave 173

Fleischer, H.L. 207n.

flor 240, 301-302; - azul 200, 202s., 224, 289, 292; - dividida em oito partes 292, 299, 301; - de ouro 200n., 203, 231, 252, 308n.; - como mandala 231, 301; - Maria como Flor do mar 307n.; - cf. tb. Jung e Wilhelm; lótus; rosa

Flor de ouro, Segredo da (Wilhelm/Jung) 164, 220

floresta virgem 212, 306

flos 200n.

Flournoy, Théodore 38, 63, 76, 131

fogo, e ar/terra/água 333; - como *aqua nostra/permanens* 244; - Cristo como 242, 326; - eterno 248n., 324; - como quatro 248n., 324; - sagrado 324; - *lapis* como 243n.; - Mercúrio 316; - montanha 326; - "Magia do" 324; - e água 333

folclore 117

fons mercurialis, signatus 195; - cf. tb. fonte

fonte 194n., 240s., 301s.; - atributo da Virgem Maria 194

fonte da vida 194, 206, 208, 242, 244, 252-253, 257

"forma severa" 279s., 282, 288, 331

formas femininas, grupo/pluralidade de 173s., 175s., 178, 212, 240

Förster, Max 348n.

fortaleza 248n.

Foucart, Paul François 206n.

Franck, Adolphe 334

Freud, Sigmund/Freudianos 79, 114, 132, 186, 253; - e interpretação dos sonhos 17ss., 42s., 49, 55, 60s., 108s.; - simbolismo dos números 29; - e função redutora do inconsciente 70; - OBRAS: *A interpretação dos sonhos* 17ss., 28; *Chistes e sua relação com o inconsciente* 28; *Um caso de histeria* 28

fronteira, motivo do atravessar 138

fruteira, de prata 327

fuga, motivo da 172-173, 176, 265, 266ss., 277, 300, 317, 320

fuga do pensamento 26

funções, quatro 192, 228, 273ss., 322; - auxiliares 228, 273s., 324; - diferenciadas/ masculinas 228, 235, 273ss.; - inferior/quarta/ indiferenciada 228, 234, 237, 273ss., 278-279, 282, 294, 303, 324; - e anima, *s.v.*; - intelectual 249; - polaridade das 322, 327; - cf. tb. sentimento; pensamento

G

Galateia 304

Geheime Figuren der Rosenkreuzer 193n.

geleiras 306-307

Gellone 336n.

gênios 329

geração, espontânea 102-103

germe de ouro 308

gibão, cf. ANIMAIS

globo 208, 211, 224

gnomos 328

gnose/gnosticismo 229, 284s.; - e Cristo/ cristianismo 336; - homem originário no 255

Goethe, J.W. von 191, 282s., 287; - cf. tb. *Fausto*

goma (arábica) 285, 305

graal 306n., 316

grafito 346

grãos 204

gravidade, espírito da 186

guerra 275, 318; - e julgamento do inimigo 88; - psicologia da 90; - e sonhos reativos 73

Guillaume de Digulleville 337ss.

Güldener Tractat vom philosophischen Stein 193

H

Hades 176n., 265; - cf. tb. *nekyia*

Hagia/Santa Sofia 260, 264

Hall, Stanley 117

Hamlet 206

Hammer-Purgstall, Joseph 266n.

harmonia, entre consciente e inconsciente 114s.; - sublime 331-332

Helios 180, 199; - cf. tb. Sol

Henoc, Livro de 182n., 326; - eslavo 348n.

Héracles/Hércules 214

Heráclito 243, 265, 326

hereditariedade 236
heresia 196, 234
hermafrodita 203, 333;
- Adão como 273n.;
- Anthropos como 286;
- coroado 233; - *lapis* como 233, 329; - Mercúrio como 189, 285
Hermes, quadricéfalo 254;
- deus da revelação 189, 254; - itifálico 254s.;
- psicopompo 190;
- redondo e quadrado 254;
- como Thoth *s.v.*; - cf. tb. Mercúrio
Hermes Trismegistus 236n., 256, 304; - *An die menschliche Seele* 304n.;
- citações de, em *Rosarium* 200, 232s., 232n., 233, 241, 294n., 295; - cf. tb. *Tabula smaragdina*; *Tractatus aureus*
hermética: filosofia 297;
- vaso 307n.
Heródoto 329
Hinayana (budismo) 329
histeria 282
homem, arcaico 253;
- natureza dual do 235;
- culpa do 238s.;
- natural 205; - originário 207n., 255, 285s.; - cf.

tb. Anthropos; - filosófico 285s., 320; - primitivo *s.v.*;
- ruivo 277s., 288;
- integração/autorrealização 205; - cf. tb. individuação;
- ocupando o lugar do intelecto 188;
- desconhecido 216;
- totalidade do 208, 287, 349
"homem mais feio" 278
homem originário, cf. homem; Anthropos
homem primitivo 88, 238;
- e símbolos fálicos 155
homem-animal 121
Homero, cf. *Odisseia*
homo maximus 256
homem filosofal 285
homunculus 287, 304, 328
Honório de Autun 79n
horizonte, dividido em quatro partes 227
horizontal/vertical 321s., 341; - círculo/disco 331s, 338, 341s.
Horos 284n.
horóscopo 335
Hortulanus 295n.
Hórus, quatro filhos de 336
hospital 58

hotel 277; - motivo onírico 107

Huser, John 287n.

Hypnerotomachia Poliphili (Colonna), cf. Béroalde de Verville

I

Idade Média 208

ideia(s) 322n.; - eternas 252

identidade: mística, com o objeto 88, 93; - cf. tb. participação mística; - do objeto com a imagem subjetiva 94s.

identificação 252

Ignis, cf. fogo

Igreja 196, 260ss., 337

ilha 171

illuminatio/iluminação 180-181, 188, 271

iluminação 180-181

Iluminismo 89

ilusão 172

imagem(ns): da meta 349; - interior 217, 293; - menta 217; - cf. tb. arquétipos; - da mulher 323, 324; - cf. tb. anima

imagem onírica, relação com o objeto 81

imaginação ativa, cf. imaginação

imaginatio/imaginação 292-293; - ativa 217; - poder da 324

imago/imagines 79, 94; - autonomia da 93; - do objeto 93

imortalidade 20, 307, 312

impotência 37

imprensa, em tempo de guerra 80

Inácio de Loyola 249

incesto: irmão/irmã 232n. 275n.; - mãe/filho 253; - regressão ao 253

inconsciência 218, 271-273, 314

inconsciente 112-113, 131-132; - ativação/animação do 172, 175s., 212-213, 278; - importância etiológica/causal do 133; - anima personificação do 178-179, 208, 224, 234, 273, 303; - impulsos animais do 266, 280, 318-319; - abordagem do 171, 173ss.; - arquétipos do 349; - atitude do 114;

- autonomia do 113, 169, 179, 213, 311; - "atrás" como 171; - processos centralizadores no 345; - coletivo 172, 180n., 187s., 316, 349; -- mãe como 194, 197; -- e pessoal 186s.; - natureza compensatória 150; -- função da 51, 167, 169; - e consciência *s.v.*; - contaminação pelo 234, 274s., 281, 303n., 324; - aspecto cósmico 299; - despotenciação do 245; - depreciação do 175; - confronto com 216, 275; - e eternidade 226; - experiência do 174, 174, 224; - fascinação pelo 345; - medo do 175, 345; - feminino 175, 234, 273, 342; - diretivas do 184; - ilimitado 309; - infantil/criminoso/ perverso 274; - integração do 253; - intuições provindas do 239, 257; - invasão pelo 172n., 172; - esquerdo/sinister 249, 288, 298, 314; - mal necessário 310; - neutralidade do 148s.; - numinoso 310; - como psique objetiva 165s., 169, 343; - ordenação no 271; - superestimar o 126; - pessoal 186, 303n.; -- e coletivo 118s.; - função redutora 70s.; - mar como i. (coletivo) 171s., 240s., 280, 316; - si-mesmo latente no 205n.; - importância do 65, 67, 148; - relatividade espaçotemporal do 258, 310; - movimento espiral/ circular do 224, 344; - e sub/supraconsciente 258, 278; - processo de síntese do 343; - transcendental 257s.; - subestima do 323; - como psiquismo desconhecido 309

incubação, sonhos 115; - sono de 253

Índia 273, 286; - cf. tb. Upanixades; ioga

indigestão 89

indivíduo, e ligações coletivas 68

individuação 25, 120, 245, 323, 343, 350; - séries de sonhos e 116; - símbolos oníricos da 163; - processo 212, 237, 312

infância 311; - volta/ retorno à 184s., 186, 238, 242, 317s.; - estado infantil 186, 299, 317s.

infantilismo 184s., 185, 194, 238, 253, 257, 299, 328

infernos, descida aos 176n.; - cf. tb. Hades

inflação 341n.

informatio 290

iniciação(ões) 94, 121, 179, 188, 253, 262n.

inimigo, julgamento do 88

insônia 99, 125

instinto 196; - animal 252, 271; - perda do 184, 257; - mundo do 243, 245, 280

integração 271; - do si-mesmo 325; - do inconsciente 253

intelecto 175, 186s., 191s., 208, 215, 216, 227, 237, 251, 262, 270; - degradação do 192, 194; - aspecto demoníaco do 192, 214; - diferenciação do 208; - como empregado 191, 227; - intervenção auxiliadora 252; = espírito 263; - simbolizado por Mercúrio 192; -- pelo espelho 237

intemporalidade do centro 227

intendentes, quatro 291

interpretação(ões): bloqueio das 145; - consenso do paciente para 141; - normas da 153s.

intoxicação 254, 265

Introitus apertus (Philalethes) 269n.

intuição 158, 237s., 239, 258, 330

inveja, do analista por parte do paciente 32

ioga 221, 249, 292; - Kundalini 266, 276; - tântrica 217

Ireneu 232n.

irmã 194, 195n., 207, 238; - como anima 195; - cf. tb. incesto

irritação 89

Ishvara 276

Ísis 180, 284n.; - festividades de 206

isolamento 257; - pelo segredo 172, 175, 176, 213

J

Jacó: escada de 180n.

janela, bloqueada 171

Janet, Pierre 212

399

jardim 240; - filosófico 240, 301; - protegido por muros 121

Javé/Yhwh 326, 333

Jerusalém, celeste 231

Jesirah 333

Jesus/Senhor 242, 260, 326; - cf. tb. Cristo

jogo da pela 265

jornada, para o Oriente 315

judeus 214, 335

Juliano Apóstata 199

Jung, Carl Gustav:

CASOS DE FORMA RESUMIDA (em ordem de apresentação, numerados por referência):

[1] Paciente masculino, "normal", cujo sonho sobre o Dr. Jung revelou um distúrbio "nervoso". – 57s.

[2] Um jovem, neurótico, que suspeitou da noiva. – 111

[3] Uma paciente, histérica, que sonhou com prostitutas. – 184s.

[4] Homem com sintomas parecidos com o mal de montanha e sonhos arquetípicos que indicavam a necessidade de controlar seus planos ambiciosos. – 132s.

[5] Mulher com sonhos de atravessar uma fronteira, indicando o curso que suas três tentativas de análise iriam tomar. – 137

[6] Escalador de montanhas com sonhos que pressagiavam um escalada fatal. – 146s.

[7] Moço com sonhos depreciativos a respeito do pai compensando sua relação "muito boa" com ele. – 151s.

[8] Moça com 17 anos, cujos sonhos, estudados para estabelecer um diagnóstico entre histeria e atrofia muscular progressiva, apontou grave doença orgânica e morte. – 156s.

OBRAS:

- "Sobre os arquétipos do inconsciente coletivo" 303n.

- "O problema fundamental

da psicologia contemporânea" 165n.
- "A importância da psicologia analítica para a educação" 147n.
- "Contribuição ao conhecimento dos sonhos com números" 29n.
- *Einführung in das Wesen der Mythologie* (com Kerényi) 120n.
- *Estudos experimentais* 23n.
- *Mysterium Coniunctionis* 270n.
- "Paracelso, um fenômeno espiritual" 176n., 212n., 238n., 246n., 255n., 286n., 320n.
- "A árvore filosófica" 121n. OC 13
- "A aplicação prática da análise dos sonhos" 105n.
- *Tipos psicológicos* 194n., 207n., 228n., 273n., 322n., 324n.
- *Psicologia e alquimia* 116, 121n.
- "Psicologia e religião" 262n., 327n., 331n.
- "Psicologia do arquétipo da criança" 291n.
- "A psicologia da *dementia praecox*" 28, 63n.
- "A psicologia da transferência" 87n., 92n.
- *O Eu e o inconsciente* 163, 178n., 194n., 234n., 341n.
- *O segredo da flor de ouro* (com Wilhelm) 164, 217n., 220, 252n., 299n., 343n.
- "O espírito Mercurius" 254n.
- "Estudos diagnósticos de associações" 76
- *Símbolos da transformação* 120n., 343
- *O símbolo da transformação na missa*, 207n.
- *Dois escritos sobre psicologia analítica* 87, 118n.
- "As visões de Zósimo" 186n.

K

ka 180

Kant, Immanuel 46, 131, 309

Kerasher, papiro 336n.

Kerényi, C. 120n.

Kether 334

khilkor 217

Khunrath, Heinrich Conrad 246s., 285

Klettenberg, Fräulein von 191

Knorr von Rosenroth Christian 334

Knuchel, Edward Fritz 176n.

Komarios 243n.

Krishna 240

kundalini-ioga 266, 276; - serpente 307

L

Lacinius, Janus, cf. Bonus, Petrus

Lactantius 267n.

Ladainha de Loreto 307n., 314

lamaísmo 217s.; - cf. tb. mandala, lamaísta

lâmias 175

lapis (*philosophorum*) 1 197, 204, 246, 308; - cf. tb. pedra angular; - Anthropos 256; - *aqua permanens* 244n.; - corpo/alma/ espírito 304; - centro 220, 241; - paralelo com Cristo 255; - *coniunctio* com filho/irmão 232; - feita de quatro elementos 285, 295; - cristal 297; - diamante 297, 315; - *divinus* 243; - *elixir vitae* 306n.; - *exilis* 204, 307n.; - de fogo 243n.; - *flos* 200n.; - jogado fora 204s.; - cresce a partir da carne e do sangue 304; - ajudante 241; - hermafrodita 233, 329; - *infernalis* 243; - *invisibilitas* 305, 309; - rei 233; - luz e escuridão 201; - vivo 240, 304; - senhor do 233; - mercúrio 190n.; - filosofal 269; - produção do 197, 233, 243, 250, 292, 294n., 295; - rotundidade do 251, 295; - si-mesmo 240, 308, 330; - simplicidade do 295; - tesouro difícil de se obter 297; - ubiquidade do 205; - *vas* 307n.; - *vilis* 244; - *vitrum* 297n.; - água do 285; - cf. tb. *filius philosophorum*; pedra

lapsus linguae 114

Lehmann, F.R. 155

Leibniz, G.W. von 131

Leisegang, Hans 284n.

leite, fermentado 58

leões, quatro 122n.

lepra, dos metais 283

Leste e Oeste 333

Lévy-Bruhl, Lucien 80

Liber de perfecti magisterii (Geber) 90

Liber Platonis quartorum 211n.

libido 321

liliputianos 317

lingam 307

linguagem simbólica, cf. parábola

Lippmann, E.O. von 200n.

lise 124

Livro de Henoc eslavo 348n.

Livro dos mortos, egípcio 256, 336n.

local de diversões 298

Loki, tema do 326

lótus: divindade no 231n., 307n.; - feminilidade do 231, 273, 307n.

lua 263; - cf. tb. sol e lua

ludus puerorum 328

Luna, cf. lua; Sol e Luna

luta dos sátiros 206, 213, 252

luto 47

luz 314s., 317; - circulação da 299, 314; - escura 232; - e escuridão 186, 232 - - "tudo deve ser regido pela luz" 212, 215, 264, 307; - privar de l. os que estão atrás 171; - centelha de 229, 231; - amarela 316

M

maçã 47, 55

macaco, de Deus 264, 281

maçons 214

mãe 194, 196, 232, 238, 264; - cidade 229, 232; - cf. tb. incesto; - como símbolo/arquétipo 281s.; - como inconsciente 194, 197

Mãe-natureza / Natureza eterna 290; - princípio da 233, 245n.

Maeder, Alphonse 28, 66, 59, 77s.

magia 88

magisterium/magistério 243, 250n.

magnésia 247

Mahayana (budismo) 218s., 329

Maier, Michael 207, 247n.

Maiuri, Amedeo 262n.

mal 221; - anima como 274; - cf. tb. bem/mal

mana, personalidade do 216

mandala, como arquétipo 168, 349s.; - como núcleo atômico 311; - como construção 248; - centro do 165n., 300, 311; -- divindade no 219s., 231, 251, 307n.; - como centro da personalidade que não é o eu 220, 227;
- perturbado 322, 341;
- das igrejas 335 - expressa atitude 309; - de cinco raios 346;
- quadridimensional 333;
- dourado 342; - chapéu como 170s., 231, 313, 350; - horóscopo como 335; - lamaísta 217, 231, 248, 308; - medieval 251; - natureza "metafísica" do 220, 226; - modelo do espaço-tempo 333;
- como *perpetuum mobile* 225s., 308, 350; - como jardim dos filósofos 301;
- quaternidade do 278;
- anel como 327, 329;
- como rosa 300s.;
- como si-mesmo 308;
- quadrado 165n., 218, 248, 250; - simbolismo 163s., 217s., 240, 309, 334, 351; - tridimensional 331s., 341; - não em uso 315; - uróboro como 248;
- como totalidade 292, 302, 328; - como relógio do mundo 331ss.; cf. tb. Vajra-Mandala

Manget, J.J. 122n.

mar 171, 240, 316;
- símbolo do inconsciente (coletivo) 171, 242, 280, 316, 329

Marcião 221

Maria, Virgem 231n., 341;
- como terra 274; - como flor do mar 307; - como *fons signatus* 194; - como *hortus conclusus* 314;
- hinos a 314; - como *rosa mystica* 314; - como *vas* 307n.

Maria Prophetissa/a Judia, axioma de 284

Mariamne 284n.

masculino/feminino: divindade 274;
- opostos 274; - cf. tb. hermafrodita

Maspero, Sir Gaston 189

massa: *confusa* 267;
-- como *prima materia* 305; - *informis* 267, 305

massa vital/da vida, informe / gelatinosa 264ss., 303ss.

materia globosa 211

materia prima, cf. *prima materia*

material do sonho 19

materialismo 103

matrimonium, alchymicum 284; - cf. tb. *Coniunctio*

Max Müller, F. 286n.

mediator/mediador, centro como 250n.; - Espírito Santo como 273

medicina, estudo da 97

médico(s), símbolo onírico 227, 235; - função na análise 351; - falta de compreensão no 140; - cf. tb. métodos

meditatio/meditação 268

medo 303, 320; - do inconsciente 175, 344

Mefistófeles 192, 214, 227, 288; - como *familiaris* 192

megalomania, de Nabucodonosor 60

Meier, C.A. 115n.

Melitão de Sardes 336n.

melusina 176

meninos, motivo dos 276

Mercúrio 122n.;
- *anima mundi* 254, 316;
- *aqua permanens* 193;
astrológico 192; - *cervus (servus) fugitivus* 190, 269; - ctônico 189; - diabo 190, 256; - dragão *s.v.* em ANIMAIS; - natureza dupla 189ss.; - águia 190;
- *familiaris* 190;
- fogo 316; - trocista 190;
- deus da revelação, cf. Hermes; - espírito serviçal 190; - hermafrodita *s.v.*;
- intelecto 192; - *lapis* 190s.; - leão 190; - mestre de obras 291; - *paredros* 190; - *prima materia* 190;
- psicopompo 191; - de quatro partes 255; - metal/vivo 189s., 193, 197, 254;
- corvo 190; - serpente *s.v.* em ANIMAIS;
- espírito 192; - substância

405

transformadora 253ss., 269; - *vivus* 197; - roda 291; - alado 329; - cf. tb. *aqua/spiritus mercurialis*

Mercúrio (planeta) 189

mercúrio vivo/metal 189s., 193, 203, 254; - cf. tb. *argentum vivum*; mercúrio

Meru, montanha do mundo 231

mesa, como símbolo do sonho 110; - redonda 302, 303, 315

mesquita 240, 260, 264

meta/alvo: imagens da 348; - do homem, totalidade como 287, 348

metade da vida/força da idade 119, 120

metafísico, definição de 220n., 226

metafísica 127

metáforas sexuais, nos sonhos 78

metal(is), sete 189

método(s), psicanalítico 23n.

metrópole 231

Meyrink, Gustav 204

Migne, Jacques-Paul 266n.

missa negra 273

mistérios, dionisíacos 212s., 252, 261ss., 272; - de Elêusis 206; - de Ísis 180; - de Sabazios 266; - transformação 205

mito do herói 121

mitologemas, condensados em sonhos 121

mitologia 280, 283, 284

Mitra/mitraísmo 264

moedas, de ouro 204, 224

Moisés 240, 242; - irmã de 284

mônada 229ss., 232, 247; - como campo e cidade 229; - doze 229, 231n.

Monogenes/μονογενής 229s., 232, 241

monstro, alma como 291

montanha(s) 284; - em chamas 324, 326; - *coniunctio* na 284; - quatro 291; - motivo da escalada 265, 271ss.; - mal de montanha 133; - do mundo 231

moral: com sentido ou não 50

morder, motivo do 265, 267, 317s.

Morfeu 329

morte 247; - sonho antecipando 146; -- da própria 159; - cavalo como arauto 158; - ritual 253; - espiritual 205; - e sonhos telepáticos 75

motivo do "redondo", exemplos de: *anima mundi* 207n., 211; - círculo 250; - bola de croqué 237; - ouro 207n., 211; - chapéu 170; - cabeça 211; - Hermes 254; - *lapis* 250, 295; - homem originário 207n.; - torno do oleiro 319; - corpo simples 296; - alma 206s.; - mesa 302, 303s., 315; - vaso 211, 250n.; - totalidade/si-mesmo simbolizado pelo 237, 240n., 319; - cf. tb. *rotundum*

motivos: mitológicos 55

motivos oníricos: interpretação estereotipada 112; - típicos 55, 107s.

mulher, desconhecida/ velada 178, 180s., 206s., 216, 223s., 227, 235, 237, 245, 277, 289, 294, 302, 306, 316, 320, 327; - cf. tb. anima

"mulher-boneca" 227

mundo: relógio *s.v.*; montanha 231; - três princípios 218; alma, cf. *anima mundi*; - roda 218

mundo paterno / mundo materno 196

Mylius, J.D. 200n., 232n.

mysterium iniquitatis 292

μῶλυ 200n.

N

naassenos 335

Nabucodonosor 60, 69, 70, 121

"nada mais do que" 216, 244, 347

não ego 185, 250; - natureza da anima 227; - como si-mesmo 240; - cf. tb. eu/ego

navio 225, 229, 329s.

Nazaré 221

nekyia 176n., 242, 263; - cf. tb. Hades

neoplatonismo 207, 210

Netuno 280

neurose(s) 58, 97, 344; - e sonhos 262, 264; - e harmonia entre consciente e inconsciente 115;

- importância da 264;
- atitude inconsciente na 114; - cf. tb. trauma neurótico(s), e projeções 89s.

Nietzsche, F.W. 55, 205, 213, 264, 266, 278, 310

nigredo, cf. CORES

ninfas 210, 212, 213, 349

nível subjetivo, interpretação dos sonhos no 82ss.

Noite de Walpurgis 176n., 214

Nostoc 305

Novo Testamento 36; - cf. tb. BÍBLIA

nozes: quatro quebradas 322, 327, 328

númenos 310

NÚMEROS

um 246; - e dois 284, 287n.; - e três 273, 287, 334, 339; - cf. tb. Trindade; - e quatro 246, 287; - como quarto (axioma de Maria) 284; - cf. tb. mônada; unidade

dois, e um 284, 287n.; - e três 284, 287n.; - cf. tb. dualidade

- três 199, 247, 280, 288, 322n., 331ss., 338, 339; - e um *s.v.*; e dois *s.v.*; - e quatro, dilema do 218, 277s., 283s., 295n., 326, 336, 341, 346; - cores *s.v.*; - o terceiro 284; - cf. tb. *ternarius*; Trindade

quatro 227, 231s., 237, 245, 246ss., 250n. 45, 252, 254, 265, 270ss., 280, 283ss., 288, 289s., 295, 315, 321, 327, 328, 331s., 332ss., 346; - e um 246, 287; - e três, dilema do, cf. três; - e cinco 346; - cores *s.v.*; elementos *s.v.*; - evangelistas *s.v.*; e Hermes 254; - filhos de Horus 336; - quarto 247, 248n., 273, 280s., 284ss.; - cf. tb. quadripartição; quaternidade; *tetraktys*

cinco 287n., 322n.; - e quatro 346

seis 287n., 322n.; - planetas *s.v.*; - cf. tb. *senarius*

sete 188ss., 191, 199, 282, 288, 326, 337; - e oito, dilema do 191, 277s., 282s., 287;

- degraus alquímicos 199; - planetas *s.v.*; - o sétimo 188, 190, 326
oito 190, 277, 282, 287s., 301, 317, 333; - e sete, dilema do, cf. sétimo; - e oitavo 282, 287
nove 189, 208
dez 189
doze 229, 231n., 322n., 339
quinze, degraus de luz e escuridão 186
dezesseis 333
vinte e dois 333
trinta e dois 331s., 333s.

números: simbolismo dos 29ss.

numinoso 309, 324

O

objetivo, sentido de 46
objeto: morte do 93; - imago do 93; - supervalorização do 95; - projeção e 92; - cf. tb. nível subjetivo
oblíquo 318
Odisseia 176n.
ogre 188, 189

Olimpo 190, 282, 287
opostos, *coniunctio* dos *s.v.*; - como enantiodromia 206s., 209; - irreconciliáveis 274; - pares de 91, 274; - si-mesmo como 314; - síntese dos 275s.; - união dos 333; - em conflito 314; - cf. tb. conflito

opus alchymicum 246, 269, 293, 297, 328; - e imaginação 292; - e projeção *s.v.*; - processo de transformação 186, 266s., 270; - segredo do *s.v.*; - degraus do *s.v.*

orgia/orgias, dionisíacas 253, 265

orientação, no mar 225

Orígenes 326n.

Osíris 336

ouro 189, 200s., 317; - moedas 204s., 224; - cor de Deus 340; - e Mercúrio 189s.; - filosofal 283; - quaternidade do 295; - redondo/esfera 207n., 210; - solar 285; - viscoso 203; - cf. tb. *aurum*; CORES

ovelhas, país das 182

ovo 338s., 345

P

paciente, cf. analista

padma, cf. lótus

paganismo 265

pai 172s., 238, 243; - arquetípico 244; - representação do espírito tradicional 173, 188, 194, 244; - como espírito que ensina 244; - e mãe, culpa do 238s.; - volta ao 185

pais, regresso aos 186

país ocidental 326

palavras obscenas 206

pânico 158, 252

papa, figura de sonho 25ss.

Papyri Graecae Magicae 254

Papyrus of Hunefer Kerasher 336n.

parábola, linguagem da 55

Paracelso 176, 191, 237, 286n., 287, 305

paradoxo(s) 270, 273n.

paraíso 337, 348n.; - bíblico 48, 56

paralelismo, dos processos psíquicos 76; - cf. tb. harmonia

πάρεδρος 190

partes, quatro 227, 254

participação mística 80

pássaro(s), cf. *s.v.* ANIMAIS

passeio/caminhada, motivo do 185, 202

pastor/Poimen 182, 313

pátina 283

Paulo, São 247, 260

paut neteru 189

pavor, motivo do 213

pecado(s) 239, 273

pecado original 48s.

pedra(s), filosofais vivas 270; - preciosa 314, 320, 337; - - como tesouro rejeitado em Spitteler 204, 244; - vil/insignificante 204, 307n.; -cf. tb. pedra angular

pedra angular (*lapis angularis*) 204, 310

pedra filosofal, cf. *lapis*

peixe, cf. ANIMAIS

Peixes 340

pelicano 122; - vaso filosófico 250n.

pêndulos 331s.; - cf. tb. relógio

pênis 37; cf. falo

pensamento onírico 55; - função do 281

pensamento, simbolizado pelos pássaros 329s.

Pequeno Polegar 189

percepção, imagem do objeto e 93; - subliminal 258

peripécia 124

Pernath, Athanasius 171

perpetuum mobile/ movimento perpétuo 226, 227, 308, 350

perseguição, mania de 172

personalidade, alteração da 172; - centro da *s.v.*; - dissociação da 149; - achatamento da 323; - parcial 205; - renovação da 199, 266, 271; - cisão da 238, 242; - total 228; - unificada 205

personificação 178, 192, 238, 273; - sentido da 294

pesadelos 107, 320

Petronius 293

phantasia 293

φάρμακον 220

Philalethes, Eirenaeus 269, 316n.

Physis 330

Picinelli, Philippus 290n.

piloto 235, 239

pílula de ouro 308

Pio X, papa 25

pirâmides, inscrições das 189

pirita 200n.

Pistis Sophia 284n.

Pitágoras 211n.

Pitra, J.B. 336n.

planetas 258, 296; - deuses dos 189; - e metais 189; - sete 87n., 290; - esferas dos 180; - escada de sete degraus dos 179; - seis 287

planta, motivo da, nos sonhos 276

Platão 207n.; - parábolas de 56

Platonis liber Quariorum, cf. *Liber Platonis quartorum*

plenitude da vida 324, 325

pleroma 229s.

Plutão, filha de 285n.

poder, vontade infantil de 71, 98

Poimen 313

polo 316

Polia, dama 208

poligamia 26

Poliphilo 176n., 209n., 243; -cf. tb. Béroalde de Verville

411

Pompeia, *Villa dei Misteri* 262n.

pontos cardeais, quatro 320, 327; - cf. tb. partes

"por baixo", motivo do 181, 235

porta(s), da cidade, quatro 231, 231n.; - doze 231

possessão 265

Practica Mariae 284n.

prata 327

prefiguração, doutrina da 312

Preisendanz, Karl 254n.

presente: psicológico, como resultado do passado 18

Pretiosa margarita novella (Bonus) 287

prima materia 190, 246, 283, 305, 316, 330; caos s.v.; - *massa confusa* 305; - Mercúrio s.v.; - *nigredo* 316; - mil nomes 246

primitivos, e objeto 88, 94; - e sexualidade 51; - cf. tb. iniciação; magia

príncipe, no sonho 314

profecia, nos sonhos 67

prognóstico 156; - sonhos e 105, 136, 137

projeção(ões) 79s., 89, 269; - da psicologia do analista 72; - na anima 207; - e contraprojeções 92; - favoráveis e desfavoráveis 90; - no mandala 311; - negativas 91; - nos neuróticos 79; - da totalidade na família 237; - retirada das 87

protagonistas, nos sonhos 122

psicanálise, ilustração do método 24ss.

psicopompo 183, 190

psicose(-es) 270, 344; - latentes, compensação na 115; - de massa 91; - cf. tb. esquizofrenia

psique, de caráter animalesco 205, 216; - autonomia da 169; - se funde com o corpo 347; - coletiva 180, 205; - capacidade criativa da 311; - natureza filogenética da 159; - em busca de meta 348; - histórica 184, 192; - camadas da 258; - objetiva 165, 169, 343, 346, 348s.; - pessoal 344s.; - realidade da 216; - sistema de autorregulação 150; - subjetiva 166; - total 192; - totalidade da, como si-mesmo s.v.; - como processo de transformação 186, 266s., 270; - desconhecida- 309; - como água 197; - cf. tb. arquétipo(s); instinto(s); alma

Pueblo, índios 252, 308

pulsações, trinta e duas 331s.

Purusha 286

Q

quadrado, animais transformados em 265ss.; - terra representada em chinês pelo 251, 274; - como *yoni* 273; - circumambulação do 231n., 246, 250, 264ss., 299, 317, 322; - salão de baile 322; - "casa da concentração" 323; - prisão no 317, 319; - mandala 165n., 217, 248, 251; - retângulos e 320s., 341; - em rotação 323; - *rotundum* e 248n.; - redondo e Hermes como 254; - como *temenos* 252; -- natureza feminina do 314; - como templo 248; - triângulo e 248, 248n., 250, 296; - com a mulher desconhecida 289

quadrado lamaísta 251; - cf. tb. quadrado

quadratura circuli 218, 250n.; -cf. tb. círculo, quadratura do

quadripartição/tetrameria 227, 246, 255, 287n., 320

quaternidade 122, 237, 322; - alquímica 295; - do centro 333, 346; - dupla 122; - como feminina 333; - e trindade 295, 332s.; - cf. tb. NÚMEROS *s.v.* quatro

quincunce 122

quintessência 246, 332

quinze degraus de luz e escuridão 186

R

racionalidade, do cosmos 268

racionalismo/racionalista 184; - atitude, *s.v.*

Raimundo 296

raio 155

realidade 236, 320s., 342; - psíquica 196

realização 302, 319, 327, 331, 342, 350; - consciente, valor da 141

rebaixamento, no sonho 126

rebis 329

Recueil stéganographique, cf. Béroalde de Verville

redução 69s.; - do conteúdo dos sonhos 45

reflexão 237, 310; esquerda e direita invertidas pela 297s.

reflexo/imagem refletida no espelho 298, 300

regimina, três 332

regio: nymphididica 212

regressão 302s., 307; - à infância 184s., 187, 238, 240; - a Helios 180; - histórica 212; - ao incesto 253; - ao paganismo 209, 263

rei 232s.; - *aenigma regis* 233, 314; - hermafrodita 233; - *lapis* 234; - e rainha 338, 342; - renovado 287n.; - como "Rei Marinho" (*Rex marinus*) 275n.; - rei-sol 287

Reino dos Céus 261

Reitzenstein, Richard 179n., 220n., 267n.

rejeição, motivo da 194, 197, 204ss., 211, 244, 278, 312

relações: humanas, e projeções 79

relatividade, do tempo e do espaço, no inconsciente 260, 310

religião(ões) 323, 324; - fator compensatório nos sonhos 59; - primitiva(s) 88; - e psicologia 96; - cf. tb. experiência

relógio, cósmico 227; - pêndulo 226ss., 235, 242, 308; - do mundo 331s.

reminiscência, emocional 84

Renascença 208

renovação 199; - do rei 287n.; - da personalidade 199, 266, 271; - ritos de 253, 257, 258, 266

repressão 66, 184; - e sonhos 21s.

resina dos sábios 285

resistência 175, 327

retângulo, cf. quadrado

retângulo(s) 321ss., 341

Revolução Francesa 46

revolução na Suíça, sonho da 278

Rex marinus, cf. rei

Rhenanus, Johannes 280n.

Rhine, J.B. 78n.

rimpoche 217

rio(s) 245; - quatro 250n.

ritmos, três 331s., 339

ritos de iniciação 179; - de renovação 252, 257, 258, 266

roda, em Böhme 290s.; - cósmica/do mundo 218; - de oito raios 277, 288s.; - em Ezequiel 290; - Mercúrio 291; - torno do oleiro 319s.; - si-mesmo 319; - totalidade 292

romã 155

rosa(s) 199, 231, 299, 301s.; - Cristo na 231n.; - jardim dos filósofos 240, 301

Rosa-Cruz 200

rosa mystica 314

Rosarium philosophorum 200s., 231, 232n., 234, 241, 242n., 245n., 250, 270, 283, 292n., 295, 304n., 307n.

Rosarius minor 301n.

rota, cf. roda

rotação/*rotatio* 225, 246, 289s., 316, 320s., 323, 337; - cf. tb. *circulatio*/circum-ambulação

rotundum/redondo 211; - cidade como 248n.; - cabeça/crâneo como 207n.; - produção do 211; -cf. tb. motivo do "redondo"

roupa insuficiente, motivo onírico 107; - trevos 289

rubedo, cf. CORES

Rubicão 243, 244s.

Ruska, J.G. 180n., 200n., 209, 275n.; - cf. tb. *Turba philosophorum*

S

Sabazios 266

Sabedoria 333s.

sacrifício: aos mortos 176n.

sacrificium intellectus 174

salvação 199, 202, 249, 277

salvador 312, 326n.

Salzer, Anselm 231n.

sangue 304

Santo Graal 122n.

satisfação dos desejos 84, 98, 110; - sonho como 19, 38; - e simbolismo dos números 33; - teoria 64, 73, 77

Scaiolae 238

Schiller, J.F.C. von 278

Schmidt, Carl 274n.

Schopenhauer, A. 237

segredo, isolamento pelo 172, 175, 176, 213; - do opus 201; - pessoal 175

selvagens, batalha entre 300, 311

senarius 287n.

Sendivogius, Michael 190n.

Senior, Adolphus, cf. Adolphus Senior

Senior (Zadith) 283n.

sentimento, função do 237, 281

separatio/separação, de espírito e corpo 247

Sephiroth 333

sereias 175, 279; - cf. tb. melusina

série(s) de sonhos 116ss., 146

serpente(s): motivo onírico 107, 119; - e herói 119; - cf. tb. dragão

servus fugitivus 190, 269

Setheus 229s.

"sétimo, o" 188, 190; - montanha 326

sexualidade, teoria freudiana da 154; - infantil 71; - primitivos e 51; - dos símbolos 154

Shakti 220

Shaw, Bernard 259, 324

Shiva 220, 231n., 251, 276; - *bindu* 307

Shri-Chakra-Sambhara Tantra 218

si-mesmo: Atman como 228; - atitude para com 309; - conceito-limite 309; - centro da personalidade 163, 228, 333, 350; - inconsciente coletivo 316; - como conflito 314; - cósmico 231; - "coisa-em--si" 309; - e eu 163, 228, 240; - enteléquia do 310; - e integração 205, 325; - como *lapis invisibilitatis* 305; - latente 205n.; - mandala como 308; - como non-ego 240; - origem no instinto 243; - como polo 316; - quaternidade do 347ss.; - realização do 319, 350; - rotundidade do 237, 296, 320; - Filho do Homem, antecipação do 335, 351; - como espírito 313; - como chapéu alheio 313; - simbolizado por Cristo 335; - jardim com fonte 240; - El-Khidr 240; - sol nascente 206 - símbolos do 216, 316, 343ss.: - da psique 163, 228, 309, 333;

- transcende a consciência 309, 330; - tesouro de difícil acesso 240s., 288; -- dos opostos 314; - como totalidade 237, 350

Silberer, Herbert 78, 193

simbolismo, animal e ancestral 257s.; - nos sonhos 20, 51, 154; - peixe 262; - mandala *s.v.*; - serpente 266; - água 197

símbolo(s) 154; - do centro 163, 344s.; - cristãos 199; - sonho 154; - fixos 154ss.; - na literatura Freudiana 53; - mana 155; - necessidade de 158; - fálico 155; - religiosos 249; - do si-mesmo s.v.; - sexual 154; - significado/sentido do 53

simetria 297s., 300, 322, 327; - falta de 346

simia Dei, cf. tb. macaco, de Deus

simples/simplicidade 247, 295

Sinai, Monte 326

sinais e símbolos 280; -cf. tb. símbolos

sincretismo, greco-romano 179, 209; - taoista 220

"sinister", como inconsciente 249, 288; - cf. tb. esquerda

situação: psíquica, e sonhos 108

sol 170, 180, 189, 200s., 206s., 252s., 287, 296, 302, 317; - *et eius umbra* 294n.; - *niger* 232; - Cristo como 208, 335; - deus solar 180; - fonte de vida 208; - símbolo da divindade do si--mesmo 207; - adoração do 207, 212; - cf. tb. Helios; Sol

Sol e Luna 329

soldados 278, 288, 318

solificatio 181s., 188, 199, 203, 208

solstício 255, 328

solução do sonho 124

sombra 216, 273n., 294n., 326; - e anima 304

Songe de Poliphile 176n.; - cf. tb. Béroalde de Verville

sonho(s) 41ss., 150; - significado etiológico 132, 136; - análise dos 25, 44, 131ss.; - angústia 107; - aparentemente acidentais 41; - arquetípicos 120;

-- na força da idade 120;
- e autossugestão 347;
- "grandes" 117, 121; -- e pequenos 117;
- classificação 55;
- compensação nos 52, 60, 61ss., 113ss., 150s., 167, 169, 176, 300; - contexto 166ss.; - continuidade nos 42; - descrevem a situação interna 135;
- estrutura dramática do 125; - e enantiodromia 209; - verificação do contexto 144, 146; - como fachada 144; - fantásticos/e fantasias 43, 44; - forma do 122ss.; - Freud e 17ss., 43s., 109s.; - e histeria 21;
- iniciais 133, 137, 138, 139, 140; - instabilidade do 42; - interpretação 106ss., 145, 151; -- no nível subjetivo 82; - fatores "irracionais" no 106;
- isolados e em série 167, 168s.; - perda de clareza na análise 139; - mandalas no 165, 171, 217, 224, 349n.;
- conteúdo manifesto e latente 18, 144; - sentido do 17s., 42ss., 106ss.;
- aspectos médicos 105;
- método de interpretação 167ss.; - função/objetivo moral 51, 126; - e fantasias com números 29ss.;
- paralelos 167;
- dar o prognóstico 136, 137; - função prospectiva do 66ss.; - psicologia do 303n.; - condições para a interpretação 111;
- reativos 74; - repetidos 108s.; - representação dos conteúdos inconscientes 57; - e desejos reprimidos 142; - retrospectiva 71;
- interpretação sexual 256;
- linguagem sexual nos 78s.;
- estímulos somáticos e 74;
- espiral dos motivos 304, 306s., 344; - simbolismo dos 52s.; - símbolos da individuação 163;
- telepáticos 75s.;
- teoria dos 165; - típicos 107; - como realização do desejo 20; - CASOS DE SONHOS: conta do analista com juros 31s.;
- homem de preto arrastando uma mulher para o abismo 23s.;
- carro com motorista embriagado 124s.;
- criança atropelada por um carro 45; - escalando uma montanha 146s.;
- mulher desmaiada 124;

- pai dirigindo mal um carro 151; - jogar apostando num número alto 32; - cavalo pulando pela janela 157; - incapacidade de encontrar a fronteira 137; - advogado cobrando um alto preço 84; - "Lucas 137" 35; mãe enforcada 157; - de Nabucodonosor 60, 69, 70, 121; - enfermeira que negou acesso a Dr. Jung 58; - colhendo uma maçã 47ss.; - volta à aldeia natal 134; - escandaloso, a respeito da noiva 111; - cartão com o número 2477 29s.; - serpente guardando uma taça de ouro 119; - desastre de trem 134; - dois colchões encontrados pelo funcionário da alfândega 138

sono, sonhos como preservadores 60

Sophia 273

spinther 229, 231

spiritus: *mercurialis/mercurii* 190; - vitae 254

Spitteler, Carl 204, 244

Steinschneider, Moritz 211n.

Stekel, Wilhelm 29

Stephanus de Alexandria 284n.

subconsciente/supraconsciente 257, 278

subir/escalar (escadas/montanhas), motivo onírico 107; - motivo do 136, 146s.; - cf. tb. mal de montanha

sublimatio/sublimação 149, 180, 246

substância transformadora/arcana, constituída de quatro elementos 255; - diabólica/divina 256; - flos 200n.; - goma arábica 285; - magnésia 247n.; - Mercúrio 254ss., 269; - movimentos da 289n.; - Nostoc 305; - redonda e quadrada 255

succubi 173

succus lunariae 197

Sudhoff, Karl 287n.

sugestão 141s.; - na interpretação 141; - limitações da 141; - inconsciente 142

suicídio 115, 157

sulcus primigenius 175

Super Tabulam smaragdinam Commentarius (Hortulanus) 295n.

superior e inferior 245, 250n.

superstição 188, 275

supuração 64

symbolon 312

T

Tableau des riches inventions, cf. *Songe de Poliphile*

Tabula smaragdina 289n., 304

Tales 283

tantra/tântrico 307s.; - cf. tb. ioga

taoismo 220, 308

Taos 252

táxi 298, 314

teatro/espetáculo de variedades 204, 213, 224

telepatia, e sonhos 75s.

temenos 178, 205, 227s., 294; - significado compensatório 206; - natureza feminina 314; - jardim como 240; - como prisão 319; - edifício sagrado 262; - quadrado como 252; - útero como 253

templo 217, 248

tempo, e eternidade 339; - e lugar 319s.; - indicação de, no sonho 123; - cf. tb. espaço e tempo

tensão, e movimento circular 225, 268, 270, 318, 321

teólogo 310

teoria(s): e análise dos sonhos 270

teosofia 221

terapeuta, cf. médico

ternário e quaternário, sistemas 218

ternarius 247

terra 189, 206, 235, 247n., 333; - preso à, homem como 236; - feminina 207, 273, 274n.; - deuses 303n.; - mãe 342; - quadrada 251; - virgem 274

terra/país dos ancestrais 252; - das crianças 183ss.; - das ovelhas 183

terrena 122

Tertuliano 274

testudo 280n.

tetraktys 273, 295

tetrameria, cf. quadripartição

tetrapeza 231
Thoth 256s., 258
Timeu 207n.
tinctura rubra 246
torno do oleiro, cf. roda
torre 231
totalidade 120, 239, 245, 276, 342; - como Anthropos 287; - como completude 284; - exigência de 302; - meta do homem 287, 348; - do homem 208; - projeção da 238; - religião como 325; - si-mesmo como 237, 350; - simbolizada pela bola de croqué 237; - mandala 292, 301, 329; - anel 329; - rosa 301; - mesa redonda 303n.; - sol 207; - roda 291;- como ego e não-ego 227; - da personalidade 227; - si-mesmo como t. da psique 163, 228, 309, 335; - da substância transformadora 255
traçado, da cidade 176
Tractatus Aristotelis 250n.
Tractatus aureus 232n., 233, 241n., 245n., 271n., 274n., 294n., 295; - *cum Scholiis Gnosii* 250n.

transcendental, relógio 227; - si-mesmo como 309, 332; - inconsciente 257
transferência 87, 92
transformação, alquímica 122, 202, 255n.; - animais em homens 265ss., 304; mistérios *s.v.*; - lugar de 267, 324; - psíquica 186, 266s., 270; degraus *s.v.*; - cf. tb. vaso
trauma 74s.; - e neurose 136
tesouro 208, 244; - "de difícil acesso" 240, 282, 297; - herói e 119; - oculto 121; - si-mesmo como 239s., 288
trem, viagem de 171; - estações, como motivo onírico 106
triângulo/quadrangular 247, 248n., 250, 296
Trindade/trindade 273, 295, 322n., 339, 341; - cabalística 334; - cruz e 199; - masculina 333; - e quaternidade 295, 332s.; - cf. tb. NÚMEROS *s.v.* três
Trismegistus, cf. Hermes Trismegistus

troca, tema da 171, 194

trono, de cristal 338, 342

Turba philosophorum 180n., 200n., 209, 244n., 275n.

U

ὕδωρ θεῖον 244n.

Ungdam Gomchen 217

união, dos irreconciliáveis 268; - rei/filho 287n.; dos opostos *s.v.*

unidade: simbolizada pelo círculo 246; - como síntese de quatro 246, 285

unilateralidade 96, 114; - da vida consciente/ consciência 120

universo, opus um modelo do 289

Upanixades 228; - cf. tb. *Brihadaranyaka*

urinar, necessidade, sonho de 25, 28

uróboro, cf. ANIMAIS

útero 253, 306; cf. tb. ventre

V

Vajra-Mandala 231n.

valências, quatro 346

Valli, Luigi 301n.

valquírias 158

vas bene clausum/bem- -fechado 268, 293; - caverna 314; - ovo 329; - Graal 306n.; - pelicano 250n.; - redondo 211, 250n.; - crânio 211; - *unum* 304

vaso, cf. *vas*

velho sábio 216, 244, 319

Velo de ouro 283

vento(s) 304

ventre/regaço 273; - verde 276; - de Maria 231n.; - cf. tb. útero

Vênus 208, 232n.

verdade, alquímica 71, 73; - paradoxal 272

vertical/horizontal, cf. horizontal

Via Láctea 307

vida 195, 205, 304, 325; - força vital 242, 285; - provisória 184

vida consciente: características da 142; - relação com os sonhos 151

Villa dei Misteri, em Pompeia 262n.

Vindemia Hermetis 328

vinho 261

vinum ardeus 197
Virgem, cf. Maria, Virgem
Virgílio 162
viriditas, cf. CORES
visão(ões), mar como gênese da 172n.
Visio Arislei 275n.
vitrum (*vitreum*) 200, 297
voar, motivo onírico 107
volatilia 122
Vollers, Karl 240n.
voz, nos sonhos 173, 185, 210s., 212, 215, 265, 298, 323s.
Vulcano 291

W

Wagner, Richard 324
Walhalla 158
Wirth, Albrecht 194n.
Wolff, Toni 165n.
Wolfram von Eschenbach 307n.
Woodroffe, Sir John 266n.

X

xeque 26
Χρυσάνθεμον 200n.

Y

yang/yin 157, 274
yantra 217
yoni 155, 273

Z

Zadith, cf. Senior
Zagreu 213
Zarathustra (Nietzsche) 205, 266, 278
Zimmer, Heinrich 217n.
zodíaco 255, 290, 322n., 335, 339, 340
Zósimo 179, 186
Zurique, Peterhofstatt 227

CULTURAL

Administração
Antropologia
Biografias
Comunicação
Dinâmicas e Jogos
Ecologia e Meio Ambiente
Educação e Pedagogia
Filosofia
História
Letras e Literatura
Obras de referência
Política
Psicologia
Saúde e Nutrição
Serviço Social e Trabalho
Sociologia

CATEQUÉTICO PASTORAL

Catequese
Geral
Crisma
Primeira Eucaristia

Pastoral
Geral
Sacramental
Familiar
Social
Ensino Religioso Escolar

TEOLÓGICO ESPIRITUAL

Biografias
Devocionários
Espiritualidade e Mística
Espiritualidade Mariana
Franciscanismo
Autoconhecimento
Liturgia
Obras de referência
Sagrada Escritura e Livros Apócrifos

Teologia
Bíblica
Histórica
Prática
Sistemática

REVISTAS

Concilium
Estudos Bíblicos
Grande Sinal
REB (Revista Eclesiástica Brasileira)

VOZES NOBILIS

Uma linha editorial especial, com importantes autores, alto valor agregado e qualidade superior.

VOZES DE BOLSO

Obras clássicas de Ciências Humanas em formato de bolso.

PRODUTOS SAZONAIS

Folhinha do Sagrado Coração de Jesus
Calendário de mesa do Sagrado Coração de Jesus
Agenda do Sagrado Coração de Jesus
Almanaque Santo Antônio
Agendinha
Diário Vozes
Meditações para o dia a dia
Encontro diário com Deus
Guia Litúrgico

CADASTRE-SE
www.vozes.com.br

EDITORA VOZES LTDA.
Rua Frei Luís, 100 – Centro – Cep 25689-900 – Petrópolis, RJ
Tel.: (24) 2233-9000 – Fax: (24) 2231-4676 – E-mail: vendas@vozes.com.br

UNIDADES NO BRASIL: Belo Horizonte, MG – Brasília, DF – Campinas, SP – Cuiabá, MT
Curitiba, PR – Fortaleza, CE – Goiânia, GO – Juiz de Fora, MG
Manaus, AM – Petrópolis, RJ – Porto Alegre, RS – Recife, PE – Rio de Janeiro, RJ
Salvador, BA – São Paulo, SP